大数据与人工智能技术丛书

商务智能

—— 微课视频版 ——

◎ 陈建 羊英 编著

清华大学出版社
北京

内 容 简 介

  大数据时代,数据已经成为企业的重要资产。企业积累的数据增长迅速,如何从海量数据中挖掘出重要的商业价值,并运用到企业的决策中,是当今各个企业需要面对的实际问题。商务智能能够将数据转换为信息,并加以提炼,形成满足企业需求的知识,由此提高企业的反应速度和决策的准确性,快速适应市场的发展。所以商务智能有着广泛的应用前景。

  本书内容全面、讲解由浅入深、案例丰富,除了可以让读者掌握商务智能的基础知识,熟悉商务智能的行业应用外,还能让读者进行实际操作。本书可以作为高等院校经济管理和信息管理等相关专业"商务智能"课程的教材。

本书封面贴有清华大学出版社防伪标签,无标签者不得销售。
版权所有,侵权必究。举报: 010-62782989, beiqinquan@tup.tsinghua.edu.cn。

图书在版编目(CIP)数据

商务智能: 微课视频版/陈建,羊英编著. —北京: 清华大学出版社,2021.4(2024.7重印)
(大数据与人工智能技术丛书)
ISBN 978-7-302-57124-7

Ⅰ. ①商… Ⅱ. ①陈… ②羊… Ⅲ. ①电子商务－高等学校－教材 Ⅳ. ①F713.36

中国版本图书馆 CIP 数据核字(2020)第 259354 号

责任编辑: 黄 芝 李 燕
封面设计: 刘 键
责任校对: 时翠兰
责任印制: 刘海龙

出版发行: 清华大学出版社
  网　　址: https://www.tup.com.cn, https://www.wqxuetang.com
  地　　址: 北京清华大学学研大厦 A 座　　邮　编: 100084
  社 总 机: 010-83470000　　邮　购: 010-62786544
  投稿与读者服务: 010-62776969, c-service@tup.tsinghua.edu.cn
  质量反馈: 010-62772015, zhiliang@tup.tsinghua.edu.cn
  课件下载: https://www.tup.com.cn,010-83470236
印 装 者: 涿州市般润文化传播有限公司
经　　销: 全国新华书店
开　　本: 185mm×260mm　　印　张: 17　　字　数: 390 千字
版　　次: 2021 年 5 月第 1 版　　印　次: 2024 年 7 月第 5 次印刷
印　　数: 2601~3400
定　　价: 59.80 元

产品编号: 089518-01

前　言

商务智能(Business Intelligence,BI)是将原始数据转换为有意义且有用数据所采用的一组技术和工具。商务智能可以对决策者的决策起到重要的辅助作用。商务智能的出现使许多基于大量数据驱动的商务活动成为可能。

商务智能技术的运用,能够使企业了解运营的历史情况信息、当前现状信息和未来预测信息。通用的商务智能技术包括提供报表报告、数据分析、在线分析处理、数据挖掘、大数据挖掘、复杂事件处理、业务绩效管理、文本挖掘、预测分析和网络分析处理等内容。因此,大量企业对商务智能人才的需求也在不断增加。许多高等院校的管理学院、计算机学院都开设了"商务智能"相关的课程,培养商务智能人才,以满足市场的需求。本书从实际出发,按照应用型本科教材的要求,立足于概念全面、案例新颖、实验多样的内容,力求培养读者能够掌握商务智能的基本要求,初步具备使用商务智能技术解决实际问题的能力。

全书共13章,内容包括:第1章商务智能,阐述商务智能的概念、功能、组成要素等相关概念及理论基础;第2章数据仓库,介绍商务智能的重要技术——数据仓库,包括在线分析处理、多维数据模型及最新的Hive技术介绍;第3~9章,详细介绍数据挖掘应用算法,分别有数据准备、相关分析、聚类分析、回归分析、分类分析、关联分析与文本挖掘;第10章大数据分析,介绍与商务智能密切相关的云计算、大数据存储、Hadoop开源框架与Spark开源框架;第11章社会网络,阐述社会网络的基本问题及社会网络与商务智能的关系;第12、13章,分别用两种商务智能开发工具RapidMiner与Logis PMT大数据挖掘平台实践11个商务智能数据挖掘实验及综合实验。

本书配套微课视频,读者可先扫一扫封底刮刮卡内二维码,获得权限,再扫一扫文中对应章节处二维码,即可观看视频。

本书第1章、第2章、第7章、第9~11章、第13章由陈建编写;第3~6章、第8章、第12章由羊英编写;陈建完成全书的修改及统稿工作。

在本书的编写过程中得到了上海第二工业大学经济管理学院的大力支持,在此表示衷心的感谢。与此同时,感谢上海第二工业大学经济管理学院电子商务系学生提供了本书的部分实验案例。

由于编者水平有限,书中不当之处在所难免,欢迎广大同行和读者批评指正。

编　者
2020年12月

目 录

第1章 商务智能 ··· 1
  1.1 商务智能的概念 ··· 1
  1.2 商务智能的功能 ··· 2
  1.3 商务智能的组成要素 ·· 4
  1.4 商务智能的核心技术 ·· 5
  1.5 商务智能的系统框架 ·· 7
  1.6 商务智能的分析流程 ·· 8
  1.7 商务智能的主流产品 ·· 9
  1.8 习题 ·· 10

第2章 数据仓库 ·· 11
  2.1 数据仓库的基本概念 ·· 11
    2.1.1 数据仓库的数据结构 ·· 13
    2.1.2 数据仓库的系统构成 ·· 14
    2.1.3 数据仓库系统开发概述 ·· 15
    2.1.4 数据仓库系统设计调研 ·· 16
    2.1.5 信息包图设计概念模型 ·· 18
  2.2 多维数据模型 ··· 22
    2.2.1 多维数据建模 ·· 22
    2.2.2 事实表、维表和键的设计 ··· 24
  2.3 在线分析处理 ··· 25
    2.3.1 在线分析处理概况 ··· 25
    2.3.2 在线分析处理的基本概念和典型操作 ·· 26
    2.3.3 在线分析处理的分类 ·· 28
  2.4 Hive 简介 ·· 28
    2.4.1 Hive 的概念 ··· 28
    2.4.2 Hive 的数据模型 ·· 29
    2.4.3 Hive 与数据仓库 ·· 30
  2.5 习题 ·· 31

第3章 数据准备 ·· 32
  3.1 数据准备的基本知识 ·· 32
  3.2 数据类型及处理方式 ·· 34
    3.2.1 统计计量角度的数据类型 ··· 35

		3.2.2 计算机角度的数据类型	36
		3.2.3 数据处理方式	39
	3.3	数据准备的主要内容	42
		3.3.1 数据清洗	42
		3.3.2 数据归一化	47
		3.3.3 数据离散化	47
		3.3.4 数据降维	50
		3.3.5 文本清洗	53
	3.4	ETL	55
	3.5	习题	59
第4章	相关分析		60
	4.1	相关分析的基本原理	60
	4.2	相关关系	60
	4.3	相关系数	63
	4.4	相关分析步骤	71
	4.5	偏相关分析	72
	4.6	习题	73
第5章	聚类分析		75
	5.1	聚类的基本概念	75
	5.2	"亲疏程度"的衡量与计算	76
		5.2.1 定距型变量个体间的距离计算	77
		5.2.2 计数变量个体间的距离计算	81
		5.2.3 二值变量个体间的距离计算	82
		5.2.4 其他个体间的距离计算	84
	5.3	聚类的方法	85
		5.3.1 K-均值聚类算法	85
		5.3.2 K-中间值聚类算法	88
		5.3.3 均值漂移聚类算法	90
		5.3.4 基于密度的聚类算法	91
		5.3.5 高斯混合模型聚类算法	93
		5.3.6 层次聚类算法	93
		5.3.7 图团体检测算法	96
	5.4	习题	99
第6章	回归分析		101
	6.1	线性回归原理	101
		6.1.1 一元线性回归模型	102
		6.1.2 回归参数的计算	104
		6.1.3 回归方程的统计检验	104

		6.1.4 一元线性回归方程的预测	106
6.2	多元线性回归分析		107
	6.2.1	二元线性回归分析	108
	6.2.2	m 元线性回归分析	111
	6.2.3	非线性回归分析	113
6.3	逻辑回归		114
	6.3.1	逻辑回归的基本原理	114
	6.3.2	二项逻辑回归分析	114
	6.3.3	多项逻辑回归分析	121
6.4	习题		121

第 7 章 分类分析 … 123

7.1	分类分析原理		123
7.2	贝叶斯分类		124
	7.2.1	基本原理	124
	7.2.2	平滑处理	126
7.3	决策树分类		126
	7.3.1	基本原理	127
	7.3.2	信息增益	128
	7.3.3	决策树的过拟合和剪枝	130
7.4	神经网络分类		131
	7.4.1	基本原理	131
	7.4.2	神经元模型	132
	7.4.3	网络结构	133
	7.4.4	深度学习	134
7.5	习题		134

第 8 章 关联分析 … 136

8.1	频繁模式与关联规则		136
	8.1.1	基本概念	136
	8.1.2	频繁项集的性质	138
	8.1.3	频繁项集的代表项集	139
	8.1.4	关联规则的度量	139
8.2	频繁项集的典型挖掘方法		140
	8.2.1	先验算法	141
	8.2.2	频繁模式增长算法	144
	8.2.3	关联规则的产生方法	148
8.3	关联规则的其他类型		149
	8.3.1	多层关联规则	149
	8.3.2	负模式	150

8.3.3　结构化数据的关联分析 ………………………………………… 151
　8.4　习题 ……………………………………………………………………… 152

第9章　文本挖掘 …………………………………………………………… 154

　9.1　文本挖掘的概念 …………………………………………………………… 154
　9.2　文本挖掘的技术背景 ……………………………………………………… 156
　9.3　文本挖掘的任务 …………………………………………………………… 157
　9.4　文本挖掘的预处理 ………………………………………………………… 157
　9.5　文本模式挖掘 ……………………………………………………………… 158
　9.6　挖掘结果可视化 …………………………………………………………… 158
　9.7　文本特征和表示 …………………………………………………………… 159
　　9.7.1　向量空间模型 ……………………………………………………… 159
　　9.7.2　概念模型 …………………………………………………………… 160
　9.8　文本挖掘的应用 …………………………………………………………… 160
　　9.8.1　基于关键字的关联分析 …………………………………………… 160
　　9.8.2　文本自动聚类 ……………………………………………………… 161
　　9.8.3　自动文本分类 ……………………………………………………… 161
　　9.8.4　自动摘要 …………………………………………………………… 161
　　9.8.5　中文分词 …………………………………………………………… 162
　9.9　习题 ……………………………………………………………………… 164

第10章　大数据分析 ………………………………………………………… 165

　10.1　云计算与大数据 ………………………………………………………… 165
　10.2　大数据存储 ……………………………………………………………… 167
　10.3　大数据的应用 …………………………………………………………… 169
　　10.3.1　制造业 …………………………………………………………… 169
　　10.3.2　农业 ……………………………………………………………… 169
　　10.3.3　金融业 …………………………………………………………… 170
　　10.3.4　零售业 …………………………………………………………… 171
　　10.3.5　物流行业 ………………………………………………………… 171
　　10.3.6　医疗行业 ………………………………………………………… 172
　10.4　Hadoop开源框架 ………………………………………………………… 173
　　10.4.1　Hadoop简介 ……………………………………………………… 173
　　10.4.2　HDFS架构及简介 ………………………………………………… 173
　　10.4.3　MapReduce简介 ………………………………………………… 175
　　10.4.4　YARN ……………………………………………………………… 176
　　10.4.5　Hadoop存储格式 ………………………………………………… 176
　10.5　Spark开源框架 …………………………………………………………… 178
　　10.5.1　Spark简述 ………………………………………………………… 178
　　10.5.2　Spark SQL ………………………………………………………… 179

  10.5.3 Spark Streaming ………………………………………………… 179
  10.5.4 Spark MLlib …………………………………………………… 180
 10.6 习题 ……………………………………………………………………… 181

第11章 社会网络 ………………………………………………………… 182
 11.1 社会网络的基本问题 …………………………………………………… 182
 11.2 社会网络的基本理论 …………………………………………………… 183
  11.2.1 图论 …………………………………………………………… 183
  11.2.2 博弈论 ………………………………………………………… 184
 11.3 社会网络的基本原则 …………………………………………………… 186
  11.3.1 三元闭包 ……………………………………………………… 186
  11.3.2 桥和捷径 ……………………………………………………… 188
  11.3.3 小世界与无标度 ……………………………………………… 188
 11.4 社会网络与商务智能 …………………………………………………… 189
  11.4.1 用户行为分析 ………………………………………………… 189
  11.4.2 利用贝叶斯规则验证群集效应 ……………………………… 191
 11.5 习题 ……………………………………………………………………… 193

第12章 商务智能开发工具——RapidMiner ……………………………… 194
 12.1 RapidMiner简介 ………………………………………………………… 194
 12.2 连接数据 ………………………………………………………………… 195
 12.3 关联分析实验 …………………………………………………………… 196
 12.4 线性回归实验 …………………………………………………………… 200
 12.5 聚类分析实验 …………………………………………………………… 203
 12.6 逻辑回归实验 …………………………………………………………… 204
 12.7 朴素贝叶斯实验 ………………………………………………………… 207
 12.8 关联规则及购物篮分析实验 …………………………………………… 208
 12.9 文本挖掘实验 …………………………………………………………… 211

第13章 商务智能开发工具——Logis PMT大数据挖掘平台 …………… 214
 13.1 Logis PMT简介 ………………………………………………………… 214
 13.2 快运客户群识别综合实验 ……………………………………………… 214
 13.3 电信用户流失率分析综合实验 ………………………………………… 229
 13.4 共享单车需求预测综合实验 …………………………………………… 242
 13.5 图像识别分类综合实验 ………………………………………………… 248

参考文献 ……………………………………………………………………………… 260

第1章

商务智能

【学习目标】

- 了解商务智能的组成元素；
- 熟悉商务智能的系统框架；
- 理解商务智能的分析流程。

随着信息技术的快速发展与企业对数据需求的日益增长，商务智能变得越来越重要。

维基百科上定义商务智能为：一系列商业活动行为的数据收集与信息转化作业，透过持续性的过程，搭配技术进行测量、管理与监测，能够较容易地进行分析、综合营运及策略的定量化信息应用，即时且交互地对企业的关键性的衡量指标进行评估，进而发觉企业面临的潜在问题或机会，促使用户能够运用大量而完整的信息，进行交叉分析并了解其中的趋势，协助企业制订出最佳的策略主题与策略目标的一种决策支持的工具。

1.1 商务智能的概念

视频讲解

商务智能（Business Intelligence，BI）的概念最早出现于 R. M Deven 发表的系列文章"Cyclopaedia of Commercial and Business Anecdotes"（商业轶事百科）中。作者在这篇文章中描述了一个银行家是如何利用他掌握的信息获得丰厚利润的。这种能收集有用信息并根据信息进行有效行动的能力，在当今的信息社会依旧是商务智能的核心。

在1958年，IBM 的一名科学家 H. P Luhn 使用了 Business Intelligence 这个名词，并以此写了一篇著名的论文——"A Business Intelligence System"（商务智能系统）。该论文阐述了一个智能的系统，该系统的主要功能是将数据和信息自动分析并解码，并能根据一个组织或企业中不同执行者的角色设定来自动生成相应的简报，这样的系统将可利用数据来解决一个组织或企业中所有的问题。

从信息系统发展的角度看，每类信息系统中，例如交易处理系统、知识工作系统与办公自动化（OA）系统，都或多或少包含了商务智能这个概念。20世纪60—70年代计算机系统蓬勃发展，从管理信息系统、经理信息系统的产生，再到20世纪80年代的决策支持系统和今天的商务智能系统，这些系统的更迭，就是商务智能发展的历程。

商务智能可以被描述成获取原始数据，并将之转换为有意义且有用的数据所采用的一组技术和工具，以便达到进行特定业务分析的目的。商务智能的出现使许多基于大量数据驱动的商务活动成为可能。

商务智能技术的运用，能够使企业了解运营的历史情况信息、当前现状信息和未来预测信息。通用的商务智能技术包括提供表报报告、数据分析、在线分析处理、数据挖掘、大数据挖掘、复杂事件处理、业务绩效管理、文本挖掘、预测分析和网络分析处理等内容。

商务智能可用于支持企业从操作层面到战略层面的各种业务决策。例如商务智能技术可以进行产品定位和定价，并且，企业管理层可以利用商务智能技术，进行企业资源的优先配置，目标市场和新兴市场方向的精准定位等。

将外部数据（一般是企业的市场操作数据）和内部数据（一般是企业的财务和运营数据）整合后，商务智能可以高效运行，提供更加完整的企业决策。商务智能可以对企业实施长期有效的战略部署，提出基于数据的专业意见和推断，使企业更具有竞争力和长期稳定性。

综上所述，商务智能的最终目标是让企业可以了解、掌握大数据，并从中识别出新的商业机会，为企业创造财富。

1.2 商务智能的功能

从上述对商务智能的描述中，可以看出商务智能具有以下几个功能。

1. 有效、及时的决策

企业管理者可以利用商务智能进行有效和及时的决策。

由于商业社会的竞争不断加剧，企业需要时刻保持活力来应对。因此，企业对竞争对手的行为和新的市场状况做出快速反应的能力是其成功甚至生存的关键。

例如一家出租车公司，根据当前的交通流量、客户定位等大数据信息，借助数学模型和算法，在大数据的基础之上，利用商务智能快速调配资源到潜在需求地点，能够在有效性和时效性上达到综合的统一。

所以，在商务活动中，商务智能系统能极大地增加关键决策系统过程的有效性。

2. 数据、信息、知识和智慧的转换

（1）数据（Data）。从图1-1我们可以看到，数据是知识阶层中最底层也是最基础的一个概念。数据是形成信息、知识和智慧的来源，是事实观察的结果，数据指狭义上的数字，还可以是文字、字母的组合，还包括图形、图像、视频、音频等，也是客观事物的属性、数量、位置及其相互关系的抽象表示。例如,"123""大风、雷暴""订单数"等都是数据。

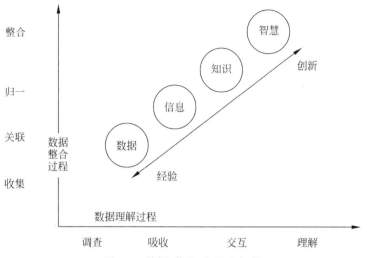

图 1-1　数据、信息、知识和智慧

（2）信息（Information）。信息是当今使用频率很高的一个概念,但很难给出基础科学层次上的定义。信息是有一定含义的、经过加工处理的、对决策有价值的数据；信息＝数据＋处理,信息必然来源于数据并高于数据；信息还是具有时效性的、有一定含义的、有逻辑的、经过加工处理的、对决策有价值的数据流；信息＝数据＋时间＋处理。例如上述"订单数"的数据,经过一定的格式输出,就是一种信息。

（3）知识（Knowledge）。知识是让从定量到定性的过程得以实现的、抽象的、逻辑的东西。知识是需要通过信息使用归纳、演绎的方法得到的。知识就是知道了是什么（Know-what）、知道了为什么（Know-why）、知道了怎么做（Know-how）、知道了是谁（Know-who）。知识之所以在数据与信息之上,是因为它更接近行动,它与决策相关。有价值的信息沉淀并结构化后就形成了知识。例如销售人员就能从"订单数"的这个信息,获取他本人的销售成绩这个知识。

（4）智慧（Wisdom）。智慧是知识层次中的最高一级。它同时也是人类区别于其他生物的重要特征。我们经常看到一个人满腹经纶,拥有很多知识,但不通世故；也会看到有些人只读过很少的书,却能力超群,能够解决棘手的问题。我们会认为后者具有更多的智慧。智慧—知识的选择应对的行动方案可能有多种,但（战略）选择却需要靠智慧。智慧是人类基于已有的知识,针对物质世界运动过程中产生的问题,根据获得的信息进行分析、对比、演绎找出解决方案的能力。

表 1-1 总结了这四种概念的区别。

表 1-1　数据、信息、知识和智慧的区别

数据（Data）	信息（Information）	知识（Knowledge）	智慧（Wisdom）
下雨	夏天午后常下雨	夏天出门要随身带雨伞	全年中如果出现这种天气情况都要带雨伞

所以说,稀松平常的一些数据,经过商务智能的提炼,可以生成具有指导意义的商务智慧。

1.3 商务智能的组成要素

1. 大数据

按照数据源来说,数据分为企业内部数据和企业外部数据两类。企业内部数据包括企业业务系统产生的数据,如订单、客户信息、交易记录、物流记录等;企业外部数据是指来自企业所处行业和竞争对手的数据,以及来自企业所处的其他外部环境中的各种数据。按照数据生成时间来说,数据分为即时数据和历史数据。即时数据即企业在运营过程中产生的即时数据,这类数据基本上是几秒或者是几分钟之前产生的经营数据。而历史数据指的是前一天、前一周,甚至是前一个月的经营数据。从数据结构化程度来说,数据分为结构化数据和非结构化数据。结构化数据是指存储在各个交易系统背后的关系数据库中的数据,通常以表格的形式存在和展现,非结构化数据通常以零散的文件形式存在和展现,泛指不能简单以表格形式展现的数据。

2. 知识发现

获取高质量的数据和信息是基础,知识发现的最终目标是从数据集中识别出有效的、新颖的、潜在有用的,以及最终可理解的知识,即从数据矿山中找到蕴藏的知识。现代信息技术的发展使人们能够对数据进行多层次和多角度的处理以获取潜在有用的知识,其核心是数据分析与挖掘,即通过数据聚类、数据多维分析、关联分析、高级统计分析等算法或者模型,将数据转变成知识。知识发现是信息资源利用从数据和信息层次上升到知识和智能层次的关键组成因素。由于知识是隐藏的,通常不能通过已有的规则或模式推断得到,这就使这些知识在用于决策时往往能帮助企业获取竞争对手不曾掌握的信息和手段,进而获取竞争优势。

3. 绩效管理和决策支持

知识发现的最终落脚点在于优化绩效管理和改善决策水平,具体表现在以下几个方面:①商务智能可以对各项业务进行准确评估,理解业务驱动因素,识别对业务产生影响的关键因素,积极推动业务发展;②商务智能可以从企业的各种应用系统中提取各种基础绩效指标与关键绩效指标,对工作绩效或其他绩效(财务的和非财务的、前台的和后台的、企业内的和供应链的、组织的和个人的)进行跟踪管理,完成对业务流程的挑战和优化;③商务智能还可以帮助企业从日常业务数据中得到结论性的、基于事实的和具有可实施性的信息,使企业能够更快、更容易地做出高水平的决策。

上述三个要素的有机组合才能形成商务智能。若缺乏大数据,只有知识发现和决策支持,那么只能称之为行业经验;若无知识发现,则无法形成智能;若没有决策支持,我们也只能称之为数据分析,无法达到商务智能的高度。

1.4 商务智能的核心技术

商务智能是一套完整的技术解决方案,它通过将数据仓库、联机分析处理和数据挖掘等技术进行整合,并应用到商业活动中。

商务智能技术是通过从不同的数据源收集数据,对数据进行抽取(Abstract)、转换(Transform)和装载(Load)之后,将所得到的信息送入数据仓库或数据集市,然后使用合适的查询与分析工具、数据挖掘工具和联机分析处理工具对其进行处理,将信息转变为辅助决策的知识,最后将知识呈现在用户面前,以实现技术服务与决策的目的。商务智能的核心技术主要包括数据仓库与数据集市技术、联机分析处理技术、数据挖掘技术、数据可视化技术以及云计算、云存储技术。

1. 数据仓库与数据集市技术

数据仓库创始人之一 W. H. Inmon 将数据仓库定义为一个面向主题的、集成的、非易失的、随时间变化的、用来支持管理人员决策的数据集合。它从多个数据源收集信息,并以一种一致的存储方式保存,所得到的数据集合。数据仓库是为联机分析处理、数据挖掘等提供海量数据存储空间、数据组织的容器和解决数据集成问题的关键技术。数据仓库的底层是多个数据源。一般情况下,这些数据源可以是关系数据或其他类型数据,如文本文件、XML(可扩展标记语言)文档等,然后从数据源中按照统一的规则抽取数据,经过数据清理、数据抽取和转换、数据过滤、数据汇总等过程,将数据转换成数据仓库所需的形式,并将其加载到数据仓库。

数据仓库通常是企业级应用,涉及的范围和投入的成本非常巨大,实际上许多企业无力承担,因此他们希望在最需要的关键部门建立一种适合自身应用的、自行定制的部门数据仓库子集。正是这种需求使数据集市应运而生。数据集市(Data Mart)是为满足特定的业务需求而创建的数据存储,是一个小型的数据仓库。它专注于某个特定的主题,面向部门级用户构建复杂业务规则以支持功能强大的分析。数据集市可以直接从操作型环境中获取数据,也可以通过在数据仓库中进行筛选、集成汇总来建立,前者称为独立型数据集市,后者称为从属型数据集市。由于多个独立型数据集市的累积并不一定能直接转换为数据仓库,因此对于大型的企业级用户,一般是先统一规划并构建数据仓库,然后根据企业各个业务部门的需求建立相应的数据集市。数据集市是一种在各方面都能更加满足专业用户群体的特殊需求。

2. 联机分析处理技术

联机分析处理又称为多维分析,能对数据仓库中的数据进行多维分析和展现,侧重于对决策人员和高层管理人员的决策支持,可以根据分析人员的要求,快速、灵活地进行大数据量的复杂查询处理,使分析人员、管理人员或执行人员能够从多种角度对从原始数据中转化出来的、真正为用户所理解的、真实反映企业维特性的信息进行快速、一致、交互地存取,并且以一种直观而易懂的形式将查询结果提供给决策人员和高层管理人员,以便他们能准确掌握企业(公司)的经营状况,了解对象的需求,制定正确的方案。

联机分析处理的主要功能在于方便进行大规模的数据分析及统计计算,对决策提供参考和支持。现代联机分析处理系统一般将数据仓库作为基础,即从数据仓库中抽取详细数据的一个子集并经过必要的聚集存储到在线分析处理(Online Analysis Processing, OLAP)存储器中给前端分析工具读取。联机分析处理以多维度方式查询和分析数据,通过切片(按二维选择数据)、切块(按三维选择数据)、上钻(选择更高一级的数据详细信息以及数据视图)、下钻(展开同一级数据的详细信息)、旋转(获得不同视图的数据)等操作,在不同的粒度上对数据进行分析尝试,得到不同形式的知识和结果。联机分析处理研究主要集中在基于关系数据库的在线分析处理(Relational OLAP,ROLAP)的查询优化技术和基于多维数据组织的在线分析处理(Multidimensional OLAP,MOLAP)中减少存储空间和提高系统性能的方法等。

3. 数据挖掘技术

与联机分析处理技术的探测式数据分析不同,数据挖掘侧重于从海量数据中揭示隐含的、先前未知的,并有潜在价值信息的非平凡过程,它按照预定的规则对数据库和数据仓库中已有的数据进行信息开采、挖掘和分析,从中识别和抽取隐含的模式与有趣的知识,为决策者提供决策依据。

数据挖掘一般包括信息收集、数据集成、数据归约、数据清理、数据变换、数据挖掘实施过程、模式评估和知识表示 8 个步骤。知识发现的复杂性决定了数据挖掘过程并不是一蹴而就的,它是一个反复循环的过程,如果任何一个步骤没有达到预期目标,都需要回到前面的步骤,重新调整并执行。其具体的操作算法有购物篮分析(Basket Analysis)、聚类检测(Clustering Detection)、神经网络(Neural Networks)、决策树(Decision Tree)方法、遗传算法(Genetic Algorithm)、连接分析(Link Analysis)、基于范例的推理(Case Based Reasoning)和粗集(Rough Set)以及各种统计模型等。

4. 数据可视化技术

为了使分析后的数据能直观、精简地呈现在用户面前,需要采用一定的形式将数据表示和发布出来,人们通常采用的是一些查询和报表工具。不过,目前越来越多的分析结果是以可视化的形式表现出来的,这就需要采用信息可视化技术。所谓数据可视化,是指运用计算机图形技术或图像处理技术,将抽象的信息或数据转换为图形或图像,在计算机屏幕上以图形、图像、虚拟现实等易为人们辨识的方式展现原始数据间的复杂关系、潜在信息以及发展趋势,使人们能够更好地利用所掌握的信息资源。

5. 云计算、云存储技术

随着技术的发展,单位计算资源和存储资源的价格不断下降及网络带宽的不断增加,人们发现通过网络就可以获得一台高性能服务器的所有计算和存储资源服务。并且根据不同的需求,服务器的数量和容量都可以进行动态调整。该种服务所使用的主要技术可统称为云计算技术。

云计算是分布式处理(Distributed Computing)、并行处理(Parallel Computing)和网格计算(Grid Computing)综合发展的结果,是透过网络将庞大的计算处理程序自动分拆成无数个较小的子程序,再交由多部服务器计算所组成的庞大系统。通过云计算技术,网络服务提供者可以在数秒之内,处理数以千万计的信息,达到和"超级计算机"同样强大的网络服务水平。

云存储的概念与云计算类似,它是指通过集群应用、网格技术或分布式文件系统等功能,网络中大量各种不同类型的存储设备通过应用软件集合起来协同工作,共同对外提供数据访问和计算功能的一个系统。简单来说,云存储就是将储存资源放到网络上供人存取的一种新兴方案。使用者可以在任何时间、任何地点,通过任何可联网的装置方便地存取数据,由于这种资源就像天上的云一样,所以称之为云存储。

通过云计算和云存储,商务智能所需的数据就可以真正实现世界互联,全球任意一地方、任意一设备的数据可以在短时间内进行云计算并做出商业决策,实现真正的即时商务智能。

1.5 商务智能的系统框架

商务智能系统框架的基本元素包括以下内容。

1. 数据源

数据源简单来说就是数据的来源,是提供数据的源头,可以是各个部门的纸质文件、电子文件、数据库、音频文件、视频文件等一切原始而未经修改的数据来源。一切商务活动的原始记录都应该在数据源中。

从图1-2可以看出,商务智能系统首先必须要从不同数据源中取到多种形式的数据,包括内部数据(一般为主要数据)和外部数据(一般为非主要数据)。在这些数据中,我们可能在第一阶段无法获知哪些是有用的数据,哪些是无用的,所以必须收集尽量多的数据。另外,这些数据可能包含多种数据格式,例如结构化和非结构化数据,如电子邮件、声音,甚至是图片、视频等,例如来自不同的操作系统,不同的数据库等。

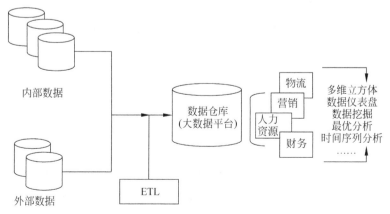

图1-2 典型的商务智能系统框架

2. 数据仓库/大数据平台

由于数据源的数据有多种格式,若直接进行保存则会造成数据紊乱。这个时候,就需要使用 ETL(Extract,Transform,Load;抽取、转换、装载)工具,将数据源的数据根据一定规则进行提取,并通过特定的规律转换成可保存的统一格式,例如统一将数据源的日期转换成"年-月-日"格式。数据源装载到数据仓库或者大数据平台中,用作决策阶段的数据依据。

3. 商务智能算法

数据最终会根据不同的业务需求被提取,例如对物流中的最佳路径、营销中的最佳人群、人力资源中的人力成本优化等问题进行分析和挖掘,向决策者提供一个决策依据。在商务智能系统框架中,必然包含多种数据挖掘方法,商务智能算法包含了初级的统计分析到高级的数据挖掘,以及各种还在发展中的先进智能算法。

1.6 商务智能的分析流程

商务智能的分析流程基本上可以分为四个步骤:分析、了解、决策和评估,如图1-3所示。

(1) 分析阶段。在该阶段,确定和准确描述业务问题是最为关键的一个步骤。定位了一个具体问题之后,就可以通过该问题来定位最为相关的数据范围。例如,保险公司需要知道哪些客户会延长保险,那么最相关的数据因素就是客户的保险数据,如客户的保险金额、保险年限等。

确定了问题及相关数据范围后,就可以通过开展多种调查途径来获得源数据,并通过 OLAP

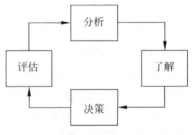

图1-3 商务智能的分析流程

等直接的视图分析来获得一个基本结论,在商务智能流程的第一个阶段就是确定问题,并能获得快速响应并进行互动的阶段。

(2) 了解阶段。确定了问题之后,就需要更深入地理解与当前问题相关的数据。例如在第一阶段分析表明将有一定数量的客户并不会在第二年延长保险。那么,在该阶段就需要找出该类客户具有共性的属性,来说明这些客户在第二年是不会延长保险的。在这个阶段,这些信息会被转换为知识,这些知识一旦被决策者掌握,就可以进行下一个阶段——决策。

(3) 决策阶段。在该阶段,由上一阶段获得的知识就会被转换为决策,并产生相应行动。例如已经获得了第二年不会延保客户的知识,决策者可以做出一个决策,即生产部门提供特定的保单产品给该类客户,或者是营销部门提供特定的营销策略改变该种客户的类型等。通过获取的知识,在决策阶段,决策者可以更有效和及时地做出决定,使之更好地服务企业。

（4）评估阶段。商务智能分析流程的最后为评估阶段，在该阶段，根据企业的各个部门需求，采取不同的业绩指标是一种可行的方法。例如财务部门的评估指标为公司支出和收入、营销部门评估指标为客户增长率等。

1.7 商务智能的主流产品

1. SAP Business Object

SAP Business Object 是 SAP 公司旗下的商务智能产品，其产品组合提供全面的商务智能和绩效管理功能，并且整合了水晶报表(Crystal Report)。该产品集成了经济、直观的业务报表、仪表盘、演示和即席分析等解决方案，支持任何企业中的个人获得并共享见解，进而制定最佳的决策。

2. SAS

SAS(Statistical Analysis System)是全球最流行的统计分析软件，是由美国北卡罗来纳州立大学于 1966 年开发的统计分析软件。SAS 已在全球 100 多个国家和地区拥有 29 000 多个客户群，直接用户超过 300 万人。在我国，国家信息中心、国家统计局、中国科学院等都是 SAS 系统的大用户。SAS 已被广泛应用于政府行政管理、科研、教育、生产和金融等不同领域，并且发挥着越来越重要的作用。

3. IBM Cognos

IBM Cognos 是一款强大的报表制作和展示功能软件，可以为公司提供一整套的商务智能解决方案。IBM Cognos 通过实现计划和预算、绩效度量和监视、报表和分析等管理环节的关键模块来提高调整企业绩效。IBM Cognos 是唯一能够在一个完整的解决方案中为这些重要的管理活动提供支持的公司。IBM Cognos 的这种解决方案可以跨 CPM (Company、Plan、Material，公司、计划、资源)，包括了企业计划、计分卡和业务智能的所有基本组件。

4. Tableau

Tableau 是一款数据可视化软件。Tableau 可帮助任何人快速分析、可视化并分享信息。有超过 42 000 位客户通过使用 Tableau 在办公室或随时随地快速获得结果。此软件可在几分钟内完成部署，而且易于维护。用户可以通过 Web 浏览器发布与合作。或将 Tableau 视图嵌入其他 Web 应用程序中。企业用户可以在无须 IT 的情况下生成数千份报告。该软件可以对数据进行交互、过滤、排序与自定义视图。

5. Logis PMT

Logis PMT 是一款为数据挖掘爱好者以及相关领域专家提供的一个机器学习、数据可视化的工具，具有充满乐趣的交互式数据分析工作流和一个巨大的工具箱。交互式数据可视化 Logis PMT 使用智能数据可视化方式来执行简单的数据分析。可以用来探索统计分布、箱线图和散点图，或者深入研究决策树、层次聚类、关联规则、时间序列、热图、多维标度(Multidimensional Scaling,MDS)和线性投影等。

Logis PMT 是一个强大的数据可视化工具，可以帮助发现海量数据中隐藏的规律，挖掘数据分析过程中背后的秘密，促进数据科学家和领域专家之间的交流。可视化的组件包含散点图、框图和直方图，以及树形图、地理地图、轮廓图和树可视化等特定于模型的可视化图等。

6. RapidMiner

RapidMiner 是一款开源的数据挖掘软件，集成了丰富的数据挖掘分析和算法功能，常用于解决各种的商业关键问题，如营销响应率、客户细分、客户忠诚度及终身价值、资产维护、资源规划、预测性维修、质量管理、社交媒体监测和情感分析等典型商业案例。

RapidMiner 解决方案覆盖了各个领域，包括汽车、银行、保险、生命科学、制造业、石油和天然气、零售业及快速消费品行业、通信业以及公用事业等各个行业。

1.8 习题

1. 举例说明什么是数据、信息、知识。
2. 描述商务智能技术在企业中扮演的角色。
3. 举例说明商务智能在证券、物流、电子商务、银行等行业中的应用。
4. 讨论商务智能系统与 SCM(供应链管理)、ERP(企业资源管理)等管理系统的关系。
5. 简述商务智能的重要组成部分。
6. 简述数据仓库与数据集市的区别。

第 2 章

数据仓库

视频讲解

【学习目标】

- 理解数据仓库的基本原理和主要特点;
- 理解数据仓库系统的结构和原理;
- 了解制作信息包图的步骤;
- 了解多维数据模型的展示和操作;
- 理解和掌握如何使用 Hive 数据仓库。

商务智能是多种技术交叉在一起的复合应用,它本质上是通过对信息数据进行有效处理,然后将数据转换为信息,最终通过提炼信息中有效的内容将其转换为知识的过程。在这一系列的过程中,需要许多技术在其中发挥重要作用,本章主要讲解组成商务智能系统的关键技术:数据仓库。

2.1 数据仓库的基本概念

商务智能的顺利实施,离不开商务智能技术,而这些技术都需要围绕着数据进行实现。可以说,没有数据,就没有商务智能。而随着科技的发展,存储器、操作系统、文件系统不断进步,在需要处理的数据量急剧增加的同时,数据管理技术也在不断进步。数据库管理系统已实现数据共享和数据集中控制,是各类系统的核心和基础部分。

大量的行业数据存储在各个独立的数据库管理系统中,针对商务智能的决策支持功能无法在传统的数据库系统中实现。行业需要一种新型的数据管理技术,来实现整合多个独立的数据块,并具有决策支持功能。

数据仓库,一种新型的数据集合开始出现,代替了结构化的传统数据库系统,用于支持管理决策。数据仓库在处理历史数据的基础之上,对整个数据系统进行分析和整理,之后进行联机分析处理、数据挖掘等工作,最终目的是用系统中的数据来发现知识从而构建商务智能。因此,数据仓库是在数据库已经保存了大量的各种业务数据的基础上,为了更加深入地进行数据分析、知识发现和满足商务决策需要而产生的。

数据仓库的核心思想与传统的数据库系统不同的是,传统的数据库系统主要体现在数据的完整性、对数据进行操作的便捷性;而数据仓库主要体现在分析型数据处理的要求和性能之上。数据仓库的主要特点有以下 6 点。

1. 数据仓库是有主题性的

传统数据库中的数据组织是面向事务处理的,业务系统之间是相互分离的,而数据仓库中的数据则按照一定的主题领域进行组织。主题是指用户使用数据仓库进行决策时所关心的方向或者应用场景,一个主题常常与多个传统数据库系统相关联。

2. 数据仓库是集成的

数据仓库中的数据来源于不同的数据源,而这些数据往往是分散的,多种格式的,并且有很多无用数据。因此,需要从原始的操作型数据中抽取出所需要的数据,并进行数据的再次加工、整理等集成工作。数据经过统一规划后,才能进入数据仓库,以使数据仓库信息与全局信息保持一致性。

3. 数据仓库是保持增量的

数据仓库里的数据是根据时间的变化而不断增长和改变的,很少有删减动作。传统关系数据库比较适合存储和处理表格化的数据,能够较好满足基本的商务报表工作需求,会进行一定程度的修改和删减。而数据仓库中的数据是稳定的,一旦加入数据仓库,就会成为只读格式。

4. 数据仓库是相对稳定的

数据仓库中的数据一般是历史数据,主要供给企业进行决策分析使用,其数据操作主要是增加和查询。某个数据进入数据仓库后,一般情况下将被长期保存。通常数据仓库中有大量的查询操作,因此需要定期加载和更新。

5. 数据仓库是有一定可扩展性的

数据仓库的数据量一般都非常大,并且需要一定的冗余处理能力,所以需要考虑数据仓库在未来的可扩展性。另外,企业对数据分析结果的实时性要求较高,这就需要扩展当今数据仓库的功能,要求数据仓库有一定的可扩展性。

6. 数据仓库是能够实时分析数据的

许多企业使用数据仓库,对其数据分析结果的实时性要求较高,这就需要数据仓库能够高效率地抽取、转换、装载数据并能及时分析数据的功能。

所以，数据仓库建立的目的不是取代传统的关系数据库，数据仓库也不是一种综合性的大型数据库。从数据库到数据仓库，不是数据量的变化，而是数据应用场景的变化，即从以操作型处理为主转变为以分析型处理为主；从数据库的日常增删改查操作转变为面向主题的历史数据分析，为智能分析和决策提供支持。

2.1.1 数据仓库的数据结构

数据仓库的数据存储可以用图 2-1 所示的三层数据结构表示。根据图 2-1 所示，数据是从企业内、外部各业务部门的数据库中生成的元数据，分别是：操作型元数据、企业级数据仓库(Enterprise Data Warehouse, EDW)元数据和数据集市元数据，然后流向数据仓库。

在这个过程中，要根据企业(多个部门)的数据模型和元数据库对数据进行调和处理，形成一个中间数据层，然后再根据分析需求，从操作型数据存储(Operational Data Storage, ODS)和企业级数据仓库将数据引入导出数据层，形成满足各类分析需求的数据仓库。

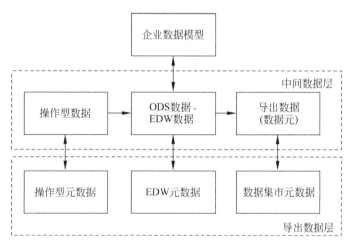

图 2-1 数据仓库的三层数据结构

图 2-1 中各个组成部分的解释如下。

(1) 操作型数据。操作型数据通常存储在企业组织的各个操作型系统中，如传统的(人事管理系统、ERP 系统、销售系统等)，也包括组织外部的信息系统中。

(2) ODS 数据。ODS 是数据仓库的一个扩展，它也是一个企业级的数据存储模式，它的构造也是面向主题的。ODS 是企业中运行系统发布信息的地方，这些信息是实时或接近实时的，这些信息可以被企业中的其他系统使用，包括数据仓库。

(3) EDW 数据。即企业级数据仓库，属于分析型数据，通过数据分层和在数据仓库中保留企业范围内一致的原子层数据为企业建立灵活、可靠的数据仓库解决方案。

(4) 企业数据模型。企业数据模型描述了一个组织(企业)所需数据的整体轮廓。所以，ODS 与 EDW 层的数据必须符合企业数据模型中说明的设计规格。企业数据模型控制着数据仓库的阶段演化，随着新需求的不断出现，企业数据模型得以不断完善。

(5) 元数据。元数据是描述其他数据的属性或特征的数据。元数据体现了一种抽象的概念。在设计模式中,强调要对接口编程,即不要处理这类对象和其他对象的交互,而是要处理接口之间的交互,元数据存在的意义也在于此。元数据的存在就是要做到更抽象一层的设计软件。数据仓库系统元数据的作用,其实就是实现系统的自动运转,以便于管理。元数据是数据仓库的应用基础。

另外,图 2-1 中的三个数据层的元数据分别如下。

(1) 操作型元数据。描述不同操作型业务系统中提供给企业数据仓库的数据特性。操作型元数据一般以不同的格式存在,质量通常较差,需要进行清洗和转换。

(2) EDW 元数据。通常来源于企业数据模型,至少与企业数据模型保存一致。EDW 元数据主要描述抽取、转换、加载操作型数据到该层的 ETL 规则。

(3) 数据集市元数据。描述导出数据层的数据特性和从调和数据到导出数据的转换规则。

2.1.2 数据仓库的系统构成

数据仓库是联机分析数理和数据挖掘的基础,其作用主要体现在两个方面:一是数据仓库提供了海量的经过处理和整理的数据;二是数据仓库提供了数据处理、数据访问和数据分析等技术手段。

数据仓库系统包括数据获取模块、数据存储和管理模块以及数据访问模块三个部分。

1. 数据获取模块

数据获取是从数据源获得数据的过程,是数据仓库的基础,该模块负责整个系统的数据来源。数据源通常包括内部信息和外部信息。内部信息主要包括数据库中各种业务数据和各类文档;外部信息主要包括市场信息、统计信息、竞争对手信息等。

数据仓库数据按照粒度的不同分为四个级别:早期细节级、当前细节级、轻度细节级和高度综合级。元数据经过综合,首先进入当前细节级,并根据具体需要和实践推移进行进一步综合,进入轻度细节级乃至高度综合级;老化的数据将进入早期细节级(历史细节级)。数据仓库中的粒度是指不同的综合级别,粒度越大,意味着细节程度越低而综合程度越高。

2. 数据存储和管理模块

数据是数据仓库系统的核心,数据存储和管理是数据仓库系统的关键,数据仓库的组织和管理方式是其区别于传统数据库的决定因素。数据仓库针对现有业务系统的数据进行抽取、清理、转换和集成,并按照主题对其进行组织和管理。

元数据是描述数据仓库数据结构和建立方法的数据,为用户访问数据仓库提供目录和说明。元数据是数据仓库运行和维护的中心,也是数据仓库服务器运行和用户访问的主要依据。

元数据按照其用户的不同可以分为两类:技术元数据和商业元数据。技术元数据用户来收发和管理数据仓库中的数据,包括数据源信息、数据转换的描述、数据仓库内对象和数据结构的定义、数据清理和数据更新时用的规则、源数据到目的数据的映射、用户访问权限、数据备份历史记录、数据导入历史记录、信息发布历史记录等。商业元数据从业务的角度描述了数据仓库中的数据,包括各种业务主题的描述、所含数据的描述、查询和报表等。

数据仓库对数据的管理还包括安全管理、权限管理、数据更新跟踪、数据质量检查、元数据管理和更新、删除/复制/分割/分发数据、备份/回复/审计等。

3. 数据访问模块

数据访问为用户访问数据仓库提供了手段。它主要包括各种查询工具、报表工具、应用开发工具、联机分析处理工具、数据挖掘工具以及各种基于数据仓库的应用开发工具。此外,还包括信息发布系统和基于网络的联机分析界面等。

建立数据仓库,往往可以从一个部门的数据集市开始着手,结合其余数据集市组成一个完整的数据仓库。为了特定的应用目的或应用范围从数据仓库中独立出来的部分数据,也可以称为部门数据和主题数据。

2.1.3 数据仓库系统开发概述

数据仓库系统的建立在一定程度上说,是一个复杂而漫长的过程,因为数据仓库系统的开发涉及源数据库系统、数据仓库对应的多文本格式数据及数据分析和报表工具等许多应用和部署问题。因此,数据仓库系统的创建需要一个按部就班的流程,将数据从原有的操作型业务环境移植到数据仓库环境本身。一般来说,一个数据仓库系统的建立需要经过以下 7 个步骤。

1. 收集和分析业务需求

用户需求往往不确定,在数据仓库环境中,决策支持、数据分析人员往往是企业中的中上层管理人员,他们对决策分析的需求不能预先作出规范说明。因为企业的中上层管理人员一般对数据的定义及规范性等专业性技术不太关注,而是对于业务问题和需求比较关心和了解。因此,数据仓库应该在海量的数据中为用户提供有用、及时、全面的信息,以帮助用户做出正确的决策。

2. 建立数据模型和数据仓库的物理设计

通过设计数据仓库的概念模型、逻辑模型和物理模型,可以得到企业或事业数据的完整而清晰的描述信息。数据仓库的数据模型通常是面向主题建立的,同时又为多个面向应用的数据源的集成提供统一的标准。数据仓库的核心内容包括组织的各个主题域、主题域之间的联系、描述主题的码和属性等。

3. 定义数据源

定义数据源也叫作定义记录系统,往往会形成一个操作型数据存储区,数据仓库中的数据来源于多个已有的操作型业务系统。一方面,各个系统的数据都是面向应用的,不能完整地描述企业中的主题域；另外一方面，多个数据源的数据之间存在着许多的不一致性，例如命名：有些系统把性别描述成 sex，而另外一个系统可能描述成 gender；例如结构：有些系统是年/月/日，而另外一个系统可能是年-月-日；又如单位：有些系统是米，而另外一个系统可能是英尺。所以，记录系统是一个内容正确并在多个数据源间起决定作用的操作型数据源。该数据源的数据最精确、最完整，以及由于可以实时更新，它的内容也是最及时的。

4．选择数据仓库技术和平台

技术和平台的选择对建设数据仓库来说非常重要，而且一旦选定，数据仓库系统实施完成后就很难再进行改变。由于数据仓库的建成需要数据源及数据模型的先期定义，所以平台的更改和技术的切换成本非常高，因此选择型号和框架时要充分重视，前期需要做大量工作。

5．抽取、清洗和转换

从操作型数据库中抽取、清洗和转换数据到数据仓库，这个步骤决定了数据的质量，直接影响后期数据的使用。

6．数据连接

根据用户的具体情况，及其需求分析和数据量的大小等因素进行访问和报表工具、数据库连接软件、数据分析和可视化软件的选择。

7．更新数据仓库

确定数据仓库的更新策略，开发和配置数据仓库更新子系统，实现数据仓库数据的自动更新。

2.1.4 数据仓库系统设计调研

数据仓库系统不同于普通事务处理系统，其数据分析需求刚开始时，并不十分明确，而数据仓库的数据来源往往来自各个操作型业务数据库的数据，因此项目需求的首要任务就是从历史数据与用户需求两个方面同时进行调研，采用"数据＋用户"驱动的设计理念进行数据仓库系统的设计。

数据驱动是根据当前业务数据的基础和质量情况，以数据源的分析为出发点构建数据仓库。用户驱动则是根据用户业务的方向性需求，从业务需要解决的具体问题出发，确定系统范围的需求框架。

数据仓库的用户一般是企业的管理者，在设计数据仓库系统时需要充分考虑用户的分析需求是十分必要的。同时，由于数据仓库的搭建必须基于业务数据库等数据源，数据源的结构也是不得不考虑的问题。

实际上，企业每个部门观察企业业务的视角都不同，这是需求多样性的一个方面。例如一个公司的销售部门、采购部门、人力部门、仓库管理部门等都有各自的观察视角，尽管业务是相关的,但是对数据的需求,特别是对分析数据的需求却有所不同。

创建企业级数据仓库是一个面向企业各部门特别是管理部门的工程,但是它的需求在前期可能是相当模糊的,因此,我们应该高度重视需求的调研与分析,尽量多挖掘出用户的当前需求和潜在需求。

从组织结构的上层管理人员开始交流是非常有必要的。他们可以提供许多开发者想不到的业务操作及希望得到的内容。根据不同的交谈对象,所提问题也应有所不同,例如:

(1) 什么因素决定工作的成功与失败?
(2) 信息的分析过程需要多少时间?
(3) 信息分发的方式是什么?
(4) 如果有信息的空缺,你们会采取什么措施?
(5) 分析这些数据会需要哪一级的授权?
(6) 业务报表的来源是什么?谁对报告的制定、维护和分发负责?

对需求按照业务视角进行分类之后,可以进一步细化需求的提问,一般从业务目标、当前信息源和日常报表需求、涉及的主题领域、关键性能指标和信息频率等分别提问。

1. 业务目标

部门的职责和目标是什么?要达到这些目标需要哪些部门的配合?怎样将这些目标整合到公司的目标中?实现这些目标有哪些障碍?数据库的数据来源有哪些?需要购买外部数据么?

2. 当前信息源和日常报表需求

在现有的日常报表过程中,当前传递了哪些信息?从何处获取这些分析数据?现在是如何加工处理的?这些信息的详细程度怎样?是太详细了?还是太粗略了?哪些操作会产生关于重要主题领域的数据和信息?

3. 涉及的主题领域

有关主题领域的问题可以帮助确定对业务活动来说什么主题是很重要的。随着用户地位的不同,在他们的数据领域中,各种不同的领域或维度被明确地归纳出,这就使得对信息的整合变得容易了。这些问题集中在数据仓库中的数据应怎样被检索,以及怎样分析和筛选这些数据等。关于主题领域的问题有:

(1) 哪些维度或领域对数据的分析是有价值的?
(2) 这些维度有固有的层次结构吗?
(3) 业务决策仅仅需要当地的有关信息吗?
(4) 某些产品是否仅仅在某一地区销售?

4. 关键性能指标

不同的用户会有不同的看法。例如,部门的绩效是怎样监测的?部门内部提供哪些关键的指标?

5. 信息频率

可以从用户处理信息的时间灵敏度获得信息频率。如用户需要多长时间对数据更新一次?适当的时间结构是什么?在数据仓库中,对信息有实时性需求吗?

在与用户交流阶段,应该确定数据仓库需要的有关信息。用户应该清晰地确定所需的信息。例如,数据仓库的用户需要得到有关产品用户的详细统计信息,包括过去 5 年中用户的年龄、组别、性别、位置和经济状况等信息。

然后根据用户的信息需求,抽取出信息的度量值和维度信息,例如对于需要观察的产品收入,可以确定其度量指标和维度如下。

(1) 度量指标。包括产品销售的实际收入、产品销售的预算收入及产品销售的估计收入。

(2) 维度。包括已经销售的产品信息、销售地点(位置信息)和顾客信息(如年龄组别、性别、位置和经济状况)等。

总之,通过对企业各部门数据和需求的分析,可以明确用户正在使用的数据现状、用户如何使用这些数据及用户将利用数据仓库的目的。充分的交流为数据仓库的总体设计奠定了基础,并对下一步数据仓库的具体设计打下了坚实的根基。

2.1.5 信息包图设计概念模型

视频讲解

在收集分析需求并做了详细的需求调研之后,收集到的数据可以反映企业的基本需求,这时就可以对数据仓库的概念模型做设计。通常如果用面向主题的自顶向下的设计方法,数据仓库的概念模型将面向主题,也就是面向对象。示例数据库中的对象,如客户、产品和供应商等多维信息,终端用户通过各种维度来获取业务数据,其中时间是最基本的维度。对于面向主题的数据仓库同传统的数据库设计一样,需要经历概念模型设计、逻辑模型设计和物理模型设计三个阶段(如表 2-1 所示)。与之相对应的,数据仓库的设计方法分别是针对数据仓库的信息包图法、星状图法和物理数据模型法,如表 2-1 所示。

表 2-1 数据仓库的设计方法

设计阶段	数据仓库
概念模型	信息包图法
逻辑模型	星状图法
物理模型	物理数据模型法

(1) 数据仓库的概念模型通常采用信息包图法来进行设计,要求将信息包图的 5 个组成部分(名称、维度、类别、层次和度量)全面地描述出来。

(2) 数据仓库的逻辑模型通常采用星状图法来进行设计,要求将星状图的 5 类逻辑实体(度量逻辑实体、维度逻辑实体、层次逻辑实体、详细信息逻辑实体和类别逻辑实体)完整地描述出来。

(3) 数据仓库的物理模型通常采用物理数据模型法来进行设计,要求将物理数据模型的 5 类表(事实表、维表、层次表、详细信息表和类别表)详细地描述出来。

在与用户交流的过程中,2.1.3～2.1.4 节确定了数据仓库所需要的信息,这些信息包括当前的、将来的以及与历史相关的数据。本节将确认操作数据、数据源,以及一些附加数据需求建立信息包图,进而确定数据仓库中的主题和元数据,有效地完成查询和数据之间的映射,完成概念数据模型的设计。

1. 信息包图法简介

由于数据仓库的多维性,利用传统的数据流图进行需求分析已不能满足需要。因此,数据仓库的建模包括超立方体(Hyper Cube)法及信息包图法。

超立方体法也是采用自上而下的方法设计,其步骤如下。

(1) 确定模型中需要抓住的业务过程,例如销售活动或销售过程。

(2) 确定需要捕获的度量值,例如销售数量或成本。

(3) 确定数据的粒度,即需要捕获的最低一级的详细信息。

由于超立方体法在表现上缺乏直观性,尤其是当维度超出三维后,数据的采集和表示都比较困难,这时可以采用信息包图法在平面上展开超立方体,即用二维表格反映多维特征。信息包图提供了一个多维空间来建立信息模型,并且提供了超立方体的可视化表示。

例如图 2-2 所示就是某公司的销售分析超立方体模型。

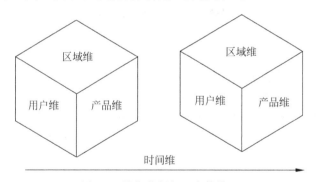

图 2-2 销售分析超立方体模型

信息包图定义主题内容和主要性能指标之间的关系,其目标就是在概念层满足用户需求。信息包图拥有三个重要对象:(度量)指标、维度和类别,利用信息包图设计概念模型就是要确定这三个方面的内容。

(1) 确定指标。(度量)指标表明在维度空间衡量业务信息的一种方法,是访问数据库的关键所在,是用户最关心的信息。成功的信息包可以保证用户从信息包中获取需要的各个性能指标参数。

(2) 确定维度。维度提供了用户访问数据仓库信息的途径,对应超立方体的每个面,位于信息包图第一行的每个栏目中。

(3) 确定类别。类别是在一个维度内为了提供详细分类而定义的,其成员是为了辨别和区分特定数据而设,它说明一个维度包含的详细信息,一个维度内最底层的可用分类又称为详细分类。

信息包图法也叫用户信息需求表,就是在一张平面表格上描述元素的多维性,其中的每个维度用平面表格的一列表示,例如时间、地点、产品和顾客等。而细化本列的对象就是类别,例如时间维度的类别可以细化到年、月、日,甚至小时。平面表格的最后一行(代表超立方体中的单元格)即为指标度量值,例如,某年在某销售点的某类产品的实际销售额。创建信息包图时需要确定不同层次的信息需求,以便最终设计出包含各个层次需要的数据仓库。

对较复杂的业务进行需求分析时,有时一张信息包图不能反映所有情况,需要设计多张不同的信息包图来满足全部需求,此时应保证多个信息包图中出现的维度信息和类别信息完全一致。

信息包图法是一种自上而下的数据建模方法,即从用户的观点开始设计(用户的观点是通过与用户交流得到的),站在管理者的角度把焦点集中在企业的一个或几个主题上,着重分析主题所涉及数据的多维特性,这种自上而下的方法几乎考虑了所有的信息源,以及这些信息源影响业务活动的方式。整个数据仓库数据库的设计过程分为如下 4 个阶段。

(1) 第一阶段:采用自顶向下的方法对业务数据的多维特性进行分析,用信息包图表示维度和类别之间的传递和映射关系,建立概念模型。其中,类别是按一定的标准对一个维度的分类划分,如产品可按颜色、质地、产地和销地等不同标准分类。

(2) 第二阶段:对企业的大量数值指标实体数据进行筛选,提取出可利用的中心度量指标(也称为关键性能指标和关键业务度量值),例如产品收入、产品成本或设备运行时间等。

(3) 第三阶段:需要在信息包图的基础上构造星状图,对其中的详细类别实体进行分析,进一步扩展为雪花图(可选),建立逻辑模型。

(4) 第四阶段:在星状图或雪花图的基础上,根据所定义的数据标准进一步对实体、键属性、非键属性、数据容量和更新频率等进行定义,完成物理数据模型的设计。

2. 信息包图的建立

利用信息包图可以完成以下工作。
(1) 定义业务中涉及的共同主题范围,例如时间、区域、产品和客户等。
(2) 确定一个业务事件怎样被运行和完成,以及可跟踪的关键业务指标。
(3) 决定数据怎样被传递给数据仓库的用户。
(4) 确定用户怎样按层次聚合和移动数据。
(5) 确定在给定的用户分析或查询中实际包含了多少数据。
(6) 定义怎样访问数据、估计数据仓库的大小、确定数据仓库里数据的更新频率。

例如,表 2-2 就是通过某公司的销售情况来说明信息包图的制作过程,其具体制作步骤如下。

(1) 获取各个业务部门对业务数据的多维特性分析结果,确定影响销售额的维度,包括时间、区域、产品和客户等维度。

(2) 对每个维度进行分析,确定维度与类别之间的传递和映射关系。

(3) 确定用户需要的度量指标体系,这里以销售情况作为事实依据确定的销售相关指标包括实际销售额、计划销售额和计划完成率等。

表 2-2 销售分析的信息包图(表)

维度	时间维度	区域维度	产品维度	客户维度
类别	季度(20)	省(20)	类别(100)	年龄分组(15)
	日(1800)	城市(500)	名称(1000)	输入分组(20)

度量指标：实际销售额、计划销售额、计划完成率

注：括号内数字为条目数。

有了以上分析之后,就可以画出销售分析的信息包图。该信息包图(如表 2-2 所示)以销售分析为主题,归纳事实和指标、归纳维度和层次、确定数据的粒度和类别。图中的第一行表示各个维度,每列表示不同维度的类别,其中括号内的数字表示各类别的数目。通常一个维度的类别种类不能太多,建议一个维度的类别数不超过 7,这将有助于用户检索和理解数据,提高数据的可利用性。在指标栏里,定义了三种度量指标,即实际销售额、计划销售额和计划完成率,并且以这三个指标为中心展开分析。其他业务分析需求的信息包图也可采用类似的方法。

3. 设计基于主题域的概念模型

包图实际上确定了数据仓库的主题和大部分元数据。

所谓主题,就是指在较高层次上将业务数据进行综合、归类和分析利用的一个抽象概念,每个主题基本对应于业务的一个分析领域。如在表 2-2 的信息包图中所示,"销售分析"就是一个分析领域,也称为一个应用主题。

面向主题的数据组织方式,就是在较高层次上对分析对象数据的一个完整且一致的描述,能刻画分析对象所涉及的各项业务数据,以及数据之间的联系。数据仓库中的数据是面向主题组织的。如一个数据仓库系统涉及的主题可能是产品销售分析、货物发送分析等。

主题是根据分析需求确定的。如在生产企业中,对于材料供应,数据仓库关心材料的不同采购渠道和材料供应是否及时、材料质量状况等。典型的领域包括顾客、产品、订单和财务或是其他某项活动。

主题域是对某个主题进行分析后确定的主题边界。在大多数数据仓库的设计过程中,都有一个主题域的选择过程。主题域的确定通常是由最终用户和数据仓库的设计人员共同完成的。例如,商品主题的内容包括记录超市商品的采购情况、商品的销售情况和商品的库存情况等;客户主题包括的内容可能有客户购买商品的情况;仓库主题包括仓库中商品的存储情况和仓库的管理情况等。确定主题边界(主题域)实际上是进一步理解业务关系,因此在确定分析主题后,还需要对这些主题进行细化以获取每个主题应有的边界。

如图 2-3 所示为某公司的分析主题及主题域结构,虚线内为主题域部分。

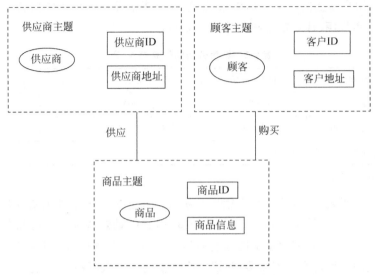

图 2-3 某公司的分析主题及主题域结构

2.2 多维数据模型

数据模型一般有两个层次：概念层和物理层。逻辑数据模型是从概念角度抽象出显示世界的内在规律，如业务流程、数据架构等；物理数据模型则侧重于特定环境下的具体实现，如效率、安全性等。

多维数据模型是一个逻辑概念，该模型主要解决如何对大量数据进行快速查询和多角度展示，一遍得出有利于管理决策的信息和知识。多维数据模型的应用领域主要有数据仓库、OLAP 和数据挖掘方面。其中多维数据结构是 OLAP 的核心。

多维数据模型通过引入维、维分层和度量等概念，将信息在概念上视为一个立方体，即用三维或更多的维数来描述一个对象，每个维度彼此垂直。数据的度量值发生在维的交叉点上，数据空间的各个维度部分都是有属性的。

2.2.1 多维数据建模

多维数据模型以直观的方式组织数据，并支持高性能的数据访问。一个多维数据模型可由多个多维数据模式表示，每个多维数据模式都是由一个事实表和一组维表组成的。

多维数据建模是以维度为中心的建模，以便于从多个维分析有关数据（度量值），星状、雪花状是其主要的存在形式。

1. 星状模式

多维模型最常见的是星状模式。在星状模式中，事实表居中，多个维表呈包围状分布其四周，并与事实表连接，如图 2-4 所示。

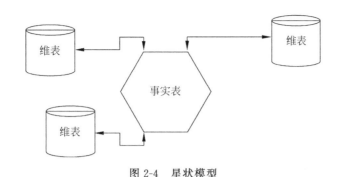

图 2-4 星状模型

事实表在星状中心,是用户最关心的基本实体和查询活动的中心,为数据仓库的查询活动提供定量数据。位于星状模式四周的实体是维度实体,其作用是限制和过滤用户的查询结果,缩小访问范围。每个维表都有自己的属性,维表和事实表通过关键字(ID)相关联。

星状模式虽然是一个关系模型,但是它不一定是一个规范化的关系模型。在星状模式中,维表可能是非规范化的,这是面向数据仓库的星状模式与 OLTP 系统中的关系模式的基本区别。

使用星状模式可以从一定程度上提高查询效率。因为星状模式中数据的组织已经经过预处理,主要数据都在庞大的事实表中,所以查询主要是扫描事实表,而不必像 OLTP 系统那样通常需要连接多个庞大的数据表,因而查询访问效率非常高。维表一般都很小,通常可以放在高速缓存中,与事实表做连接时其速度较快;另外一方面,星状模式便于用户理解,对于非技术人员来说,星状模式比较直观,通过分析星状模式,很容易组合出各种查询。

在实际应用中,随着事实表和维表的增加和变化,星状模式会产生许多衍生模式,包括雪花状模式等。

2. 雪花状模式

雪花状模式是对星状模式维表的进一步层次化和规范化,从而消除冗余的数据。通过最大限度地减少数据存储量,以及把分解后更小的规范化表联合在一起,以改善查询性能,如图 2-5 所示。由于采取规范化的维表,各维表拥有较低的粒度,因此雪花状模式增加了应用程序的灵活性。

但是另一方面,雪花状模式也增加了用户需要处理的表的数量,增加了查询的复杂性,而且用户不容易理解,有时额外的连接将使查询性能下降。因此在数据仓库系统中,通常不推荐使用雪花状模式,因为对数据仓库系统的查询性能相对传统的关系数据库系统来说更加重要。而雪花状模式由于本身的特点通常会降低数据仓库系统的性能。

雪花状模式的维表是基于范式理论的,是介于第三范式和星状模式之间的一种设计模式,通常是部分数据组织采用第三范式的规范结构,还有部分数据组织采用星状模式的事实表和维表结构。

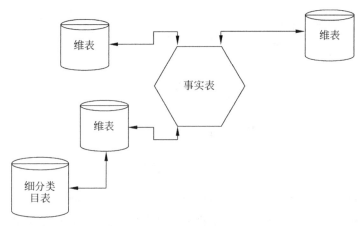

图 2-5 雪花模型

2.2.2 事实表、维表和键的设计

事实表和维表是多维建模技术中的两个基本概念。事实表是数据分析所对应的主要数据项,一般是企业或事业组织内的某项业务或某个事件。事实表中的事实一般具有数据特性和可加性,这种特征对于分析型应用而言是非常重要的。在这类应用中,人们所关心的不是单一的单条记录,而是在乎综合性的、聚合的数据。因此,一次性检索的记录可能是几百条、几千条甚至是几百万条、几千万条,而且还可能要求可以按照不同的粒度进行汇总。事实表中可以存储不同粒度的数据,同一主题中不同粒度的数据一般存储在不同的事实表中。在数据仓库中,对于比较简单的主题,一般一个主题对应于一个事实表;对于比较复杂的分析主题,很可能一个主题对应多个事实表。

事实表是对分析主题的度量,包含与各维度表相关联的外键,并通过连接方式与维表相连,事实表的度量一般是数值类型,且记录数会不断增加,表规模逐渐增大。

维表中包含的一般是描述性的文本信息,这些文本信息将成为事实表的检索条件,如按照地区分类查询销售信息,或按季度考察销售变化趋势等。所以,维表的属性长度可能出现过宽的情况,但它们的数据行数往往很小,在数据仓库中占用的存储空间也比较小。

维表中的维属性应该具体明确,体现出维层次的划分,能够成为分析型查询的约束条件,这是数据库与操作型应用在数据模型设计上的一个不同点。

维表层次的级别数量取决于查询的粒度。在实际业务环境中,多维数据模型一般含有十几个维。在具体实施工作中,一定要根据企业的实际情况确定相应的维。

在多维模型中,事实表的主键是组合键,即多个维表的主键,维表的主键是简单键,事实表中与维表主键相对应的各个组成部分是外键。事实表通过与各维表相对应的外键值同维表联系在一起。

维表一般由主键、分类层次和属性描述组成。对于主键的选择存在两种观点,一种是采用自然键,即操作型业务系统使用的具有一定内置含义的标识符。另一种是采用代理键,即由装载程序或者数据库系统所赋予的一个数值,该数值按顺序分配,没有内置含义但可以作为一行维度信息记录的唯一标识。通常情况下,推荐采用代理键,主要原因是代理键简化了事实表与维度表的主外键关系,如图 2-6 所示。

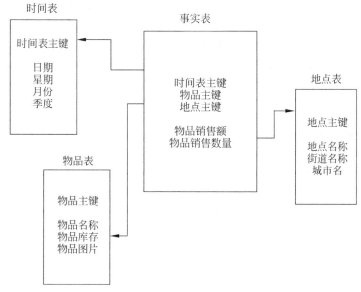

图 2-6　多维模型

随着企业的发展,生产系统中的产品名称、产品分类、组织机构几乎不可避免地会发生调整,有时甚至自然键本身也会发生变化。就像身份证号码从 15 位升到 18 位。如果采用代理键,这些变化会被屏蔽在维度表内,需要记录历史轨迹的就贴上时间标签,不需要的就直接更新掉,变化的过程不会对事实表产生任何冲击。

维持业务系统的自然键与维表代理键的对照关系,既实现了业务系统到数据仓库系统的映射,又提高了数据仓库系统的抗震性。事实表中包含度量指标和连接到相关维表的一组外键,这组外键的联合唯一标识了事实数据。我们把构成事实表的所有维度外键的联合叫作逻辑主键。

2.3　在线分析处理

随着数据库技术的飞速发展及存储设备单价的下降,数据库的数据存储从以前的兆字节(MB),现在已经发展到现在的太字节(TB)和拍字节(PB)级别。同时,用户查询的需求也变得越来越高,查询或操作的结果不仅仅涉及一张表或者其中的一条记录,而是涉及多张表,并且需要对多张表进行聚合、分析。对于这样高的要求,传统的关系数据库已经很难从根本上满足上述的要求了。

为了较好地满足大型数据库和商务智能的需求,在线分析处理技术应运而生。

2.3.1　在线分析处理概况

在线分析处理是一种基于数据仓库的数据分析和处理技术,也可以将其称作基于数据仓库软件的一种工具。它为支持复杂的分析操作而设计,主要是为企业的各层决策者、管理者提供决策支持。在线分析处理针对分析人员提出的各种要求,在大量的数据中进行快速而灵活的查询,最后将查询结果以一种简单明了的形式提供给决策者和管理者,他们就可以通过这些信息全方位地掌握企业的状况,并根据当前对象的需求,制定正确的执行方案。

在线分析处理可以实现多维信息共享,而且可以针对特定问题进行联机数据访问和分析。它通过多种维度和可能性对信息进行快速、交互的存取,允许管理者和决策者对数据进行深层次的挖掘、分析和观察。决策的结果不是单一数据而是多维数据,所以多维数据就成为决策的主要内容。在线分析处理有很多优点,如分析功能灵活、数据操作直观、分析结果可视化等,这使得用户对海量数据的分析变得容易而且高效,便于决策者能快速定位问题,准确做出判断。在线分析处理与在线事务处理(Online Transaction Processing,OLTP)的区别如表 2-3 所示。

表 2-3 在线分析处理与在线事务处理的主要区别

主要区别	在线分析处理	在线事务处理
信息类型	历史信息处理	即时信息处理
使用者	执行官、经理、分析员	店员、数据库管理员、技术人员
使用场景	分析企业	运行企业
聚焦	输出数据	输入数据
数据模型	雪花模型、星状模型	实体关系模型
数据	历史数据	当前数据
数据类型	总结性数据	细节数据
数据视图	多维立体	详细的数据
使用者数量/位	几百	几千、几万
记录数	几百万条	几十条
数据库大小	1TB～1PB	100MB～1GB
系统瓶颈	灵活度高	高性能

2.3.2 在线分析处理的基本概念和典型操作

在线分析处理展示给用户的是各种各样的多维视图,如图 2-7 所示,下面介绍相关基本概念。

1)维

维(Dimension)是指人们观察数据的特定角度,是反映问题的某一类属性,这些属性的集合构成一个维(如地点维、产品维)。

2)维的层次

维的层次(Level)是指人们在某个特定角度(某个维)观察数据时,还可以根据细节程度的不同来描述该维的各个方面。

3)维的成员

维的成员(Member)是指维的任意一个取值,是对数据项在某一维上位置的描述(例如,"某国家某地区某城市",是在地点维上的描述)。

4）度量

度量(Measure)是指多维数组的取值,如销售额、利润等。

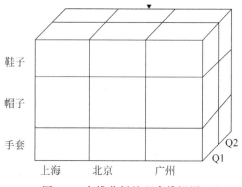

图 2-7　在线分析处理多维视图

在线分析处理基于多维视图对数据仓库进行操作,其主要的多维分析操作有钻取(Drill)、切片(Slice)、切块(Dice)和旋转(Pivot)操作。

1. 钻取

钻取即通过改变维的层次,变换分析的粒度。它分为向下钻取(Drill-down)和向上钻取(Drill-up)两种。向上钻取是在某一维上将低层次的细节数据概括到高层次的汇总数据,或者减少维数,例如图 2-7 的 Q1、Q2 可以向上钻取为上半年的信息;而向下钻取则与向上钻取相反,它从汇总数据深入细节数据进行观察,或者增加新维,例如图 2-7 的 Q1 可以向下钻取为 1 月、2 月、3 月。

2. 切片和切块

人们在一部分维上选定之后,关心度量数据在剩余维上的分布。如果剩余的维只有两个,则是切片,如将图 2-7 中的 Q1 切片,结果如图 2-8 所示。

如果剩余的维有三个或者三个以上,则是切块。

3. 旋转

旋转是指变换维的方向,例如行列转换,如图 2-9 所示。

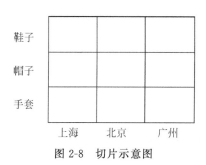

图 2-8　切片示意图

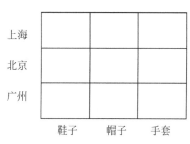

图 2-9　旋转后的一个切片

2.3.3 在线分析处理的分类

根据数据的存储格式,在线分析处理系统可以分为基于关系数据库的联机分析处理(ROLAP)和基于多维数据的在线分析处理(MOLAP)两种类型。

1. ROLAP

ROLAP将分析用的多维数据存储在关系数据库中,并根据实际需要选择性地定义一批实视图,将其也同样存储在关系数据库中。但是并不是将每个SQL查询都作为实视图保存,只有那些使用频率比较高、计算量比较大的查询才被保存为实视图。为了提高效率,对于每个针对OLAP服务器的查询,有限利用已经计算好的实视图来生成查询结果。同时,用作ROLAP存储器的关系数据库管理系统也针对联机分析处理进行了相应的优化,如并行存储、并行查询、并行数据管理等。

2. MOLAP

MOLAP将在线分析处理所用到的多维数据物理上存储为多维数组的形式,形成多维立方体的结构。多维数组的下标值或者下标值的范围是维的属性值的映射,而汇总数据作为多维数组的值存储在数组的单元中。MOLAP由于采用了新的存储结构,从物理层开始实现,所以又称为物理在线分析处理;而ROLAP主要通过一些软件工具或者中间件软件实现,物理层仍然采用关系数据库的存储结构,又称为虚拟在线分析处理。

2.4 Hive简介

2.4.1 Hive的概念

Hive是建立在Hadoop文件系统上的数据仓库,它提供了一系列工具,能够对存储在Hadoop系统中的数据进行数据提取、转换和加载。Hive与Hadoop整合性较好,是当今流行的数据仓库工具,是一种可以存储、查询和分析的大数据工具。

Hive由于定义了简单的类SQL,实际操作与传统的MySQL数据库较为相似,数据操作人员可以非常容易地进行数据统计的开发工作,也允许熟悉Hadoop的开发者自定义一系列操作来处理复杂的分析工作。

虽然Hive采用了类SQL的HQL来提高数据分析查询的效率,但它与传统的关系数据库还是有较大区别的,表2-4列出了Hive与传统数据库软件的比较。

表2-4 Hive与MySQL对比

对比	Hive	MySQL
查询语言	HQL	SQL
数据存储位置	分布式文件系统	本地或网络文件系统
数据格式	用户可自定义	系统决定
数据更新	不支持	支持

续表

对比	Hive	MySQL
事务	不支持	支持
执行延迟	高	低
可扩展性	高	低
数据规模	大	小
多表插入	支持	不支持

2.4.2 Hive的数据模型

Hive中的所有数据必须存储在Hadoop中,它包括数据库(Database)、表(Table)、分区表(Partition)和桶表(Bucket),共4种数据类型,如图2-10所示。

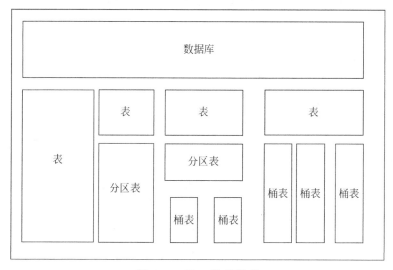

图2-10 Hive数据类型

1. 数据库

数据库相当于关系数据库的命名空间,数据库的作用就是将不同的用户和数据库应用进行业务和数据的隔离处理,这样不同用户和数据库之间的操作就不会混淆。

2. 表

Hive的表在逻辑上由存储的数据和表结构描述构成。表一般都存储在Hadoop系统中。Hive的数据表可以存储在Hive系统内部,也可以存储在Hive之外的数据仓库中,分别称为内部表和外部表。

3. 分区表

分区表是根据表的主目录进行粗略划分的,具体体现在表的主目录下的一个子目录作为一个分区表,而子目录的名字就是分区表的名字。分区表是为了加快数据查询速度而设计的,例如将同一时间段的数据分配到同一个分区表,如果查询一天或者某几天的数据,程序只要扫描特定的分区中的文件就能得到结果。

4. 桶表

桶表是把表或者分区组织成一个个小型的小表,这样的目的也是获得更高的查询效率,桶表是 Hive 数据模型的最小单位,在物理上,每个桶表就是表或者分区中的一个文件。

2.4.3 Hive 与数据仓库

Hive 是数据存储在 Hadoop 的数据仓库工具,它允许在 Hadoop 的文件系统 HDFS 上搭建数据仓库应用。Hive 架构主要包含 3 部分,分别是用户接口和服务、驱动引擎,以及数据存储系统,如图 2-11 所示。

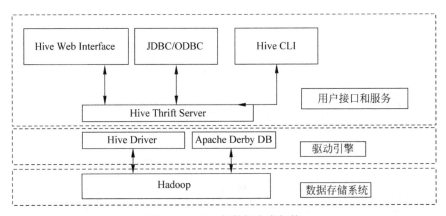

图 2-11 Hive 与数据仓库架构

1. 用户接口和服务

Hive CLI 终端命令行的方式是较为常用的方式,JDBC/ODBC(Java 数据库连接)是通过 Hive 的 Java 代码来实现的,最后一种较为简单的是通过浏览器访问 Hive。这些请求都是通过 Hive Thrift Server(配置单元节约服务器)集成,它可以看作一个接口,通过这个接口,用户就可以用上述三种方法对 Hive 进行访问。

2. Hive 的驱动优化

用户完成 HQL(Hive 查询语言)语句,从语法分析、词法分析、编译、优化到查询计划的生成。生成的查询计划存储在 Hadoop 的分布式文件系统(Hadoop Distributed File System,HDFS)中,并在随后由 MapReduce(映射规约作业)调用执行。

3. UNC 系统

Hive 中的元数据通常包含表名、列名、分区以及相关属性。这些信息存储在 Hive 自带的 Metastore(元数据存储)系统中。

Hive 提供的语言是 HQL,类似于 SQL(结构化查询语言),但有差别,例如没有传统关系数据库中的 update 语句,Hive 提供的语句是覆盖语句 insert overwrite(插入和覆盖)。

Hive 的最大优势是提供了类似于 SQL 的语法,容易上手。但是后台实际执行时却使用了大数据技术。开发人员在操作接口提交类 SQL 语法,Hive 后台执行时会把 HQL 语法转化成 MapReduce 作业。Hive 处理的数据是存储在 Hadoop 集群之上。如今,大量数据保存在以 Hadoop 集群为代表的系统之上形成大数据仓库,Hive 能够将之转化为 MapReduce 任务进行运行,而不必要开发专门的 MapReduce 应用,十分适合数据仓库的统计分析。

2.5 习题

1. 简述数据仓库的含义及其主要特点。
2. 试比较数据库和数据仓库的区别。
3. 简述数据仓库的三层数据结构。
4. 简述一个数据仓库系统的建立通常需要经过哪些步骤。
5. 简述 OLAP 的基本操作有哪些。
6. 简述 OLAP 的应用场合和主要特点有哪些。
7. 讨论如何通过决策支持的方法构建一个 OLAP 的数据立方体。
8. 讨论 Hive 与传统关系数据库的区别。

第 3 章

数据准备

视频讲解

【学习目标】

- 理解数据准备工作的步骤；
- 了解数据的不同类型；
- 理解数据处理的主要方法。

3.1 数据准备的基本知识

数据准备阶段包含从原始数据到形成最终数据集（将要被输入模型工具的数据）的所有操作。数据准备任务可能要进行多次，没有规定的固定顺序。任务包括：表、记录和特征的选择；数据的清洗和转换等。

《纽约时报》曾有一篇文章报道，数据科学家在挖掘出有价值的"金块"之前要花费 50%～80%的时间在很多诸如收集数据和准备不规则的数据的普通任务上。处理混乱的数据是数据科学家工作流中典型的比较耗费时间的工作，如图 3-1 所示。

数据很少是"干净的"，经常有质量问题。例如数据的不唯一性、格式上不统一、非法值、特征依赖、缺失值、拼写错误、错位值等，如图 3-2 所示。

数据为什么会有质量问题？原因主要有以下几方面。

(1) 数据的不完全性：数据缺少特征或者包含缺失值；

(2) 数据噪声：数据包含错误的记录或者异常值；

(3) 数据的不一致性：数据包含冲突的记录或者存在差异。

影响数据质量的问题总结如下。

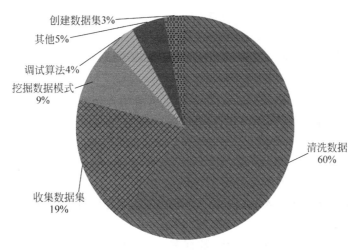

图 3-1　数据处理的时间分配

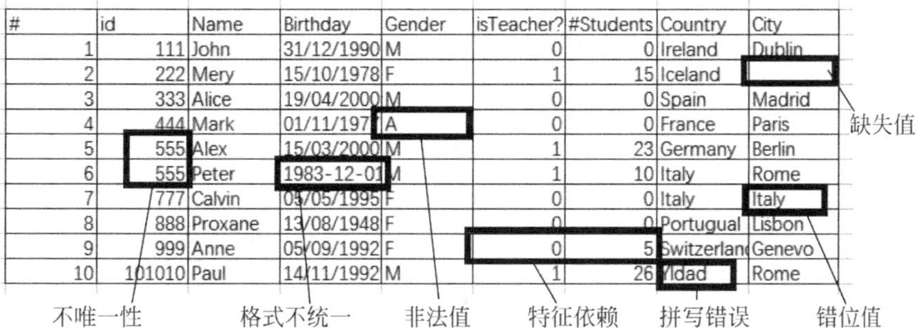

图 3-2　有质量问题的数据

1. 非法值

一些数据集包含一些明显的值,例如性别只能是男或女,上面的例子很容易发现错误。

2. 格式

格式是最常见的问题。相同的数据可能获得不同格式的值,例如名字写成"姓名,xxx"或者"xxx 姓名"。

3. 特征依赖

一个特征的值依赖于另一个特征。例如,如果我们有一些学校数据,学生的数量与这个人是否是教师有关。如果某个人不是教师,他不可能有一些学生。

4. 唯一性

很可能发现只允许唯一值的数据重复。例如我们的两个产品不能有两个身份 ID。

5. 缺失值

数据集的一些特征的值可能是空白或者缺失的。

6. 拼写错误

拼写错误主要指英文等字符串拼写的错误。

7. 错位值

一个特征的值包含了另一个特征。

数据分析首要要保证导入的数据是"干净的",才能得到有价值的信息。所以数据准备工作是非常重要的。

数据准备主要包括:数据归一化、数据离散化、文本清洗、数据清洗及数据降维,如图 3-3 所示。

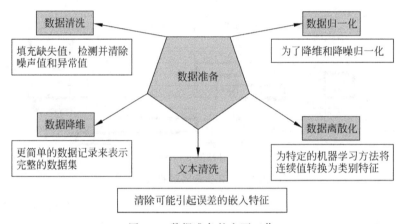

图 3-3 数据准备的主要工作

下面将对每个工作进行详细的介绍。

3.2 数据类型及处理方式

数据(Data),是事实或观察的结果,是对客观事物的逻辑归纳,是用于表示客观事物的未经加工的原始素材。数据可以是连续的值,例如声音、图像,称为模拟数据;也可以是离散的,如符号、文字,称为数字数据。

数据分析的基础是数据分类,不同类型的数据有不同的处理方式。数据分类就是把具有某种共同属性或特征的数据归并在一起,通过其类别的属性或特征来对数据进行区别。换句话说,就是相同内容、相同性质的信息以及要求统一管理的信息集合在一起,而把相异的和需要分别管理的信息区分开来,然后确定各个集合之间的关系,形成一个有条理的分类系统。

3.2.1 统计计量角度的数据类型

从统计计量层面的角度看,可以将数据分为定类数据、定序数据、定距数据、定比数据,如表 3-1 所示。

表 3-1 四类数据的特征及举例

数据类型	特 征	运算功能	举 例
定类数据	分类	频数、频率、众数、异众比率	产业分类
定序数据	分类、排序	计数、排序、中位数,等级相关系数,非参数分析	企业等级
定距数据	分类、排序、有基本测量单位	回归分析、各种统计量、参数估计、假设检验等	产品质量差异
定比数据	分类、排序、有基本测量单位、有绝对零点	回归分析、各种统计量、参数估计、假设检验等	商品销售额

1. 定类数据

定类就是给数据定义一个类别。这种数据类型将所研究的对象分类,也即只能决定研究对象是同类或不同类。例如把性别分成男女两类;把动物分成哺乳类和爬行类等。

定类变量遵循以下两个原则。

(1) 类与类之间互斥,不存在既是男又是女的性别。

(2) 每个对象都必须有类别,就像动物按照域(Domain)、界(Kingdom)、门(Phylum)、纲(Class)、目(Order)、科(Family)、属(Genus)、种(Species)加以分类。

2. 定序数据

定序数据是将同一个类别下的对象分一个次序,即变量的值能把研究对象排列高低或大小,具有＞与＜的数学特质。它是比定类变量层次更高的变量,因此也具有定类变量的特质,即区分类别(＝、≠)。例如文化程度可以分为大学、高中、初中、小学、文盲;工厂规模可以分为大、中、小;年龄可以分为老、中、青。这些变量的值,既可以区分异同,也可以区别研究对象的高低或大小。

各个定序变量的值之间没有确切的间隔距离。例如大学究竟比高中高出多少,大学与高中之间的距离和初中与小学之间的距离是否相等,通常是没有确切的尺度可以测量的。定序变量在各个案上所取的变量值只具有大于或小于的性质,只能排列出它们的顺序,而不能反映出大于或小于的数量或距离。

3. 定距数据

定距数据是区别同一类别下各个案中等级次序及其距离的变量。它除了包括定序变量的特性外,还能确切测量同一类别各个案高低、大小次序之间的距离,因而具有加与减的数学特质。但是,定距变量没有一个真正的零点。例如,摄氏温度(℃)这一定距变量说明,40℃比30℃高10℃,30℃比20℃又高10℃,它们之间高出的距离相等,而0℃并不是没有温度。又例如调查数个地区的劳动人口增长比率时，发现甲、乙、丙、丁、戊五个地区的比率分别是 2%、10%、35%、20%、10%。这不能说明甲和戊增长的人数是相同的，也不能说明丁增长的人数是戊的两倍。但是我们可以从数据中看出甲和戊的增长速度一样，丁的增长速度是戊的两倍。

定距变量各类别之间的距离，只能加减而不能乘除或以倍数的形式来说明它们之间的关系。

4. 定比数据

定比数据是区别同一类别个案中等级次序及其距离的变量。定比变量除了具有定距变量的特性外，还具有一个真正的零点，因而它具有乘与除（×、÷）的数学特质。例如年龄和收入这两个变量，既是定距变量，同时又是定比变量，因为其零点是绝对的，可以作乘除的运算。如 A 月收入是 60 元，而 B 是 30 元，我们可以算出前者是后者的两倍。而智力商数这个变量是定距变量，但不是定比变量，因为其 0 分只具有相对的意义，不是绝对的或固定的，不能说某人的智商是 0 分就是没有智力；同时，由于其零点是不固定的，即使 A 是 140 分而 B 是 70 分，我们也不能说前者的智力是后者的两倍，只能说两者相差 70 分。因为 0 值是不固定的，如果将其提高 20 分，则 A 的智商变为 120 分而 B 变成 50 分，两者的相差仍是 70 分，但 A 却是 B 的 2.4 倍，而不是原先的两倍了。摄氏温度这一变量也是如此。

定比变量是最高测量层次的变量。

不同类型的数据有不同的运算功能，如表 3-1 所示，不同数据的统计处理方式也不同。

(1) 定类数据可以进行的统计处理方式包括：频数、频率、众数、异众比率等的计算。

(2) 定序数据可以进行的统计处理方式包括：中位数、等级相关系数、非参数分析等的计算。

(3) 定距数据、定比数据可以进行的统计处理方式有：回归分析、各种统计量、参数估计、假设检验等的计算。

不同统计处理方式对数据要求不同，一般来说，等级高的数据兼有等级低的数据功能，等级低的数据没有等级高的数据功能。

在对数据进行可视化展示时，不同类型数据也应采用合适的图形。

一般对于定类、定序数据，适合使用条形图和饼形图。其中用宽度相同的条形的长短来表示数据变动的图形为条形图；用圆形及圆内扇形面积表示数值大小的图形为饼形图。

而定距、定比数据适合采用直方图、折线图和茎叶图。其中用矩形的宽度和高度来表示频数的图形为直方图；在直方图基础上，把直方图顶部的中点用直线连接起来形成的折线图为折线图；对于未分组的原始数据，用茎叶图来显示分布特征，统称为茎叶图。

3.2.2　计算机角度的数据类型

在计算机中，用变量来存储数据，它们有名字和数据类型。变量的数据类型决定了如何将代表这些值的位存储到计算机的内存中。在声明变量时也可指定它的数据类型。所有变量都具有数据类型,以决定能够存储哪种数据。

数据类型包括原始类型、多元组、记录单元、代数数据类型、抽象数据类型、参考类型以及函数类型。

计算机中,以位(0 或 1)表示数据。数据的最小的寻址单位称为字节(通常是八位)。机器码指令处理的单位,称作字长。大部分对字长的指令解译,主要以二进制为主,如一个 32 位的字长,可以表示从 0 至 2 的 32 次方减 1 的无符号整数值,或者表示从负的 2 的 32 次方至 2 的 32 次方减 1 的有符号整数值。存在特殊的算术指令,对字长中的位使用不同的解释,以此作为浮点数。

数据类型的出现是为了把数据分成所需内存大小不同的数据,在编程需要使用大数据时才需要申请大内存,这时就可以充分利用内存。除变量外,数据类型也用于其他场合。在给属性赋值时,这个值就有数据类型;函数的参数也有数据类型。数据类型分为如下几个类型。

1. 数字型

一般的编程语言或软件支持以下几种数字类型:Integer(整型)、Long(长整型)、Single(单精度浮点型)、Double(双精度浮点型)和 Currency(货币型)。此处列举的是 Visual Basic 里的类型,其他语言类似,只是名称有所差别。

如果知道变量总是存放整数(如 12)而不是带小数点的数字(如 3.57),就应当将它声明为 Integer 类型或 Long 类型。整数的运算速度较快,而且比其他数据类型占据的内存要少。在 For...Next 循环内作为计数器变量使用时,整数类型尤为有用。

如果变量包含小数,则可将它们声明为 Single、Double 或 Currency 变量。Currency 数据类型支持小数点右面 4 位和小数点左面 15 位,它是一个精确的定点数据类型,适用于货币计算。浮点(Single 和 Double)数比 Currency 的有效范围大得多,但有可能产生小的进位误差。

浮点数值可表示为 mmmEeee 或 mmmDeee,其中 mmm 是假分数,而 eee 是指数(以 10 为底的幂)。Single 数据类型的最大正数值为 $3.402823E+38$,或 3.4×10^{38};Double 数据类型的最大正数值是 $1.79769313486232D+308$ 或 1.8×10^{308}。用 D 将数值文字中的假数部分和指数部分隔开,就会导致将该值作为 Double 数据类型来处理。同样,用这种方式使用 E,也会导致将该值作为 Single 数据类型来处理。

2. 字节型

如果变量包含二进制数,则将其声明为 Byte 数据类型的数组。在转换格式期间用 Byte 变量存储二进制数据就可保留数据。当 String 变量在 ANSI 和 Unicode 格式间进行转换时,变量中的任何二进制数据都会遭到破坏。除一元减法外,所有可对整数进行操作的运算符均可操作 Byte 数据类型。因为 Byte 是从 0~255 的无符号类型,所以不能表示负数。所有数值变量都可相互赋值。

3. 文本型

如果变量总是包含字符串而从不包含数值,就可将其声明为 String 类型(文本型)。按照默认规定,String 变量或参数是一个可变长度的字符串,随着对字符串赋予新数据,它的长度可增可减。也可以声明字符串具有固定长度。

4. 逻辑型

若变量的值只是 true/false、yes/no、on/off 信息,则可将其声明为 Boolean 类型(逻辑/布尔型)。Boolean 的默认值为 False。

5. 日期型

日期型包含 Date(日期型)和 Time(时间型)两种数据类型,一般的 Date 特性适用于这两种类型。当其他数值数据类型转换为 Date 时,小数点左边的值表示 Date 信息,小数点右边的值则代表 Time。午夜为 0,正午为 0.5。负数表示公元 1899 年 12 月 31 日之前的 Date。

6. 对象型

Object 变量(对象型)作为 32 位(4 字节)地址来存储,该地址可引用应用程序中或某些其他应用程序中的对象。可以随后(用 Set 语句)指定一个被声明为 Object 的变量去引用应用程序所识别的任何实际对象。

7. 变体型

Variant 变量(变体型)能够存储所有系统定义类型的数据。如果对 Variant 变量进行数学运算或函数运算,则 Variant 必包含某个数。

表 3-2 显示了计算机所支持的数据类型,以及存储空间的大小与范围。

表 3-2 计算机支持的数据类型、存储空间的大小与范围

数据类型	储存空间大小/字节	范围
Byte(字节型)	1	0~255
Boolean(布尔型/逻辑型)	2	true 或 false
Integer(整型)	2	−32 768~32 767
Long(长整型)	4	−2 147 483 648~2 147 483 647
Single(单精度浮点型)	4	负数范围: −3.402 823E38~−1.401 298E−45 正数范围: 1.401 298E−45~3.402 823E38

续表

数 据 类 型	储存空间大小/字节	范 围
Double(双精度浮点型)	8	负数范围： -1.797 693 134 862 32E308～-4.940 656 458 412 47E-324 正数范围： 4.940 656 458 412 47E-324～1.797 693 134 862 32E308
Currency(货币型)	8	-922 337 203 685 477.5808～922 337 203 685 477.5807
Decimal(十进制型)	14	没有小数点时： ＋/－79 228 162 514 264 337 593 543 950 335 有小数点时： ＋/－7.922 816 251 426 433 759 354 395 033 5 最小的非零值： ＋/－0.000 000 000 000 000 000 000 000 000 1
Date、Time(时间日期型)	8	100年1月1日～9999年12月31日
Object(对象型)	4	任何 Object 引用
String(文本型)(变长)	10	长度从 0～20 亿
String(文本型)(定长)	10	长度从 1～65 400
Variant(变体型)(数字)	16	任何数字值,最大可达 Double 的范围
Variant(变体型)(字符)	22	与字符串长度,变长 String 有相同的范围

3.2.3 数据处理方式

一般可将数据分为离散型数据、连续型数据、时间数据、空间数据,其对应的数据处理方式也不相同[①]。

1. 离散型数据

在进行机器学习或深度学习的建模中,总会碰到离散型数据,例如,性别：男,女；学历：高中、大学、硕士、博士。一般来说,对离散型的数据有以下几种处理方式。

1) One-Hot Encoding：One-Hot 编码

又称为一位有效编码,主要采用位状态寄存器来对各状态进行编码,每个状态都有它独立的寄存器位,并且在任意时候只有一位有效。这种方式下,若特征种类很多,则呈现出高稀疏化特征。例如,有如下三个特征属性。

(1) 性别：["male","female"]。

(2) 地区：["Europe","US","Asia"]。

(3) 浏览器：["Firefox","Chrome","Safari","Internet Explorer"]。

对于某一个样本,如["male","US","Internet Explorer"],我们需要将这个分类值的

---

① 参考：https://blog.csdn.net/qq_33472765/article/details/86561511

特征数字化,最直接的方法,我们可以采用序列化的方式:[0,1,3]。但是这样的特征处理并不能直接放入机器学习算法中。

对于上述问题,性别的属性是二维的,同理,地区是三维的,浏览器则是四维的。这样,我们可以采用 One-Hot 编码的方式对上述的样本["male","US","Internet Explorer"]编码,male 则对应[1,0],同理 US 对应[0,1,0],Internet Explorer 对应[0,0,0,1],因此完整的特征数字化的结果为:[1,0,0,1,0,0,0,0,1]。这样导致的一个结果就是数据会变得非常稀疏。

2) Hash Encoding:哈希编码[①]

哈希算法并不是一个特定的算法而是一类算法的统称。哈希算法也叫散列算法,一般来说满足这样的关系:f(data)=key,输入任意长度的 data 数据,经过哈希算法处理后输出一个定长的数据 key。同时这个过程是不可逆的,无法由 key 逆推出 data。

如果是一个 data 数据集,经过哈希算法处理后得到 key 的数据集,然后将 keys 与原始数据进行一一映射就得到了一个哈希表。一般来说哈希表 M 符合 M[key]=data 这种形式。哈希表的好处是当原始数据较大时,我们可以用哈希算法处理得到定长的哈希值 key,那么这个 key 相对原始数据要小得多。我们就可以用这个较小的数据集来做索引,达到快速查找的目的。

因此在面对高基数类别变量时,就可以用特征哈希编码的方式将原始的高维特征向量压缩成较低维特征向量,且尽量不损失原始特征的表达能力。

但是哈希算法有一个问题,就是哈希值是一个有限集合,而输入数据则可以是无穷多个。那么建立一对一关系明显是不现实的。所以"碰撞"(不同的输入数据对应了相同的哈希值)是必然会发生的,所以一个成熟的哈希算法会有较好的抗冲突性。因此在实现哈希表的结构时也要考虑到哈希冲突的问题。

哈希算法的特点为低稀疏、高压缩。

3) Embedding:嵌入式方法

Embedding 是离散数据连续化方法。Embedding 试图寻找离散值间的关系,并将其表达为连续空间上的距离。所以 Eembedding 的关键就是明确离散值间的关系。以 NLP (Natural Language Processing,自然语言处理)(是人工智能的一个子领域)为例,我们通过预测某字 c0 周围出现各字的概率,来挖掘字间的向量关系。具体的算法有:CBOW (Continuous Bag-of-Words) 与 Skip-Gram 两种模型。CBOW 的意思是,一个句子中,抠掉一个字 c0,根据上下文几个字,来预测 c0 是什么,条件概率是 P[c0|Context(c0)]。Skip-Gram 反过来,根据 c0,预测句子中其他某个字出现的概率:P[ci|c0]。这两个模型都是把问题转化为了分类问题:输入 c0 或 Context(c0)的词向量,求每个字出现的概率 P(ci)。我们可以简单理解为:如果两个不同的字输出的 P(ci)分布越接近,则这两个字就越接近,它们的词向量距离就越小[②]。

[①] 参考:https://blog.csdn.net/xzx1232010/article/details/83026276

[②] 参考:https://www.jianshu.com/p/374ee5193ff8

4）基于计数的 Encoding（编码）

基于计数的编码是将分类变量替换为训练集中的计数，其优点是对线性和非线性算法都很有价值、对异常值有一定敏感度、可以添加对数转换、适用于计数，以及可以用"1"替换看不见的变量。缺点是可能会发生冲突，如相同的编码，不同的变量。

5）特殊情况

当输入是 0、1 的二值信号，而且 0 是对所模拟的模型是有作用的，那么这时候采用 flatten 的战术，即 0 变成"0、1"，1 变成"1、0"。例如原来 64 个输入特征，flatten 后变成 128 个特征，实例参考建模攻击 PUF 的相关项目。注意 flatten 和 One-Hot 有本质区别，一个是扩展特征的长度，一个是扩展特征的维度。

2．连续型数据

除了分类这样的离散数据，我们也会碰到诸如身高、学习成绩、资金等连续型的数据。对于连续型数据，有以下的处理方式。

（1）缺失数据处理。在收集来的数据中，往往会出现某处数据为空或不存在的情况。一般处理方式有填 0 处理、填 NAN 处理、平均值或中位值处理等。没有特殊情况的话，一般不推荐填 0 处理，0 和空相差的意义较大，0 是有意义的。

（2）归一化。归一化与标准化的区别为：标准化是依照特征矩阵的列来处理数据的，其通过求 z-score 的方法，将样本的特征值转换到同一量纲下；归一化是依照特征矩阵的行处理数据的，其目的在于样本向量在点乘运算或其他核函数计算相似性时，拥有统一的标准，也就是说都转换为"单位向量"。

（3）离散化。将连续值分区，某个分区内的数据均为某个分类值。例如个人资产为连续值，处理后个人资产小于 100 万元为普通阶级，个人资产拥有 100 万～1000 万元为中产阶级，个人资产在 1000 万元以上为富人阶级等。某些情况下若取值跨度太大或者太小，可以取对数或者开方、平方等处理后再离散化。

3．时间数据

时间数据也称时间序列或动态数据，即同一现象或数据在不同时间点或时间段的数据序列。时间数据本质上也还是一种连续型数据，但是有一些特殊的地方，例如时区、周期性。因此处理时尤其要注意特殊节假日、时区等问题。对于时间序列的处理方式一般有以下两种。

（1）描述性时序分析：这种处理方式是通过直观的数据对比或者将数据进行可视化，根据绘制的图形进行直观观测，通过图形的方式反映出时间数据的波动特征并加以利用。

（2）统计时序分析：通过数理统计学原理来分析时间数据。这种分析的重点在于发现时间数据值内在的相互关系，从而揭示时间数据的变化规律，进而预测时间数据的变化。比如频域分析方法就是假设任何一种时间序列都可以分解成若干不同频率的周期波动，那么就可以用不同的函数来拟合这些周期波动，从而通过这些函数的计算来预测时间数据未来的变化规律。

4. 空间数据

空间数据又称几何数据,它用来表示物体的位置、形态、大小、分布等各方面的信息,是对现世界中存在的具有定位意义的事物和现象的定量描述。根据在计算机系统中地图对现实数据的存储组织、处理方法的不同,以及空间数据本身的几何特征,空间数据又可分为图形数据和图像数据。空间数据处理方式一般有以下几种。

(1) 空间数据的坐标变化:空间数据经常需要通过投影变换,来得到经纬度参照系下的地图,对各种投影进行坐标变换的原因是输入的地图是一种投影,而输出的地图是另外一种投影。

坐标变换类型主要有以下两种。

- 几何变换:主要解决因数字化原图变形等原因引起的误差,进行几何上的调整。
- 坐标系转换:主要解决各种设备、软件中坐标不一致问题。比如各种导航地图中相同位置的坐标系是不同的。

(2) 空间数据结构的转换:一般来说,空间数据的采集使用的是矢量数据结构,而空间数据的分析则主要采用栅格数据这样有利于加快数据的分析速度。为了有效利用不同数据结构的优点,就有必要进行数据结构之间的转换。比如一条线的矢量结构由一系列的坐标对表示,转换为栅格结构时,只需要把序列中的坐标对变为栅格的行列坐标,并且根据栅格的精度,以及两点间直线方程在栅格之间插入一系列栅格点就可以了。

3.3 数据准备的主要内容

3.3.1 数据清洗

数据清洗是指发现并纠正数据文件中可识别错误的最后一道程序,包括检查数据一致性、处理无效值和缺失值等。与问卷审核不同,录入后的数据清理一般是由计算机完成而不是人工完成。

1. 处理缺失值

缺失值是指粗糙数据中由于缺少信息而造成的数据的聚类、分组、删失或截断。它指的是现有数据集中某个或某些属性的值是不完全的。

缺失值产生的原因多种多样,主要分为机械原因和人为原因。

机械原因是机械故障导致数据收集或保存的失败造成的数据缺失,如数据存储失败、存储器损坏等导致某段时间数据未能收集(对于定时数据采集而言)。

人为原因是人的主观失误、历史局限或有意隐瞒造成的数据缺失,例如,在市场调查中被访人拒绝透露相关问题的答案,或者回答的问题是无效的,或数据录入人员失误漏录了数据等。

2. 缺失值类型

缺失值从缺失的分布来讲可以分为完全随机缺失、随机缺失和完全非随机缺失。

(1) 完全随机缺失(Missing Completely At Random,MCAR)：指的是数据的缺失是随机的,数据的缺失不依赖于任何不完全变量或完全变量。

(2) 随机缺失(Missing At Random,MAR)：指的是数据的缺失不是完全随机的,即该类数据的缺失依赖于其他完全变量。

(3) 完全非随机缺失(Missing Not At Random,MNAR)：指的是数据的缺失依赖于不完全变量自身。

从缺失值的所属属性来讲可以分为单值缺失、任意缺失和单调缺失。

(1) 单值缺失：如果所有的缺失值都是同一属性,那么这种缺失称为单值缺失。

(2) 任意缺失：如果缺失值属于不同的属性,称为任意缺失。

(3) 单调缺失：对于时间序列类的数据,可能存在随着时间变化而发生的缺失,这种缺失称为单调缺失。

3. 处理方法

数据集的缺失值是由于分析错误、缺失而没有记录的观察值。如果缺失值出现,确定的算法可能就无效了或者得不到期望的结果。缺失值比其他值更能影响模型。尽管有些模型可以处理缺失值,但是对缺失值比较敏感(某一变量的缺失可能得到不好的预测结果)。

处理缺失值的经典方法有以下几种。

1) 删除：删除含有缺失值的记录

删除主要有简单删除法和权重法。简单删除法是对缺失值进行处理的最原始方法,它将存在缺失值的个案删除。如果数据缺失问题可以通过简单的删除小部分样本来达到目标,那么这个方法是最有效的。当缺失值的类型为非完全随机缺失时,可以通过对完整的数据加权来减小偏差。把数据不完全的个案标记后,将完整的数据个案赋予不同的权重,个案的权重可以通过 logistic 或 probit 回归求得。如果解释变量中存在对权重估计起决定性因素的变量,那么这种方法可以有效减小偏差；如果解释变量和权重并不相关,则它并不能减小偏差。对于存在多个属性缺失的情况,就需要对不同属性的缺失组合标记不同的权重,这将大大增加计算的难度,降低预测的准确性,这时权重法并不理想。

2) 可能值插补缺失值

它的思想来源是以最可能的值来插补缺失值比全部删除不完全样本所产生的信息丢失要少。在数据挖掘中,面对的通常是大型的数据库,它的属性有几十个甚至几百个,因为一个属性值的缺失而放弃大量的其他属性值,这种删除是对信息的极大浪费,所以产生了以可能值对缺失值进行插补的思想与方法。常用的有如下几种方法。

(1) 虚拟替换：利用虚拟值替换缺失值。例如,不知道的类别或者数值0。

(2) 均值替换：如果缺失值是数值型的,利用均值替换。

(3) 频数替换：如果缺失值是类别的,利用出现最多的项替换。

(4) 回归替换：利用回归方法得到回归值替换缺失值。

4. 异常值处理

异常值(Outlier)是指样本中的个别值，其数值明显偏离它(或它们)所属样本的其余观测值。一组测定值中与平均值的偏差超过两倍标准差的测定值，与平均值的偏差超过三倍标准差的测定值，称为高度异常的异常值。异常值可能通过扭曲预测模型而带来问题。

判断异常值的统计学原则如下所示。

(1) 上侧情形：异常值为高端值；

(2) 下侧情形：异常值为低端值；

(3) 双侧情形：异常值在两端可能出现极端值。

异常值处理一般分为以下几个步骤[①]：异常值检测、异常值筛选、异常值确定。其中异常值检测的方法主要有：简单统计分析(例如观察极大/小值)、箱型图和3σ原则。

(1) 简单统计分析。简单统计分析是对属性值进行一个描述性的统计，从而查看哪些值是不合理的。例如对年龄这个属性进行规约：年龄的区间在0~200，如果样本中的年龄值不在该区间内，则表示该样本的年龄属性属于异常值。

(2) 箱型图。箱型图提供了一个识别异常值的标准，即大于或小于箱型图设定的上下界的数值即为异常值，箱型图如图3-4所示。上四分位设为 U，表示的是所有样本中只有1/4的数值大于 U；同理，下四分位设为 L，表示的是所有样本中只有1/4的数值小于 L。设上四分位与下四分位的插值为 IQR，即：$IQR=U-L$，上界为 $U+1.5IQR$，下界为 $L-1.5IQR$。箱型图选取异常值比较客观，在识别异常值方面有一定的优越性。

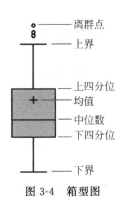

图3-4 箱型图

(3) 3σ原则。

- 当数据服从正态分布时，如图3-5所示，根据正态分布的定义可知，距离平均值3σ之外的概率为 $P(|x-\mu|>3\sigma)<=0.003$，这属于极小概率事件，在默认情况下我们可以认定，距离超过平均值3σ的样本是不存在的。因此，当样本距离平均值大于3σ，则认定该样本为异常值。

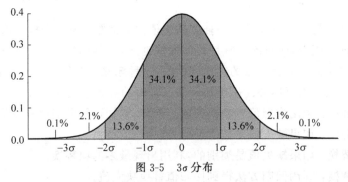

图3-5 3σ分布

---

① 参考：https://blog.csdn.net/xzfreewind/article/details/77014587

- 当数据不服从正态分布时,可以通过远离平均距离多少倍的标准差来判定,多少倍的取值需要根据经验和实际情况来决定。

异常值的处理方法常用的有如下四种。

(1) 删除含有异常值的记录。

(2) 将异常值视为缺失值,交给缺失值处理方法来处理。

(3) 用平均值来修正。

(4) 不处理。

应该强调的是,如何判定和处理异常值,需要结合实际。

5. 离群点

离群点也称为歧异值,有时也称其为野值。

概括来说,离群点是由于系统受到外部干扰而造成的。但是,形成离群点的系统外部干扰是多种多样的。首先可能是采样中的误差,如记录的偏误、工作人员出现笔误、计算错误等,都有可能产生极端大值或者极端小值。其次可能是被研究现象本身由于受到各种偶然非正常的因素影响而引起的,例如。在人口死亡序列中,由于某年发生了地震,使该年度死亡人数剧增,形成离群点;在股票价格序列中,由于受某项政策出台或某种消息的刺激,都会出现极增、极减现象,变现为序列中的离群点。

6. 离群点检测

离群点检测就是通过多种检测方法找出其行为不同于预期对象的数据点的过程。

根据正常数据和离群点的假定分类,可以分为以下 4 种方法。

1) 基于统计的方法

基于统计的离群点检测一般遵循以下思路:设定数据集的分布模型——不和谐检验——发现离群点。离群点概率定义:离群点是少数异常于正常数据集的数据对象,在概率分布模型中出现的概率较低。因此可以通过检测低概率的数据对象或数据样本,不过缺点也较为明显,低概率出现的样本不一定也是离群点(例如进货客户群中,进货量大的客户虽然少,但是也是我们需要的对象)。

2) 基于邻近性的方法

离群点,一个"离"字表现其特点,在特征空间中,离群点对象与其最近邻之间的邻近性显著偏离数据集中其他对象与它们自己的最近邻之间的邻近性。例如,使用数据对象的三个最近邻来进行建模,那么 R 区域里面的显著不同于该数据集的其他对象点;对应 R 中的对象,它们的第二个、第三个最近邻都显著比其他对象的更远(超出一定的标差),因此可以将 R 区域中的对象作一个标记为基于邻近性的离群点。

3) 基于聚类的方法

通过考查对象与簇之间的关系检测离群点,换而言之,离群点是一个对象,它属于小的稀疏簇或者不属于任何簇。主要有如下几种考查方法。

(1) 该对象属于某个簇吗?如果不属于,则被识别为离群点(例如群居动物,山羊兔子成群居住和迁移,那么这些数据对象会划分为一个簇,这样可以把不属于这些簇的数据对象识别为离群点)。

(2) 该对象与最近的簇之间的距离很远吗?如果远,则被识别为离群点。

(3) 该对象是小簇或稀疏簇的一部分吗?如果是,则该簇内所有对象被识别为离群点。

4) 基于分类的方法

如果训练数据中有类标号,则可以将其视为分类问题,处理该问题的思路一般是:训练一个可以区分"正常数据"和离群点的分类模型(一个人到银行是否办理贷款业务,"办理"与"不办理"就是两个类标号)。通常使用一类模型(One-Class Model),也就是构造一个仅仅描述正常类的分类器,这样不属于正常类的样本就是离群点,仅使用正常类检测离群点可以检测不靠近训练集中的离群点的新离群点。这样,当一个新离群点进来时,只要它位于正常类的决策边界内就为正常点,在决策边界外就为离群点。

7. 离群点的处理

具体如何处理离群点应该视情况而定。

(1) 保持离群点:一些数据中可能是真实值的离群点没有必要必须从数据中移除。在一些应用中,离群点会提供一些决定性的信息。例如,在一个信用卡欺诈检测的 App 中,离群点可以提供陷入消费者习惯购买模式之外的异常模式。

(2) 移除离群点:有两种方法移除离群点。

- 修改或者截断,其示例如图 3-6 所示。

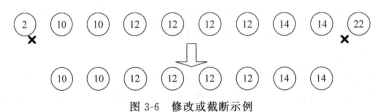

图 3-6 修改或截断示例

- 替换,其示例如图 3-7 所示。

图 3-7 转换示例

修改或截断小于 5% 的数据点不会对假设结果产生太大的影响。

大于 5% 的数据点可能影响输出结果,主要有:削弱分析的力度、使样本缺少代表性、可能影响正常数据。考虑到数据转换,选择一个可替代的结果变量或者数据分析技术。

3.3.2 数据归一化

数据归一化(标准化)处理是数据挖掘的一项基础工作,不同评价指标往往具有不同的量纲和量纲单位,这样的情况会影响数据分析的结果,为了消除指标之间的量纲影响,需要进行数据归一化处理,以解决数据指标之间的可比性。原始数据经过数据归一化处理后,各指标处于同一数量级,适合进行综合对比。

常用的归一化方法包含如下几种。

1. Min-Max 归一化

Min-Max 归一化也称为离差标准化,是对原始数据的线性变换,使结果值映射到 0~1。转换函数如下:

$$X_{norm} = \frac{X - X_{min}}{X_{max} - X_{min}}$$

其中:X_{max} 为样本数据的最大值;X_{min} 为样本数据的最小值。这种方法的缺陷就是当有新数据加入时,可能导致 X_{max} 和 X_{min} 变化,需要重新定义。

2. Z-score 归一化(标准归一化)

根据数据的均值和方差归一化:利用数据平均值的差除以数据的方差。特征标准化使得数据具有 0 均值和标准方差。公式如下:

$$Z = \frac{X - \mu}{\sigma}$$

其中:μ 为所有样本数据的均值;σ 为所有样本数据的标准差。

3. Decimal 归一化

将数据中带有小数点的特征值去掉小数点。注意:数据集的不同度量尺度可能是有问题的,一些特定的机器学习算法是要求数据具有相同的比例的。

3.3.3 数据离散化

1. 离散化的基本概念

离散化,是把无限空间中有限的个体映射到有限的空间中去,以此来提高算法的时空效率。通俗地说,离散化是在不改变数据相对大小的条件下,对数据进行相应的缩小。示例如下。

- 原数据:1,999,100000,15;处理后:1,3,4,2。
- 原数据:{100,200},{20,50000},{1,400};处理后:{3,4},{2,6},{1,5}。

有些数据挖掘算法,特别是某些分类算法(如朴素贝叶斯),要求数据是分类属性形式(类别型属性),这样常常需要将连续属性变换成分类属性(离散化,Discretization)。另外,如果一个分类属性(或特征)具有大量不同值,或者某些出现不频繁的值,则对于某些数据挖掘任务来说,通过合并某些值来减少类别的数目可能是有益的。

与特征选择一样,最佳的离散化方法是对于用来分析数据的数据挖掘算法,产生最好结果的方法,而直接使用这种判别标准通常是不实际的,因此,离散化一般需要满足这样一种判别标准,它与所考虑的数据挖掘任务的性能好坏直接相关。

通常离散化应用于分类或关联分析中所使用的属性上。一般来说,离散化的效果取决于所使用的算法,以及用到的其他属性。然而,属性离散化通常单独考虑。

连续属性变换为类别属性涉及两个子任务。

(1) 决定需要多少个类别值;

(2) 确定如何将连续属性映射到这些分类值。

在第一步中,将连续属性值排序后,通过指定 $n-1$ 个分割点(Split Point)把它们分成 n 个区间;在第二步中,将一个区间中的所有值映射到相同的类别上。因此,离散化问题就是决定选择多少个分割点和确定分割点位置的问题,结果可以用区间集合 $\{(x_0,x_1],(x_1,x_2],\cdots,(x_{n-1},x_n]\}$ 表示,其中 x_0 和 x_1 可以分别为 $-\infty$ 和 $+\infty$,或者用一系列不等式 $x_0<x\leqslant x_1,\cdots,x_{n-1}<x<x_n$ 表示。

2. 离散化处理的一般过程

对连续特征进行离散化处理,一般经过以下步骤。

(1) 对此特征进行排序。特别是对于大数据集,排序算法的选择要有助于节省时间、提高效率、减少离散化的整个过程的时间开支及复杂度。

(2) 选择某个点作为候选断点。用所选取的具体离散化方法的尺度衡量此候选断点是否满足要求。

(3) 选择下一个候选断点。若候选断点满足离散化的衡量尺度,则对数据集进行分裂或合并,再选择下一个候选断点,并重复步骤(2)、(3)。

(4) 停止离散化过程。当离散算法存在停止准则时,如果满足停止准则,则不再进行离散化过程,从而得到最终的离散结果。

关于离散结果的好坏,仍取决于模型的效果。

3. 离散化方法

离散化方法可以将连续数值转换为分类属性或者间隔值离散化数据图,如图 3-8 所示。

连续数据离散化的原则有基于等宽度、等频率或优化离散三种方法。

1) 等宽法

等宽法即是将属性值分为具有相同宽度的区间,区间的个数 k 根据实际情况来决定。例如属性值区间为[0,60],最小值为 0,最大值为 60,我们要将其分为三等分,则区间被划分为[0,20] [21,40] [41,60],每个属性值对应属于它的那个区间。

2) 等频法

等频法又称为等高法,将属性值均匀分为 n 等份,每份内包含的观察点数相同。例如有 60 个样本,我们要将其分为 $k=3$ 部分,则每部分的长度为 20 个样本。

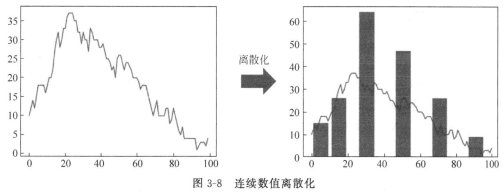

图 3-8 连续数值离散化

等宽和等频法的示意图如图 3-9 所示。

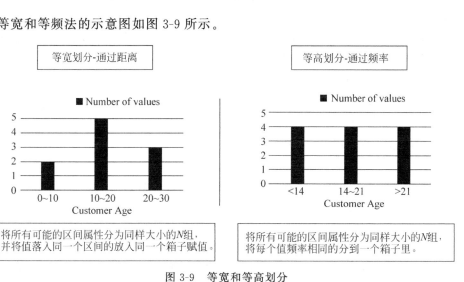

图 3-9 等宽和等高划分

3）优化离散

优化离散有卡方检验和信息增益两类方法。

(1) 卡方检验方法。统计样本的实际观测值与理论推断值之间的偏离程度,卡方值越大,越不符合;卡方值越小,偏差越小,越趋于符合。

- 分裂方法:找到一个分裂点看左右两个区间在目标值上分布是否有显著差异,有显著差异就分裂,否则就忽略。这个点可以找差异最大的点。
- 合并方法:先划分小单元区间,按顺序合并在目标值上分布不显著的相邻区间,直到收敛。

(2) 信息增益方法。

- 分裂方法:找到一个分裂点看左右两个区间,看分裂前后信息增益变化的阈值,如果差值超过阈值(正值,分裂前-分裂后信息熵),则分裂。每次找差值最大的点做分裂点,直到收敛。
- 合并方法:先划分区间,如果单元区间很小,则按顺序合并信息增益小于阈值的相邻区间,直到收敛。

3.3.4 数据降维

1. 基本概念

当分析的数据量非常庞大时,通常比较好用的减少数据量的方法是将数据减少维度而且使数据变得更加具有代表性和容易处理。这将促进数据的理解、探索并减少相应特征工程的工作量。大量的数据会导致算法花费更长的运行时间和更大的计算量和内存需求。在总的数据训练开始之前可以拿一些具有代表性的少量数据去训练,这样可能会更快地探索和验证方案。

在实际的机器学习项目中,特征选择/降维是必须进行的,因为在数据中存在以下几个方面的问题。

(1) 数据的多重共线性:特征属性之间存在着相互关联关系。多重共线性会导致解的空间不稳定,从而导致模型的泛化能力弱。

(2) 高维空间样本具有稀疏性,导致模型比较难找到数据特征。

(3) 过多的变量会妨碍模型查找规律。

(4) 仅仅考虑单个变量对于目标属性的影响可能忽略变量之间的潜在关系。

通过特征选择/降维的目的是:减少特征属性的个数、确保特征属性之间是相互独立的。

如何给数据降维?有很多将数据降维的方法,以使得数据更容易处理。依赖于数据的大小和主要特征,主要有以下方法。

(1) 记录取样:只从数据样本中取出具有代表性的数据。

(2) 特征取样:只选择比较重要的几个特征。

(3) 聚合:将数据分为几组并记录每组数据的条数。例如:可以将过去20年连锁餐厅的每日收入聚合为月收入以减少数据量。

2. 降维方法

机器学习领域中所谓的降维就是指采用某种映射方法,将原高维空间中的数据点映射到低维度的空间中。降维的本质是学习一个映射函数 $f: x \rightarrow y$,其中 x 是原始数据点的表达,是目前最多使用的向量表达形式。y 是数据点映射后的低维向量表达,通常 y 的维度小于 x 的维度(当然提高维度也是可以的)。f 可能是显式的或隐式的、线性的或非线性的。

1) 主成分分析

主成分分析(Principal Component Analysis,PCA)是一种数学变换的方法,它把给定的一组相关变量通过线性变换转成另一组不相关的变量,这些新的变量按照方差依次递减的顺序排列。在数学变换中保持变量的总方差不变,使第一变量具有最大的方差,称为第一主成分;第二变量的方差次大,并且和第一变量不相关,称为第二主成分。以此类推,I 个变量就有 I 个主成分。

若 L_i 为 p 维正交化向量($L_i \cdot L_i = 1$),Z_i 为 L 向量对应的另外一组不相关的向量,

Z_i 之间互不相关且按照方差由大到小排列,则称 Z_i 为 X 的第 I 个主成分。设 X 的协方差矩阵为 $\mathbf{\Sigma}$,则 $\mathbf{\Sigma}$ 必为半正定对称矩阵,求特征值 λ_i(按从大到小排序)及其特征向量,可以证明,λ_i 所对应的正交化特征向量,即为第 I 个主成分 Z_i 所对应的系数向量 $\mathbf{0}$,而 Z_i 的方差贡献率定义为 $\lambda_i/\Sigma\lambda_j$,通常要求提取的主成分的数量 k 满足 $\Sigma\lambda_k/\Sigma\lambda_j>0.85$。

进行主成分分析后,还可以根据需要进一步利用 K-L 变换(霍特林变换)对原数据进行投影变换,达到降维的目的。

主成分分析算法的基本原理就是将一个矩阵中的样本数据投影到一个新的空间中去。对于一个矩阵来说,将其对角化即是产生特征根及特征向量的过程,也是将其在标准正交基上投影的过程,而特征值对应的即为该特征向量方向上的投影长度,因此该方向上携带的原有数据的信息越多。

分析步骤可以分成以下 6 个步骤。
- 将原始数据按行排列组成矩阵 X;
- 对 X 进行数据标准化,使其均值变为零;
- 求 X 的协方差矩阵 C;
- 将特征向量按特征值由大到小排列,取前 k 个按行组成矩阵 P;
- 通过计算 $Y=PX$,得到降维后数据 Y;
- 用下式计算每个特征根的贡献率 V_i:

$$V_i = x_i/(x_1 + x_2 + \cdots + x_n)$$

根据特征根及其特征向量解释主成分的物理意义。

举例来说,如果二维平面有 5 个点,则可以用 2×5 的矩阵 X 来表示:

$$X = \begin{bmatrix} 1 & 2 & 3 & 4 & 5 \\ 1 & 3 & 2 & 5 & 4 \end{bmatrix}$$

对 X 进行归一化,使 X 每行减去其对应的均值,得到:

$$X = \begin{bmatrix} -2 & -1 & 0 & 1 & 2 \\ -2 & 0 & -1 & 2 & 1 \end{bmatrix}$$

求 X 的协方差矩阵:

$$C = \frac{1}{5} XX^{\mathrm{T}} = \begin{bmatrix} 2 & 1.6 \\ 1.6 & 2 \end{bmatrix}$$

求解 C 的特征值,利用线性代数知识或是 MATLAB 中 eig 函数可以得到:

$$\lambda_1 = 0.4, \quad \lambda_2 = 3.6$$

对应的特征向量分别是:

$$\boldsymbol{\phi}_1 = \begin{pmatrix} -0.7071 \\ 0.7071 \end{pmatrix}, \quad \boldsymbol{\phi}_2 = \begin{pmatrix} 0.7071 \\ 0.7071 \end{pmatrix}$$

将原数据降为一维,选择最大的特征值对应的特征向量,因此 P 为:

$$P = \begin{bmatrix} 0.7071 & 0.7071 \end{bmatrix}$$

降维后的数据:

$$Y = PX = \begin{bmatrix} -2.8284 & -0.7071 & -0.7071 & 2.1213 & 2.1213 \end{bmatrix}$$

2) 线性判别分析

线性判别分析（Linear Discriminant Analysis，LDA）（也有叫作 Fisher Linear Discriminant）是一种有监督的(Supervised)线性降维算法。与主成分分析算法保持数据信息不同，线性判别分析算法是为了使得降维后的数据点尽可能地容易被区分。

线性判别分析算法的主要原理为：
- 同类的数据点尽可能地接近(Within Class)；
- 不同类的数据点尽可能地分开(Between Class)。

线性判别分析是一种经典的线性学习方法，在二分类问题上最早由 Fisher 在 1936 年提出，也称 Fisher 线性判别。

线性判别分析的思想非常朴素：给定训练样例集，设法将样例投影到一条直线上，使得同类样例的投影点尽可能接近，异样样例的投影点尽可能远离；在对新样本进行分类时，将其投影到同样的直线上，再根据投影点的位置来确定新样本的类别。

线性判别分析与方差分析(Analysis of Variance，ANOVA)和回归分析紧密相关，这两种分析方法也试图通过一些特征或测量值的线性组合来表示一个因变量。然而，方差分析使用类别自变量和连续数因变量，而判别分析连续自变量和类别因变量（即类标签）。逻辑回归和概率回归比方差分析更类似于线性判别分析，因为它们也是用连续自变量来解释类别因变量的。

线性判别分析的基本假设是自变量是正态分布的，当这一假设无法满足时，在实际应用中更倾向于使用上述的其他方法。线性判别分析也与主成分分析和因子分析紧密相关，它们都在寻找最佳解释数据的变量线性组合。线性判别分析尝试为数据类的不同建立不同的概率分布模型。另一方面，PCA 不考虑类的任何不同，因子分析是根据不同点而不是相同点来建立特征组合的。判别的分析不同因子分析还在于，它不是一个相互依存的技术：即必须区分出自变量和因变量（也称为准则变量）的不同。在每次对自变量观察测量值都是连续量的时候，线性判别分析能有效地起作用。当处理类别自变量时，与线性判别分析相对应的技术称为判别反应分析。

3) 局部线性嵌入

局部线性嵌入(Locally Linear Embedding，LLE)是一种非线性降维算法，它能够使降维后的数据较好地保持原有流形结构。局部线性嵌入算法可以说是流形学习方法中最经典的工作之一。很多后续的流形学习、降维方法都与局部线性嵌入算法有密切联系。

如图 3-10 所示，使用局部线性嵌入算法将三维数据(a)映射到二维(b)之后，映射后的数据仍能保持原有的数据流形，说明局部线性嵌入算法有效地保持了数据原有的流行结构。

但是在有些情况下局部线性嵌入算法也并不适用，如果数据分布在整个封闭的球面上，局部线性嵌入算法则不能将它映射到二维空间，且不能保持原有的数据流形。那么我们在处理数据时，首先假设数据不是分布在闭合的球面或者椭球面上。

局部线性嵌入算法认为每个数据点都可以由其近邻点的线性加权组合构造得到。其算法主要分为如下三个步骤。

- 寻找每个样本点的 k 个近邻点；

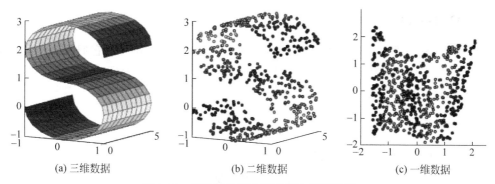

(a) 三维数据　　　　　　　(b) 二维数据　　　　　　　(c) 一维数据

图 3-10　局部线性嵌入降维算法使用实例

- 由每个样本点的近邻点计算出该样本点的局部重建权值矩阵；
- 由该样本点的局部重建权值矩阵和其近邻点计算出该样本点的输出值。

3.3.5　文本清洗

在读取/写入文本时不适当的文本编码处理会导致信息的丢失，不经意地引入不可读的字符(如 null)也可能影响文本解析。一些非结构化的文本如推特、生产评论或者网页访问数据在被分析之前通常需要做一些准备工作。例如：

(1) 利用空格替换特殊字符和标点符号；
(2) 规范化案例；
(3) 移除重复的字符；
(4) 移除用户自定义的或者内置的停用词；
(5) 词干提取。

以英文文本为例，文本处理流程分为以下几个步骤。

1. 规范化

得到纯文本后，第一步通常就是规范化(Normalization)。在英文中，所有句子第一个单词的首字母一般是大写，有的单词也会全部字母都大写用于表示强调和区分风格，这样更易于人们理解要表达的意思，但是从计算机的角度来说是没法区别 Car、car、CAR 是否是一个意思的，因此我们一般把文本中所有字母都转换为小写或大写(通常意义上是小写)，每个词用一个唯一的字母组合来表示。小写转换和标点移除是两个最常见的文本规范化步骤，是否需要以及在哪个阶段使用这两个步骤取决于你的最终目标。

2. 分词

Token 是"符号"的高级表达，一般值是具有某种意义且无法再拆分的符号。在英文自然语言处理中，Token 通常是单独的词，因此 Tokenization(分词)就是将每个句子拆分为一系列的词。通常情况下，最简单的方法是使用 split()方法返回词列表。默认情况下是将一段话在空格字符处拆分，除了空格，也包括其他标签、新行等。同样也可以使用可选参数对其进行控制。

3. 停用词处理

停用词(Stop Words)是无含义的词,例如 is、our、the、in、at 等。它们不会给句子增加太多含义,停用词是频率非常多的一些单词。为了减少我们要处理的词汇量,从而降低后续程序的复杂度,需要清除停用词。

4. 标注词性

识别词在句子中的用途有助于我们更好理解句子内容。并且,标注词性(Part-of-Speech Tagging)还可以明确词之间的关系,并识别出交叉引用。

5. 标注实体

标注实体(Named Entity Recognition)一般是名词短语,用来指代某些特定对象、人或地点,可以使用词语标记并切分(Tokenization),并进行词性标注(PoS Tagging)。

6. 词干化和词元化

为了进一步简化文本数据,我们可以将词的不同变化和变形标准化。词干化(Stemming)提取是将词还原成词干或词根的过程。例如 branching、branched、branches 等,都可以还原成 branch。总而言之,它们都表达了分成多个路线或分支的含义。这有助于降低复杂度,并同时保留词所含的基本含义。词干化是利用非常简单的搜索和替换样式规则进行的。例如,后缀 ing 和 ed 可以丢弃;yes 可以用 y 替换等。这样可能会变成不是完整词的词干,但是只要这个词的所有形式都还原成同一个词干即可。因此它们都含有共同的根本含义。

词元化(Lemmatization)提取是将词还原成标准化形式的另一种技术。在这种情况下,转换过程实际上是利用词典,将一个词的不同变形映射到它的词根。通过这种方法,我们能将较大的词形变化,如 is/was/were 还原成词根 be。词元化需要知道每个词的词性。例如,一个文本['boring','war','started']可以使用 WordNetLemmatizer().lemmatize(w,pos = 'v')转换为如下文本['bore','war','start']。在这个例子中 WordNetLemmatizer()默认词性是名词。但是我们可以指定词性参数,修改这个默认设置。我们传入 v 代表动词。现在,两个动词形式 boring 和 started 都被转换了。词干化和词元化的对比如图 3-11 所示。

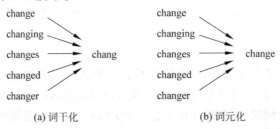

图 3-11 词干化和词元化的对比

3.4 ETL

1. ETL 的基本概念

ETL(Extraction,Transfer,Load)就是数据抽取、转换及加载,负责将分布的、异构数据源中的数据如关系数据、平面数据文件等抽取到临时中间层后进行清洗、转换、集成,最后加载到数据仓库或数据集市中,成为联机分析处理、数据挖掘的基础。为了实现这些功能,ETL 工具会进行一些功能上的扩充,例如工作流、调度引擎、规则引擎、脚本支持、统计信息等。

2. ETL 的挑战性

ETL 的功能十分具有挑战性,主要是因为源系统的性质各异。
(1) 源系统彼此悬殊,种类多样,通常需要应付多个平台上的不同操作系统。
(2) 很多源数据都是陈旧的应用系统,采用的是过时的技术。
(3) 旧系统中的数据质量各不相同,需要花费很多时间进行处理。
(4) 历史数据通常不会被保存在操作型系统中,但对于数据挖掘至关重要。
(5) 源系统之间普遍缺乏一致性。在不同的源系统中,相同的数据可能会用不同的形式来代表,且缺乏解决方法,导致不一致问题更加严重。
(6) 因为新的商业条件不断出现,源系统的结构随着时间会发生变化。ETL 功能也必须相应地调整。
(7) 大多数源系统的数据格式和类型对用户没有实际的含义,而且很多展现方式是模糊而晦涩的。

根据统计,数据挖掘工作的 50%～70% 的时间花费在 ETL 上。

3. ETL 的需求和步骤

ETL 的主要步骤如图 3-12 所示。
ETL 的主要工作包括:
(1) 将几个数据源结构组合成数据仓库目标数据库中的行;
(2) 将一个源数据结构分成若干个结构放入目标数据库中的若干行;
(3) 从源系统数据字典和目录中读取数据;
(4) 从多种文件结构中读取数据,包括平面文件、索引文件、旧系统数据库;
(5) 装载大量原子事实表的细节;
(6) 为大量聚集表或事实表做聚集;
(7) 将数据从源系统平台上的一种格式转换成目标平台上的另一个格式;
(8) 将晦涩的数值改变成对用户有意义的值。

4. 数据抽取

数据抽取是从数据源中抽取数据的过程。实际应用中,数据源较多采用的是关系数

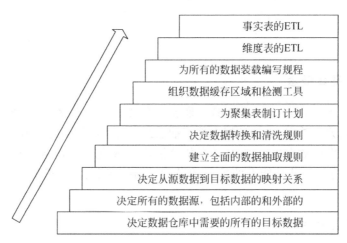

图 3-12　ETL 处理过程的主要步骤

据库。从数据库中抽取数据一般有以下两种方式。

1）全量抽取

全量抽取类似于数据迁移或数据复制，它将数据源中的表或视图的数据原封不动地从数据库中抽取出来，并转换成自己的 ETL 工具可以识别的格式。全量抽取比较简单。

2）增量抽取

增量抽取指抽取自上次抽取以来数据库中要抽取的表中新增、修改、删除的数据。在 ETL 使用过程中，增量抽取较全量抽取应用更广，如何捕获变化的数据是增量抽取的关键。对捕获方法一般有两点要求：准确性，能够将业务系统中的变化数据准确地捕获；性能，尽量减少对业务系统造成太大的压力，影响现有业务。目前增量数据抽取中常用的捕获变化数据的方法有以下几种。

(1) 触发器：在要抽取的表上建立需要的触发器，一般要建立插入、修改、删除三个触发器，每当源表中的数据发生变化，就被相应的触发器将变化的数据写入一个临时表，抽取线程从临时表中抽取数据。触发器方式的优点是数据抽取的性能较高，缺点是要求在业务数据库中建立触发器，对业务系统有一定的性能影响。

(2) 时间戳：它是一种基于递增数据的增量数据捕获方式，在源表上增加一个时间戳字段，系统更新修改表数据时，同时修改时间戳字段的值。当进行数据抽取时，通过比较系统时间与时间戳字段的值来决定抽取哪些数据。有的数据库的时间戳支持自动更新，即表的其他字段的数据发生改变时，自动更新时间戳字段的值。有的数据库不支持时间戳的自动更新，这就要求业务系统在更新业务数据时，手工更新时间戳字段。同触发器方式一样，时间戳方式的性能也比较好，数据抽取相对清楚简单，但对业务系统也有很大的倾入性（加入额外的时间戳字段），特别是对不支持时间戳的自动更新的数据库，还要求业务系统进行额外的更新时间戳操作。另外，无法捕获对时间戳以前数据的删除和更新操作，在数据准确性上受到了一定的限制。

(3) 全表删除插入方式：每次 ETL 操作均删除目标表数据，由 ETL 全新加载数据。优点是 ETL 加载规则简单、速度快；缺点是对于维表加外键不适应，当业务系统产生删除数据操作时,综合数据库将不会记录到所删除的历史数据,不可以实现数据的递增加载,同时对于目标表所建立的关联关系,需要重新创建。

(4) 全表比对:典型的全表比对的方式是采用 MD5 校验码。ETL 工具事先为要抽取的表建立一个结构类似的 MD5 临时表,该临时表记录源表主键以及根据所有字段的数据计算出来的 MD5 校验码。每次进行数据抽取时,对源表和 MD5 临时表进行 MD5 校验码的比对,从而决定源表中的数据是新增、修改还是删除,同时更新 MD5 校验码。MD5 方式的优点是对源系统的倾入性较小(仅需要建立一个 MD5 临时表),但缺点也是显而易见的,与触发器和时间戳方式中的主动通知不同,MD5 方式是被动地进行全表数据的比对,性能较差。当表中没有主键或唯一列且含有重复记录时,MD5 方式的准确性较差。

(5) 日志对比:通过分析数据库自身的日志来判断变化的数据。Oracle 的改变数据捕获(Changed Data Capture,CDC)技术是这方面的代表。改变数据捕获特性是在 Oracle9i 数据库中引入的。改变数据捕获能够帮助你识别从上次抽取之后发生变化的数据。利用它在对源表进行插入、更新或删除等操作的同时就可以提取数据,并且变化的数据被保存在数据库的变化表中。这样就可以捕获发生变化的数据,然后利用数据库视图以一种可控的方式提供给目标系统。改变数据捕获的体系结构基于发布者/订阅者模型,发布者捕捉变化数据并提供给订阅者,订阅者使用从发布者那里获得的变化数据。通常,改变数据捕获系统拥有一个发布者和多个订阅者。发布者首先需要识别捕获变化数据所需的源表,然后,它捕捉变化的数据并将其保存在特别创建的变化表中,它还使订阅者能够控制对变化数据的访问。订阅者需要清楚自己感兴趣的是哪些变化数据,一个订阅者可能不会对发布者发布的所有数据都感兴趣,订阅者需要创建一个订阅者视图来访问经发布者授权可以访问的变化数据。改变数据捕获技术分为同步模式和异步模式,同步模式实时捕获变化数据并存储到变化表中,发布者与订阅都位于同一数据库中;异步模式则是基于 Oracle 的流复制技术。

ETL 处理的数据源除了关系数据库外,还可能是文件,例如 txt 文件、excel 文件、xml 文件等。一般对文件数据进行全量抽取,每次抽取前可保存文件的时间戳或计算文件的 MD5 校验码,并在下次抽取时进行比对,如果相同则可忽略本次抽取。

例如,利用订单数据提供战略信息。订单上的信息有订单数量、折扣、佣金、希望运输时间、实际运输时间、不同处理阶段时间等。涉及的维度表有产品、订单部署、运输渠道、客户。图 3-13 所示为数据源确认过程和数据源、目标之间的关系。

5. 数据转换和加工

从数据源中抽取的数据不一定完全满足目的库的要求,例如数据格式的不一致、数据输入错误、数据不完整等,因此有必要对抽取出的数据进行数据转换和加工。

数据的转换和加工可以在 ETL 引擎中进行,也可以在数据抽取过程中利用关系数据库的特性同时进行。

数据转化基本任务包括以下几个方面。

(1) 选择。从源系统得到的整个记录或部分记录。通常构成抽取功能本身的一部分。

(2) 分离或合并。包括数据处理类型。

(3) 转化。多种对单独字段的基本转化：标准化和可理解化。

(4) 汇总。最细事务粒度上的前期汇总。

(5) 丰富。从多个源字段构成一个目标字段时，创建一个更好的数据视图。

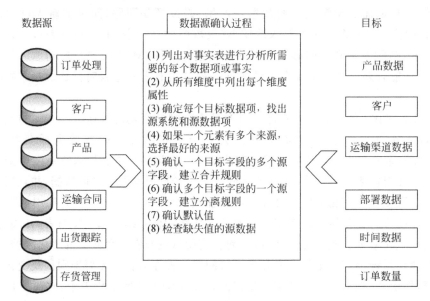

图 3-13 数据确认过程

主要转化类型包括以下几种。

(1) 格式修正。包括数据类型与字段长度。

(2) 字段的解码。使得晦涩的值变得易于理解和有意义。

(3) 计算值和导出值。

(4) 单个字段的分离。姓和名、邮编和地址。

(5) 信息合并。从不同源系统中得到某个新的实体的过程。

(6) 特征集合转化。编码的转化：ASCII 码、BCD 码、Unicode、Big5、GB2312 等。

(7) 度量单位的转化。

(8) 日期、时间格式的转化。

(9) 汇总。

(10) 键重构。

转化方式包括以下几种。

(1) ETL 引擎中的数据转换和加工。ETL 引擎中一般以组件化的方式实现数据转换。常用的数据转换组件有字段映射、数据过滤、数据清洗、数据替换、数据计算、数据验证、数据加解密、数据合并、数据拆分等。这些组件如同一条流水线上的一道道工序，它们是可插拔的，且可以任意组装，各组件之间通过数据总线共享数据。同时 ETL 工具还提供了脚本支持，使得用户可以以一种编程的方式定制数据的转换和加工行为。

相比在数据库中加工,性能较高,但不容易进行修改和清晰辨认。

(2) 在数据库中进行数据加工。关系数据库本身已经提供了强大的 SQL、函数来支持数据的加工,如在 SQL 查询语句中添加 where 条件进行过滤,可以在查询中重命名字段名与目的表进行映射,提供多种函数进行复杂运算等。

相比在 ETL 引擎中进行数据转换和加工,直接在 SQL 语句中进行转换和加工更加简单清晰,但依赖 SQL 语句,有些数据加工通过 SQL 语句可能无法实现,对于 SQL 语句无法处理的可以交由 ETL 引擎处理。

6. 数据装载

将转换和加工后的数据装载到目的库中通常是 ETL 过程的最后步骤。装载数据的最佳方法取决于所执行操作的类型以及需要装入多少数据。

数据装载易出现问题,主要因为:需要大量的时间,而且时间不好估计;装载的过程可能是不顺利的;实际装载数据与计划制订可能不匹配(维度表与事实表的不匹配);不知数据准备区和数据仓库数据库分别处在何处;装载牵涉到维度表、事实表;装载需要专门的程序。

当目的库是关系数据库时,一般有以下两种装载方式。

(1) 直接 SQL 语句进行插入、修改、删除操作。

(2) 采用批量装载方法,如 sqlldr 等。

大多数情况下使用第一种方法,因为它们进行了日志记录并且是可恢复的。但是,批量装载操作易于使用,并且在装入大量数据时效率较高。使用哪种数据装载方法取决于业务系统的需要。

3.5 习题

1. 简述数据准备的主要内容。
2. 将表 3-3 中的体重规范化到区间[0,1]。

表 3-3 第 2 题数据

身高/m	体重/kg	身高/m	体重/kg
1.62	55	1.68	62
1.65	57	1.75	60
1.60	45	1.80	90
1.72	65	1.76	70
1.73	70	1.82	75

3. 用分箱法对表 3-3 中的数据进行离散化处理。
4. 已知有矩阵:$X = \begin{bmatrix} 1 & 2 & 3 & 7 & 8 \\ 1 & 3 & 2 & 8 & 6 \end{bmatrix}$,计算该矩阵降为一维后的数据。
5. 简述 ETL 处理的基本步骤。

第 4 章

相 关 分 析

视频讲解

【学习目标】
- 理解相关分析的基本原理；
- 掌握相关分析的步骤；
- 了解偏相关分析。

相关分析就是对总体中确实具有联系的标志进行分析，其主体是对总体中具有因果关系标志的分析。它是描述客观事物相互间关系的密切程度，并用适当的统计指标表示出来的过程。

4.1 相关分析的基本原理

相关分析(Correlation Analysis)是研究两个或两个以上处于同等地位的随机变量间的相关关系的统计分析方法。例如，人的身高和体重；空气的相对湿度与降雨量。相关分析与回归分析之间的区别：回归分析侧重于研究随机变量间的依赖关系，以便用一个变量去预测另一个变量；相关分析侧重于发现随机变量间的种种相关特性。相关分析在工农业、水文、气象、社会经济和生物学等方面都有广泛的应用。

4.2 相关关系

相关关系是客观现象存在的一种非确定的相互依存关系，即自变量的每个取值，因变量由于受随机因素影响，与其所对应的数值是非确定性的。相关分析中的自变量和因变量没有严格的区别，可以互换。

当一个或几个相互联系的变量取一定的数值时,与之相对应的另一变量的值虽然不确定,但它仍按某种规律在一定的范围内变化。变量间的这种相互关系,称为具有不确定性的相关关系。

1. 相关关系分类

相关关系可以按程度、方向、形式和变量数目进行分类。

1) 按程度分类

按程度分为以下几类。

(1) 完全相关:两个变量之间的关系,一个变量的数量变化由另一个变量的数量变化所唯一确定,即函数关系。

(2) 不完全相关:两个变量之间的关系介于不相关和完全相关之间。

(3) 不相关:两个变量彼此的数量变化互相独立,没有关系。

2) 按方向分类

按方向分为以下几类。

(1) 正相关:两个变量的变化趋势相同,从散点图可以看出各点散布的位置是从左下角到右上角的区域,即一个变量的值由小变大时,另一个变量的值也由小变大。

(2) 负相关:两个变量的变化趋势相反,从散点图可以看出各点散布的位置是从左上角到右下角的区域,即一个变量的值由小变大时,另一个变量的值由大变小。

3) 按形式分类

按形式分为以下几类。

(1) 线性相关(直线相关):当相关关系的一个变量变动时,另一个变量也相应地发生均等的变动。

(2) 非线性相关(曲线相关):当相关关系的一个变量变动时,另一个变量也相应地发生不均等的变动。

4) 按变量数目分类

按变量数目分为以下几类。

(1) 单相关:只反映一个自变量和一个因变量的相关关系。

(2) 复相关:反映两个及两个以上的自变量同一个因变量的相关关系。

(3) 偏相关:当研究因变量与两个或多个自变量相关时,如果把其余的自变量看成不变(即当作常量),只研究因变量与其中一个自变量之间的相关关系,就称为偏相关。

2. 相关关系的判定

相关关系的判定包含三个方面内容:确定相关关系的存在;确定相关关系呈现的形态和方向;确定相关关系的密切程度。其主要方法是绘制相关图表和计算相关系数。

1) 相关表

编制相关表前首先要通过实际调查取得一系列成对的标志值资料作为相关分析的原始数据。

相关表分为两类:简单相关表和分组相关表,其中分组相关表又分为单变量分组相关表和双变量分组相关表。

单变量分组相关表：自变量分组并计算次数，而对应的因变量不分组，只计算其平均值；该表的特点是可以使冗长的资料简化，能够更清晰地反映出两变量之间的相关关系。如表4-1所示是单变量分组表的范例。

设有10个厂家，序号为1,2,…,10，各厂的投入成本记为x，所得产出记为y。各厂家的投入和产出如表4-1所示，根据这些数据，可以分析投入和产出之间相关性。

表4-1　10个厂家的投入与产出　　　　　　　　　　　（单位：万元）

厂家	投入	产出
1	20	30
2	40	60
3	20	40
4	30	60
5	10	30
6	10	40
7	20	40
8	20	50
9	20	30
10	30	70

双变量分组相关表是将自变量和因变量都进行分组而制成的相关表，这种表形似棋盘，故又称棋盘式相关表，如表4-2所示。

表4-2　500名工人文化水平与工资收入交互分类表　　　　（单位：人）

工资收入	文化水平		
	大专以上	中学	小学及以下
高	26	18	6
中	14	202	34
低	5	55	140
合计	45	275	180

2) 相关图

利用直角坐标系第一象限，把自变量置于横轴上，因变量置于纵轴上，而将两变量相对应的变量值用坐标点形式描绘出来，用以表明相关点分布状况的图形。相关图被形象地称为相关散点图。因素标志分了组，结果标志表现为组平均数，所绘制的相关图就是一条折线，这种折线又叫相关曲线。如图4-1所示是四种类型的相关图。

3) 相关系数

相关分析是研究变量间密切程度的一种常用统计方法。相关系数是描述相关关系强弱程度和方向的统计量，通常用r表示。

- 相关系数的取值范围在-1和+1之间，即$-1 \leqslant r \leqslant 1$。
- 计算结果，若r为正，则表明两变量为正相关；若r为负，则表明两变量为负相关。

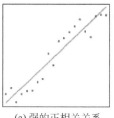  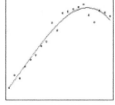 

(a) 强的正相关关系　　(b) 强的负相关关系　　(c) 强的曲线相关关系　　(d) 没有相关关系

图 4-1　四种类型相关图

- 相关系数 r 的数值越接近于 $1(-1$ 或 $+1)$,表示相关系数越强;越接近于 0,表示相关系数越弱。如果 $r=1$ 或 -1,则表示两个现象完全直线性相关。如果 $r=0$,则表示两个现象完全不相关(不是直线相关)。
- $|r|<0.3$,称为微弱相关;$0.3 \leqslant |r|<0.5$,称为低度相关;$0.5 \leqslant |r|<0.8$,称为显著(中度)相关;$0.8 \leqslant |r|<1$,称为高度相关。
- r 值很小,说明 X 与 Y 之间没有线性相关关系,但并不意味着 X 与 Y 之间没有其他关系,如很强的非线性关系。
- 直线相关系数一般只适用于测定变量间的线性相关关系,若要衡量非线性相关时,一般应采用相关指数 R。

如表 4-3 所示是相关系数与相关程度的关系。

表 4-3　相关系数与相关程度的关系

相关系数取值范围	$r=0$	$\|r\|<0.3$	$\|r\|=0.3\sim0.5$	$\|r\|=0.5\sim0.8$	$\|r\|>0.8$	$\|r\|=1$
相关程度	无相关	微弱相关	低度相关	显著相关	高度相关	完全相关

4.3　相关系数

常用的相关分析方法有积差相关法、等级相关法、质量相关法,对应使用不同相关系数,分述如下。

1. 皮尔逊简单相关系数

皮尔逊简单相关系数用来度量两定距型变量间的线性相关性,是英国统计学家皮尔逊(Pearson)提出的一种计算相关系数的方法,故也称 Pearson 相关。这是一种求直线相关的基本方法,可用于测度如收入和储蓄、身高和体重、工龄和收入等变量间的线性相关关系。

皮尔逊相关系数记作 r,其计算公式为:

$$r = \frac{\sum\limits_{i=1}^{n}(x_i - \bar{x})(y_i - \bar{y})}{\sqrt{\sum\limits_{i=1}^{n}(x_i - \bar{x})^2 \sum\limits_{i=1}^{n}(y_i - \bar{y})^2}} = \frac{\sum\limits_{i=1}^{n} x_i y_i - \frac{1}{n}\sum\limits_{i=1}^{n} x_i \sum\limits_{i=1}^{n} y_i}{\sqrt{\left(\sum\limits_{i=1}^{n} x_i^2 - \frac{1}{n}\left(\sum\limits_{i=1}^{n} x_i\right)^2\right)}\sqrt{\left(\sum\limits_{i=1}^{n} y_i^2 - \frac{1}{n}\left(\sum\limits_{i=1}^{n} y_i\right)^2\right)}}$$

(4-1)

其中：x_i、y_i 分别为两变量的变量值；$\bar{x}$、$\bar{y}$ 分别为两个变量数列的均值；n 为样本数。

若记 $x=x_i-\bar{x}, y=y_i-\bar{y}$，则（4-1）式成为：

$$r=\frac{\sum_{i=1}^{n}xy}{nS_xS_y} \tag{4-2}$$

其中：$(\sum_{i=1}^{n}xy)/n$ 称为协方差，$(\sum_{i=1}^{n}xy)/n$ 的绝对值大小直观地反映了两列变量的一致性程度；S_x,S_y 分别为 x,y 的标准差。然而，由于 x 变量与 y 变量具有不同测量单位，不能直接用它们的协方差 $(\sum_{i=1}^{n}xy)/n$ 来表示两列变量的一致性，所以将各变量的离差分别用各自的标准差除，使之成为没有实际单位的标准分数，然后再求其协方差。即：

$$r=\frac{\sum_{i=1}^{n}xy}{nS_xS_y}=\frac{1}{n}\sum_{i=1}^{n}\left(\frac{x_i}{S_{x_i}}\right)\cdot\left(\frac{y_i}{S_{y_i}}\right)=\frac{1}{n}\sum_{i=1}^{n}Z_{x_iy_i} \tag{4-3}$$

这样，两列具有不同测量单位的变量的一致性就可以测量计算。

计算皮尔逊相关系数要求变量符合以下条件。

(1) 两列变量都是等距的或等比的测量数据；
(2) 两列变量所来自的总体必须是正态的或近似正态的对称单峰分布；
(3) 两列变量必须具备一一对应关系。

简单相关系数有如下特点。

(1) x 和 y 在式（4-1）和式（4-2）中是对称的，说明 x 与 y 的相关系数等同于 y 与 x 的相关系数；
(2) 由于相关系数是 x 和 y 标准化后的结果，因此简单相关系数是无量纲的；
(3) 对 x 和 y 作线性变换后可能会改变它们之间相关系数的符号（相关的方向），但不会改变相关系数的值；
(4) 相关系数能够用于度量两变量之间的线性关系，但它并不是度量非线性关系的有效工具。

2. 皮尔逊相关系数的计算与检验

利用式（4-1）计算相关系数，应先求两列变量各自的平均数与标准差，再求离差的乘积之和。在统计实践中，为方便使用数据库的数据格式，并利于计算机计算，一般会将式（4-1）改写为利用原始数据直接计算 r 的公式。即：

$$r=\frac{n\sum_{i=1}^{n}x_iy_i-\sum_{i=1}^{n}x_i\sum_{i=1}^{n}y_i}{\sqrt{n\sum_{i=1}^{n}x_i^2-(\sum_{i=1}^{n}x_i)^2}\sqrt{n\sum_{i=1}^{n}y_i^2-(\sum_{i=1}^{n}y_i)^2}} \tag{4-4}$$

皮尔逊相关系数检验统计量为 t 的统计量，其数学定义为：

$$t = \frac{r\sqrt{n-2}}{\sqrt{1-r^2}} \tag{4-5}$$

t 统计量服从 $n-2$ 个自由度的 t 分布。

例 4.1：根据表 4-4 的数据计算学生人数 x(万人)和季营业额 y(万元)的相关系数。

表 4-4 学生人数与周边饭店营业额情况

饭店	x/万人	y/万元
1	1	18
2	2	32
3	3	60
4	5	108
5	8	80
6	12	158
7	20	180
8	20	220
9	22	225
10	26	320
合计	119	1401

解：根据 r 的计算公式制作学生人数和季营业额的相关系数计算表，如表 4-5 所示。

表 4-5 相关系数计算表

饭店	x	y	x^2	y^2	xy
1	1	18	1	324	18
2	2	32	4	1024	64
3	3	60	9	3600	180
4	5	108	25	11 664	540
5	8	80	64	6400	640
6	12	158	144	24 964	1896
7	20	180	400	32 400	3600
8	20	220	400	48 400	4400
9	22	225	484	50 625	4950
10	26	320	676	102 400	8320
合计	119	1401	2207	281 801	24 608

根据公式(4-1)得：

$$r = \frac{24\,608 - \frac{1}{10} \times 119 \times 1401}{\sqrt{\left(2207 - \frac{1}{10} \times 119 \times 119\right) \times \left(281\,801 - \frac{1}{10} \times 1401 \times 1401\right)}} \approx 0.96$$

计算结果表明，学生人数与饭店季营业额之间的相关程度较高，两者相关方向为正值，说明 x 和 y 之间为高度正相关。

例 4.2：继续例 4.1，检验学生人数与周边饭店季营业额之间的相关系数是否显著，显著性水平 $\alpha=0.05$。

解：第一步，提出假设。

$$H_0: \rho=0; \quad H_1: \rho \neq 0$$

第二步,构造检验统计量。

$$t = r\sqrt{\frac{n-2}{1-r^2}} = 0.96 \times \sqrt{\frac{10-2}{1-0.96 \times 0.96}} \approx 10.40$$

第三步,确定临界值。根据给定的显著性水平 $\alpha=0.05$ 和自由度 $10-2=8$,查找 t 分布表,得到临界值 $t_{0.025}(8)=2.31$。

第四步,进行决策。由于 $t=10.40 > t_{0.025}(8)=2.31$,所以拒绝原假设 H_0,说明学生人数与周边饭店季营业额之间存在着显著的正线性相关关系。

3. 等级相关

有时我们得到的数据不能满足皮尔逊简单相关系数的计算条件,此时就应使用其他相关系数。

等级相关也是一种相关分析方法。当测量得到的数据不是等距或等比数据,而是具有等级顺序的测量数据;或者得到的数据是等距或等比的测量数据,但其来自的总体分布不是正态的,出现上述两种情况中的任何一种,都不能计算积差相关系数。这时要求两列变量或多列变量的相关,就要用等级相关的方法,具体实现方法如下。

1) 斯皮尔曼等级相关

斯皮尔曼(Spearman)等级相关系数用 r_R 表示,它适用于两列具有等级顺序的测量数据,或总体为非正态的等距、等比数据。

斯皮尔曼等级相关的基本公式如下:

$$r_R = 1 - \frac{6\sum_{i=1}^{n}D^2}{n(n^2-1)} \tag{4-6}$$

式中:$D=R_X-R_Y$——对偶等级之差;

n——对偶数据个数。

如不用对偶等级之差,而使用原始等级序数计算,则可使用下式:

$$r_R = \frac{3}{n-1} \cdot \left[\frac{4\sum_{i=1}^{n}R_{X_i}R_{Y_i}}{n(n+1)} - (n+1)\right] \tag{4-7}$$

式中:R_X——X 变量的等级;

R_Y——Y 变量的等级;

n——对偶数据个数。

式(4-6)要求 $\sum_{i=1}^{n}R_{X_i} = \sum_{i=1}^{n}R_{Y_i}$,$\sum_{i=1}^{n}R_{X_i}^2 = \sum_{i=1}^{n}R_{Y_i}^2$,从而保证 $S_X^2 = S_Y^2$。在观测变量中没有相同等级出现时可保证这一条件。但是,在教育与心理研究实践中,搜集到的观测变量经常出现相同等级。在这种情况下,$\sum_{i=1}^{n}R_{X_i} = \sum_{i=1}^{n}R_{Y_i}$ 的条件仍可得到保证,但

$\sum_{i=1}^{n}R_{X_i}^2 = \sum_{i=1}^{n}R_{Y_i}^2$ 的条件则不能得到满足。在有相同等级出现的情况下，$\sum_{i=1}^{n}R_i^2$ 随相同等级数目的逐渐增多而有规律地减少，其减少的规律如下：

$$c = \frac{t(t^2-1)}{12}$$

式中：c——差数值$\left(\text{几个相同等级出现的} \sum_{i=1}^{n}R_i^2 \text{与没有相同等级出现的} \sum_{i=1}^{n}R_i^2 \text{之差}\right)$；

t——某一等级的相同数。

当一列变量中有多个相同等级出现时，它们的差数值为：

$$\sum_{i=1}^{n}c_i = \sum_{i=1}^{n}\frac{t(t^2-1)}{12}$$

从而，在出现相同等级情况下，计算斯皮尔曼等级相关系数的公式为：

$$r_{R_c} = \frac{\sum_{i=1}^{n}x_i^2 + \sum_{i=1}^{n}y_i^2 - \sum_{i=1}^{n}D_i^2}{2\sqrt{\sum_{i=1}^{n}x_i^2 \cdot \sum_{i=1}^{n}y_i^2}} \tag{4-8}$$

式中：$\sum_{i=1}^{n}x_i^2 = \frac{n(n^2-1)}{12} - \sum_{i=1}^{n}\frac{t(t^2-1)}{12}$；

$\sum_{i=1}^{n}y_i^2 = \frac{n(n^2-1)}{12} - \sum_{i=1}^{n}\frac{t(t^2-1)}{12}$；

n——对偶数据个数；

t——各列变量相同等级数；

D——对偶等级差数。

在小样本下，在零假设成立时斯皮尔曼等级相关系数服从斯皮尔曼分布；在大样本下，斯皮尔曼等级相关系数的检验统计量为 Z 统计量，其数学定义为：

$$Z = r\sqrt{n-1} \tag{4-9}$$

其中，Z 统计量近似服从标准正态分布。

例 4.3：某公司想要知道是否职工期望成为好的销售员而实际上就能有好的销售记录。为了调查这个问题，公司的副总裁仔细地查看并评价了公司 10 个职工的初始面试摘要、学科成绩、推荐信等材料，最后副总裁根据他们的潜能给出了单独的等级评分。两年后获得了实际的销售记录，得到了第二份等级评分，见表 4-6 中的第 1 到第 4 列所示。统计问题为是否职工的销售潜能与开始两年的实际销售成绩一致。

表 4-6 职工的销售潜能与销售成绩的秩相关分析

职工编号	潜能等级 R_i	销售成绩	成绩等级 Q_i	$d_i = R_i - Q_i$	d_i^2
1	2	400	1	1	1
2	4	360	3	1	1
3	7	300	5	2	4

续表

职工编号	潜能等级 R_i	销售成绩	成绩等级 Q_i	$d_i = R_i - Q_i$	d_i^2
4	1	295	6	-5	25
5	6	280	7	-1	1
6	3	350	4	-1	1
7	10	200	10	0	0
8	9	260	8	1	1
9	8	220	9	-1	1
10	5	385	2	3	9
				$\sum_{i=1}^{n} d_i^2 = 44$	

斯皮尔曼秩相关系数 $r_s(R,Q)$ 的计算过程见表 4-6 中的第 5 到第 6 列所示,最后计算结果为:

$$r_s = 1 - \frac{6\sum_{i=1}^{n} d_i^2}{n(n^2-1)} = 1 - \frac{6 \times 44}{10 \times (100-1)} = 0.7333$$

表明潜能与成绩之间是较强的正相关,高的潜能趋向于好的成绩。秩相关系数 $r_s(R,Q)$ 原假设为 0 的 t 检验统计量为:

$$t = 0.7333 \times \sqrt{\frac{10-2}{1-(0.7333)^2}} = 3.05$$

查表自由度为 8,$t=3.05$ 的双侧 $p=0.0158$。在 0.05 显著水平上,t 分布的上临界点为 2.30,由于 3.05>2.30,因此,拒绝秩相关系数为 0 的原假设,接受潜能与成绩之间存在秩相关。

2) 肯德尔和谐系数

肯德尔和谐系数又称肯德尔 W 系数,是表示多列等级变量相关程度的一种方法,它适用于两列以上等级变量。

肯德尔和谐系数用 W 表示,其公式为:

$$W = \frac{SS_{R_i}}{\frac{1}{12}K^2(n^3-n)} \tag{4-10}$$

式中:SS_{R_i}——R_i 的离差平方和;

$$SS_{R_i} = \sum_{i=1}^{n}(R_i - \overline{R})^2 = \sum_{i=1}^{n}\left(R_i - \frac{\sum_{j=1}^{n} R_j}{n}\right)^2$$

$$= \sum_{i=1}^{n} R_i^2 - \frac{(\sum_{j=1}^{n} R_j)^2}{n}$$

K——等级变量的列数或评价者数目;

n——被评价对象数目。

肯德尔和谐系数基于这样一种思想：当 K 个评价者对几件事物进行等级评定时，如果 K 个评价者的意见完全一致，则 n 个 R_i 分别为 $K, 2K, 3K, \cdots, nK$，

$$\bar{R} = \frac{K(n+1)}{2}$$

$$SS_{R_i} = \sum_{i=1}^{n}(R_i - \bar{R})^2 = K^2\left[\frac{n(n+1)(2n+1)}{6} - \frac{n(n+1)}{4}\right]^2 = \frac{1}{12}K^2(n^3 - n)$$

此时的 $W=1$；若 K 个评价者的意见完全不一致，则 $SS_{R_i}=0$，此时的 $W=0$；如果 K 个评价者的意见存在一定的关系，但又不完全一致，则 $SS_{R_i} \neq 0$。因此，肯德尔和谐系数的变化范围为 $0 \leqslant W \leqslant 1$，当我们得到一个不等于 0 的肯德尔和谐系数，它仅表明了相关程度，由于 $W \geqslant 0$，对相关的方向尚需从实际资料中分析得出。

肯德尔和谐系数的检验统计量为：

$$\chi^2 = n(m-1)W \tag{4-11}$$

根据所给出的显著水平 α 和自由度 $df=m-1$，查 χ^2 值表，求出 $\chi^2_{(df)\alpha}$ 之后，可以建立如下的相关显著性检验准则。

- 准则 1：如果 $\chi^2 < \chi^2_{(df)\alpha}$，那么有 $100(1-\alpha)\%$ 的把握可以断定 n 个变量总体不存在相关。
- 准则 2：如果 $\chi^2 \geqslant \chi^2_{(df)\alpha}$，那么有 $100(1-\alpha)\%$ 的把握可以断定 n 个变量总体存在相关。

例 4.4：3 位教师对 4 位学生在同一道题目的评分如表 4-7 所示。

表 4-7 教师对学生的评分

教师	教师对不同学生的评分			
	学生 1	学生 2	学生 3	学生 4
教师 1	10	12	13	11
教师 2	13	10	11	12
教师 3	9	12	10	11

分析这 3 位教师评分的一致性。

解：按照该节所介绍的求等级相关系数使将原始数据化为标准等级数据的方法，将 3 位教师的评分均化为标准等级数据如表 4-8 所示。

表 4-8 评分标准化后

教师	教师对不同学生的评分			
	学生 1	学生 2	学生 3	学生 4
教师 1	1	3	4	2
教师 2	4	1	2	3
教师 3	1	4	3	2
等级和	6	8	9	7

这里，有 $n=3, m=4$，

$$\sum_{i=1}^{3} B_{1i}=6, \quad \sum_{i=1}^{3} B_{2i}=8, \quad \sum_{i=1}^{3} B_{3i}=9, \quad \sum_{i=1}^{3} B_{4i}=7$$

由于每位教师的评分没有相同的等级，可以用式(4-2)构造统计量(求相关系数)分析 3 位教师的评分一致性。代入公式(4-10)有：

$$W=\frac{(6-7.5)^2+(8-7.5)^2+(9-7.5)^2+(7+7.5)^2}{\frac{1}{12}\times 3^2\times(4^3-4)}=\frac{1}{9}$$

代入 $\chi^2=n(m-1)W$ 有 $\chi^2=n(m-1)W=3\times(4-1)\times\frac{1}{9}=1$。

现在，我们取 $\alpha=0.01$ 和 0.05 两种水平进行显著性检验，此时自由度 $df=4-1=3$。查 χ^2 值表得：$\chi^2_{(3)0.05}=7.81, \chi^2_{(3)0.01}=11.34$。

由于 $\chi^2=n(m-1)W=1<7.81=\chi^2_{(3)0.05}<11.34=\chi^2_{(3)0.01}$，根据相关显著性检验的准则 1，有 99% 的把握可以断定 3 个教师的评分不存在相关。

3) Kendall τ 相关

Kendall τ 相关采用非参数检验方法度量定序变量间的线性相关关系。它利用变量秩数计算一致(同向)对数目(U)和非一致(同向)对数目(V)。例如，两变量(x_i、y_i)的秩对分别为(2,3)(4,4)(3,1)(5,5)(1,2)，对变量 x 的秩按升序排序后形成的秩对为(1,2)(2,3)(3,1)(4,4)(5,5)。于是，变量 y 的秩随变量 x 的秩同步增大的秩对(一致对)有：(2,3)(2,4)(2,5)(3,4)(1,4)(1,5)(4,5)，一致对数目 U 等于 8；变量 y 的秩未随变量 x 的秩同步增大的秩对(非一致对)有(2,1)(3,1)，非一致对数目 V 等于 2。于是，一致对数目定义为 $U=\sum_{i=1}^{n}\sum_{j>1}^{n}(d_j>d_i)$，非一致对数目定义为 $V=\sum_{i=1}^{n}\sum_{j>1}^{n}(d_j<d_i)$。

显然，如果两变量具有较强的正相关性，则一致对数目 U 应较大，非一致对数目 V 应较小；如果两变量具有较强的负相关性，则一致对数目 U 应较小，非一致对数目 V 应较大；如果两变量的相关性较弱，则一致对数目 U 和非一致对数目 V 应大致相当，大约各占样本数的 1/2。Kendall τ 统计量的数学定义为：

$$\tau=(U-V)\frac{2}{n(n-1)} \tag{4-12}$$

在小样本下，Kendall τ 服从 Kendall 分布。在大样本下采用的检验统计量为：

$$Z=\tau\sqrt{\frac{9n(n-1)}{2(2n+5)}} \tag{4-13}$$

其中，Z 统计量近似服从标准正态分布。

4. 质量相关

在教育与心理研究实践中，我们常将一列变量按事物的某一属性划分种类，而另一列变量则为等比或等距的测量数据，这种情况下求得的相关，称为**质量相关**。

1）点双列相关

点双列相关适用于双列变量中一列为来自正态总体的等距或等比的测量数据；另一列为二分称名变量，即按事物的某一性质只能分为两类互相独立的变量，如男与女、文盲与非文盲等。

点双列相关的计算公式为：

$$r_{pb} = \frac{\overline{X}_p - \overline{X}_q}{S_X} \sqrt{pq} \tag{4-14}$$

式中：p——二分称名变量中取某一值的变量比例；

q——二分称名变量中取另一值的变量比例；

$\overline{X}_p$——等距（比）变量中与 p 对应的那部分数据的平均值；

$\overline{X}_q$——等距（比）变量中与 q 对应的那部分数据的平均值；

S_X——全部等距（比）变量的标准差。

点双列相关在教育与心理统计研究中作为选择题的区分度指标。

2）双列相关

双列相关系数适用于两列变量均为来自正态总体的等距（比）变量；而其中一列被认为是划分为两个类别的数据。

双列相关系数的计算公式为

$$r_b = \frac{\overline{X}_p - \overline{X}_q}{S_X} \cdot \frac{pq}{Y} \tag{4-15}$$

式中：$\overline{X}_p$——等距（比）变量中与 p 对应的那部分数据的平均值；

$\overline{X}_q$——等距（比）变量中与 q 对应的那部分数据的平均值；

p——二分称名变量中取某一值的变量比例；

q——二分称名变量中取另一值的变量比例；

X——标准正态曲线下 p 与 q 交界点的 Y 轴高度（可查正态分布表得出）。

双列相关在教育与心理统计研究中常作为问答题或主观题的区分度指标。

4.4 相关分析步骤

1. 计算样本相关系数 r

利用样本数据计算样本相关系数。样本相关系数反映了两变量间线性相关程度的强弱，对不同类型的变量应采用不同的相关系数指标，但它们的取值范围和含义是相同的，具体如表 4-3 所示。

2. 对样本来自的两总体是否存在显著线性关系进行推断

由于抽样的随机性和样本量可能较小等原因，通常样本相关系数不能直接用来说明样本来自的两总体是否具有显著的线性相关性，而需要通过假设检验的方式对样本来自的总体是否存在显著的线性相关进行统计推断，基本步骤如下。

(1) 提出零假设,即两总体无线性相关性。

(2) 选择检验统计量。对不同类型的变量应采用不同的相关系数,对应也应采用不同的检验统计量。

(3) 计算检验统计量的观测值和对应的概率 p 值。

(4) 进行决策。如果检验统计量的概率 p 值小于给定的显著性水平 α,应拒绝零假设,认为两总体间存在显著的线性相关性;反之,如果检验统计量的概率 p 值大于给定的显著性水平 α,则不能拒绝零假设,可以认为两总体不存在显著的线性相关性。

4.5 偏相关分析

1. 偏相关分析和偏相关系数

偏相关分析是指当两个变量同时与第三个变量相关时,将第三个变量的影响剔除,只分析另外两个变量之间相关程度的过程,判定指标是相关系数的 R 值。

偏相关分析也称净相关分析,它在控制其他变量的线性影响的条件下分析两变量间的线性相关性,所采用的工具是偏相关系数(净相关系数)。控制变量个数为 1 时,偏相关系数称为一阶偏相关系数;控制变量个数为 2 时,偏相关系数称为二阶相关系数;控制变量个数为 0 时,偏相关系数称为零阶偏相关系数,也就是相关系数。

例如,在研究商品的需求量和价格、消费者收入之间的线性关系时,需求量和价格之间的相关关系实际还包含消费者收入对商品需求量的影响。同时消费者收入对价格也会产生影响,并通过价格变动传递到对商品需求量的影响中。再如,研究粮食产量与平均气温、月降雨量、平均日照时数、月平均湿度之间的关系时,产量和平均气温之间的线性关系中实际还包含了月平均日照时数对产量的影响以及对平均气温的影响等。

因此,在这种情况下,单纯利用相关系数来评价变量间的相关性显然是不准确的,而需要在剔除其他相关因素影响的条件下计算变量间的相关。偏相关分析的意义就在于此。

2. 分析步骤

利用偏相关系数进行变量间净关系分析通常需要完成以下两大步骤。

1) 计算样本的偏相关系数

利用样本数据计算样本的偏相关系数,它反映了两变量间净相关的强弱程度。在分析变量 x_1 和 y 之间的净相关时,当控制了 x_2 的线性作用后,x_1 和 y 之间的一阶偏相关系数定义为:

$$r_{y1,2} = \frac{r_{y1} - r_{y2}r_{12}}{\sqrt{(1-r_{y2}^2)(1-r_{12}^2)}} \tag{4-16}$$

其中,r_{y1}、r_{y2}、r_{12} 分别表示 y 和 x_1 的相关系数、y 和 x_2 的相关系数、x_1 和 x_2 的简单相关系数。偏相关系数的取值范围及大小、含义与相关系数相同。

2) 对样本来自的两总体是否存在显著的净相关进行推断

净相关分析检验的基本步骤如下所示。
- 提出零假设,即两总体的偏相关系数与零无显著差异。
- 选择检验统计量。偏相关分析的检验统计量为 t 统计量,它的公式为:

$$t = r\sqrt{\frac{n-q-2}{1-r^2}} \tag{4-17}$$

其中,r 为偏相关系数;n 为样本数;q 为阶数。t 统计量服从 $n-q-2$ 个自由度的 t 分布。
- 计算检验统计量的观测值和对应的概率 p 值。
- 决策。如果检验统计量的概率 p 值小于给定的显著性水平 α,应拒绝零假设,认为两总体的偏相关系数与零有显著差异;反之,如果检验统计量的概率 p 值大于给定的显著性水平 α,则不能拒绝零假设,可以认为两总体的偏相关系数与零无显著差异。

4.6 习题

1. 简述相关关系的主要种类。
2. 简述如何判断相关强度。
3. 简述相关分析的主要步骤。
4. 简述偏相关可以应用在何种环境下。
5. 表 4-9 是某中学某班级随机抽取的 10 名学生本学期两次模拟考试的物理成绩,判断其相关性,并制作散点图。

表 4-9 物理成绩

序号	第一次模拟考试	第二次模拟考试
1	78	85
2	74	69
3	60	76
4	42	53
5	53	70
6	63	59
7	70	82
8	90	95
9	54	60
10	82	67

6. 案例辨析:

有研究者欲研究某药口服量与血药浓度关系,把口服药物设定为 1、2.5、5、7.5、10、15、20、30 等档次,每档各取 3 只动物(共 24 只)进行试验,在服药后 1 小时检验血药浓度。不同口服量与相应血药浓度如表 4-10 所示。

表 4-10　不同口服量与相应血药浓度

口服量	血药浓度	口服量	血药浓度
1	0.3	10	2.8
1	0.4	10	2.8
1	0.3	10	3.0
2.5	0.6	15	4.5
2.5	0.6	15	4.5
2.5	0.7	15	4.3
5	1.0	20	8.3
5	1.0	20	8.0
5	1.1	20	7.8
7.5	1.8	30	15.2
7.5	1.9	30	14.2
7.5	2.0	30	13.8

试分析本例的两个变量各有何特征？可以计算皮尔逊相关系数吗？如果可以，请计算。

第 5 章

聚类分析

视频讲解

【学习目标】
- 理解聚类的基本概念；
- 掌握距离计算的不同方式；
- 掌握聚类的不同方法。

将物理或抽象对象的集合分成由类似的对象组成的多个类的过程被称为聚类。由聚类所生成的簇是一组数据对象的集合，这些对象与同一个簇中的对象彼此相似，与其他簇中的对象相异。根据计算簇之间的距离来解决分类问题，一般称之为聚类分析。

5.1 聚类的基本概念

"物以类聚，人以群分"，在自然科学和社会科学中，存在着大量的分类问题。例如，市场营销中的市场细分和客户细分问题。大型购物网站收集到客户人口特征、消费行为和喜好方面的数据，并希望对这些客户进行特征分析。可以从客户分类入手，根据客户的年龄、职业、收入、消费金额、消费频率、喜好等方面进行单变量或多变量的客户分组。这种分组是极为常见的客户细分方式，但存在的不足是客户群划分带有明显的主观色彩，需要有丰富的行业经验才能得到比较合理或理想的客户细分，否则得到的分组可能无法充分反映和展现客户的特点，主要表现在：同一客户细分段中的客户在某些特征方面并不相似，而不同客户细分段中的客户在某些特征方面却又很相似。因此，这种客户细分并没有真正起到划分客户群的作用。为解决该问题，希望从数据自身出发，充分利用数据进行客户的客观分组，使诸多特征有相似性的客户被分在同一组，而不相似的客户被区分到另一些组中。聚类分析则是这样一种方法。

聚类分析又称群分析，它是研究（样品或指标）分类问题的一种多元统计分析方法。聚类分析起源于分类学，但是聚类不等于分类。聚类与分类的不同在于，聚类所要求划分的类是未知的。聚类分析内容非常丰富，有系统聚类法、有序样品聚类法、动态聚类法、模糊聚类法、图论聚类法、聚类预报法等。聚类分析能够将一批样本或（变量）数据依据其诸多特征，按照性质上的亲疏程度在没有先验知识的情况下进行自动分类，产生多个分类结果。类内部的个体在特征上具有相似性，不同类间个体特征的差异性较大。

理解聚类分析的关键是理解两个要点："没有先验知识"和"亲疏程度"。为此，可以先看一个例子。如表 5-1 所示，是同一批客户对经常光顾的五座超市在购物环境和服务质量两方面的平均评分。现希望根据这批数据将五座超市分类。

表 5-1 超市的客户评分数据

编号	购物环境/分	服务质量/分
A 超市	73	68
B 超市	66	64
C 超市	84	82
D 超市	91	88
E 超市	94	90

很明显，根据表 5-1 中的数据，若将它们分成两类，则 A 超市和 B 超市是一类，C 超市、D 超市、E 超市是另一类；若将它们分成三类，则 A 超市和 B 超市是一类，D 超市和 E 超市是一类，C 超市单独一类。得到如此分类结果的原因是：在两方面的评分中，A 超市和 B 超市分数较为接近，D 超市和 E 超市较为接近。A 超市和 E 超市之所以没有被分在一起，是由于它们分数相差较远。可见，这种分类结果是在没有指定任何分类标准下完全由样本数据出发而形成的分类。

聚类分析的分类思想与上述分类是一致的。所谓"没有先验知识"是指没有事先指定分类标准；所谓"亲疏程度"是指在各变量（特征）取值上的总体差异程度。聚类分析基于此实现数据自动分类。

5.2 "亲疏程度"的衡量与计算

在聚类分析中，衡量个体之间的"亲疏程度"是极为重要的，它将直接影响最终的聚类结果。衡量"亲疏程度"一般有两个角度：第一，个体间的相似程度；第二，个体间的差异程度。衡量个体间的相似程度通常可以采用简单相关系数或等级相关系数等；个体间的差异程度通常通过某种距离来测度，以下着重讨论个体间的差异程度。

为定义个体间的距离，应先将每个样本数据看成 k 维空间上的一个点。例如，可将表 5-1 中五个超市样本看成 $k=2$ 的二维空间上的五个点，也就是看成由购物环境和服务质量两个变量构成的二维平面上的五个点，并由此定义某种距离，计算五个点彼此间的"亲疏程度"。通常，点与点之间距离越小，意味着它们越"亲密"，越有可能聚成一类。点与点之间距离越大，意味着它们越"疏远"，越有可能分别属于不同的类。

个体间距离的定义会受 k 个变量类型的影响。由于变量类型一般有定距型和非定距型之分,使得个体间距离的定义也因此不同。

5.2.1 定距型变量个体间的距离计算

如果涉及的 k 个变量都是定距型变量,那么个体间距离的定义通常有以下几种方式。

1. 欧氏距离

欧氏距离(Euclidean Distance),也称欧几里得度量(Euclidean Metric),是一个通常采用的距离定义,指在 m 维空间中两个点之间的真实距离,或者向量的自然长度(即该点到原点的距离)。在二维和三维空间中的欧氏距离就是两点之间的实际距离。

在二维空间上,欧氏距离的计算公式为:

$$\rho = \sqrt{(x_2 - x_1)^2 + (y_2 - y_1)^2} \tag{5-1}$$

$$|X| = \sqrt{x_2^2 + y_2^2} \tag{5-2}$$

其中,ρ 为点 (x_1,y_1) 与点 (x_2,y_2) 之间的欧式距离;$|X|$ 为点 (x_2,y_2) 到原点的欧式距离。

在三维空间上,公式为:

$$\rho = \sqrt{(x_2 - x_1)^2 + (y_2 - y_1)^2 + (z_2 - z_1)^2} \tag{5-3}$$

$$|X| = \sqrt{x_2^2 + y_2^2 + z_2^2} \tag{5-4}$$

在 n 维空间上,公式为:

$$d(x,y) = \sqrt{(x_2 - x_1)^2 + (y_2 - y_1)^2 + \cdots + (x_n - y_n)^2} = \sqrt{\sum_{i=1}^{n}(x_i - y_i)^2} \tag{5-5}$$

2. 曼哈顿距离

想象某人在曼哈顿要从一个十字路口开车到另外一个十字路口,驾驶距离是两点间的直线距离吗?显然不是,除非他能穿越大楼。其实际驾驶距离就是曼哈顿距离(Manhattan Distance),而这也是曼哈顿距离名称的来源。曼哈顿距离也称为城市街区距离(City Block Distance)。

曼哈顿距离是指两点在南北方向上的距离加上在东西方向上的距离。对于一个具有正南正北、正东正西方向规则布局的城镇街道,从一点到达另一点的距离正是在南北方向上驾驶的距离加上在东西方向上驾驶的距离,因此,曼哈顿距离又称为出租车距离。当坐标轴变动时,点间的距离就会不同。曼哈顿距离示意图在早期的计算机图形学中,屏幕是由像素构成的,是整数,点的坐标也一般是整数,原因是浮点运算很昂贵、很慢而且有误差,如果直接使用 AB 的欧氏距离,则必须要进行浮点运算;如果使用 AC 和 CB,则只要计算加减法即可,这就大大提高了运算速度,而且不管累计运算多少次,都不会有误差。

在二维平面上,两点 $a(x_1,y_1)$ 与 $b(x_2,y_2)$ 间的曼哈顿距离为:
$$d(a,b)=|x_1-x_2|+|y_1-y_2| \tag{5-6}$$
两个 n 维向量 $\boldsymbol{a}(x_{11},x_{12},\cdots,x_{1n})$ 与 $\boldsymbol{b}(x_{21},x_{22},\cdots,x_{2n})$ 间的曼哈顿距离为:
$$d(\boldsymbol{a},\boldsymbol{b})=\sum_{k=1}^{n}|x_{1k}-x_{2k}| \tag{5-7}$$

要注意的是,曼哈顿距离依赖坐标系统的转度,而非系统在坐标轴上的平移或映射。它有如下数学性质:

(1) 非负性: $d(i,j) \geqslant 0$,距离是一个非负的数值;

(2) 同一性: $d(i,i)=0$,对象到自身的距离为 0;

(3) 对称性: $d(i,j)=d(j,i)$,距离是一个对称函数;

(4) 三角不等式: $d(i,j) \leqslant d(i,k)+d(k,j)$,从对象 i 到对象 j 的直接距离不会大于途经的任何其他对象 k 的距离和。

3. 切比雪夫距离

在国际象棋玩法中,国王走一步能够移动到相邻的 8 个方格中的任意一个。那么国王从格子 (x_1,y_1) 走到格子 (x_2,y_2) 最少需要多少步?读者可以自己走走试试。你会发现最少步数总是 $\max(|x_2-x_1|+|y_2-y_1|)$ 步。有一种类似的距离度量方法叫切比雪夫距离(Chebyshev Distance)。

在数学中,切比雪夫距离是向量空间中的一种度量,两个点之间的距离定义是其各坐标数值差绝对值的最大值。从数学的观点来看,切比雪夫距离是由一致范数(Uniform Norm)(或称为上确界范数)所衍生的度量,也是超凸度量(Injective Metric Space)的一种。

二维平面两点 $a(x_1,y_1)$ 与 $b(x_2,y_2)$ 间的切比雪夫距离为:
$$d(a,b)=\max(|x_1-x_2|+|y_1-y_2|) \tag{5-8}$$
两个 n 维向量 $\boldsymbol{a}(x_{11},x_{12},\cdots,x_{1n})$ 与 $\boldsymbol{b}(x_{21},x_{22},\cdots,x_{2n})$ 间的切比雪夫距离为:
$$d(\boldsymbol{a},\boldsymbol{b})=\max(|x_{1i}-x_{2i}|) \tag{5-9}$$
这个公式的另一种等价形式是:
$$d(\boldsymbol{a},\boldsymbol{b})=\lim_{k\to\infty}\left(\sum_{i=1}^{n}|x_{1i}-x_{2i}|^k\right)^{1/k} \tag{5-10}$$

4. 闵氏距离

闵氏距离又称闵可夫斯基距离,它不是一种距离,而是一组距离的定义。闵氏距离出自闵氏空间理论,该理论中的空间指狭义相对论中由一个时间维和三个空间维组成的时空,为俄裔德国数学家闵可夫斯基(H. Minkowski,1864—1909)最先表述。而在该空间中的距离根据维数的不同有不同的表示形式,故闵氏距离为根据维数不同定义的一组距离的定义。

1) 闵氏距离的定义

两个 n 维变量 $\boldsymbol{a}(x_{11},x_{12},\cdots,x_{1n})$ 与 $\boldsymbol{b}(x_{21},x_{22},\cdots,x_{2n})$ 间的闵氏距离定义为:

$$d(\boldsymbol{a},\boldsymbol{b}) = \sqrt{\sum_{k=1}^{n} |x_{1k} - x_{2k}|^p} \tag{5-11}$$

其中：p 是一个变参数。

当 $p=1$ 时，就是曼哈顿距离；

当 $p=2$ 时，就是欧氏距离；

当 $p \to \infty$ 时，就是切比雪夫距离。

根据变参数的不同，闵氏距离可以表示一类的距离。

2) 闵氏距离的缺点

简单来说，闵氏距离的缺点主要有两个：一是将各个分量的量纲（Scale），也就是"单位"当作相同的看待了；二是没有考虑各个分量的分布（期望、方差等）可能是不同的。

举个例子：二维样本（身高，体重），其中身高范围是 150～190cm，体重范围是 50～60kg，有三个样本：$a(180,50)$、$b(190,50)$、$c(180,60)$。那么 a 与 b 之间的闵氏距离（无论是曼哈顿距离、欧氏距离或切比雪夫距离）等于 a 与 c 之间的闵氏距离，但是身高的 10cm 真的等价于体重的 10kg 吗？因此用闵氏距离来衡量这些样本间的相似度很有问题。

5. 标准化欧氏距离

标准化欧氏距离（Standardized Euclidean Distance）是针对简单欧氏距离的缺点而做的一种改进方案。标准欧氏距离的思路是针对数据各维分量的分布不一致情况将各个分量"标准化"到均值、方差相等。假设样本集 X 的均值（Mean）为 m，标准差（Standard Deviation）为 s，那么 X 的"标准化变量"（标准化变量的数学期望为 0，方差为 1）表示为：

标准化后的值 =（标准化前的值 - 分量的均值）/ 分量的标准差

即

$$X^* = \frac{X - m}{s}$$

经过简单的推导就可以得到两个 n 维向量 $a(x_{11}, x_{12}, \cdots, x_{1n})$ 与 $b(x_{21}, x_{22}, \cdots, x_{2n})$ 间的标准化欧氏距离的公式为：

$$d(a,b) = \sqrt{\sum_{k=1}^{n} \left(\frac{x_{1k} - x_{2k}}{s_k}\right)^2} \tag{5-12}$$

如果将方差的倒数看成是一个权重，这个公式可以看成是一种加权欧氏距离（Weighted Euclidean Distance）。

6. 马氏距离

如图 5-1 所示，有两个正态分布的总体，它们的均值分别为 a 和 b，但方差不一样，则图中的 A 点离哪个总体更近？或者说 A 有更大的概率属于谁？通过对比 A 与均值 a、b 的垂直距离，A 点离均值 a 的垂直距离小于离均值 b 的垂直距离，所以，A 属于左边总体的概率更大，尽管 A 与 a 的欧式距离远一些。这就是马氏距离（Mahalanobis Distance）的直观解释。

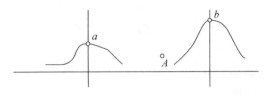

图 5-1 马氏距离示意图

马氏距离是基于样本分布的一种距离,其物理意义就是在规范化的主成分空间中的欧氏距离。所谓规范化的主成分空间就是利用主成分分析对一些数据进行主成分分解,再对所有主成分分解轴做归一化,形成新的坐标轴。由这些坐标轴组成的空间就是规范化的主成分空间。

马氏距离定义如下。

有 M 个样本向量 $X_1, X_2, \cdots, X_m$,协方差矩阵记为 S,均值记为向量 $\boldsymbol{\mu}$,则其中样本向量 X 到 $\boldsymbol{\mu}$ 的马氏距离表示为:

$$d(\boldsymbol{X}, \boldsymbol{\mu}) = \sqrt{(\boldsymbol{X} - \boldsymbol{\mu})^T \boldsymbol{S}^{-1} (\boldsymbol{X} - \boldsymbol{\mu})} \tag{5-13}$$

而其中向量 X_i 与 X_j 之间的马氏距离定义为:

$$d(\boldsymbol{X}_i, \boldsymbol{X}_j) = \sqrt{(\boldsymbol{X}_i - \boldsymbol{X}_j)^T \boldsymbol{S}^{-1} (\boldsymbol{X}_i - \boldsymbol{X}_j)} \tag{5-14}$$

若协方差矩阵是单位矩阵(各个样本向量之间独立同分布),则公式就变为:

$$d(\boldsymbol{X}_i, \boldsymbol{X}_j) = \sqrt{(\boldsymbol{X}_i - \boldsymbol{X}_j)^T (\boldsymbol{X}_i - \boldsymbol{X}_j)} \tag{5-15}$$

也就是欧氏距离;若协方差矩阵是对角矩阵,则公式就变成了标准化欧氏距离。

马氏距离的特点:

(1) 量纲无关,排除变量之间相关性的干扰。

(2) 马氏距离的计算是建立在总体样本的基础上的,如果拿同样的两个样本,放入两个不同的总体中,最后计算得出的两个样本间的马氏距离通常是不相同的,除非这两个总体的协方差矩阵碰巧相同。

(3) 在计算马氏距离的过程中,要求总体样本数大于样本的维数,否则得到的总体样本协方差矩阵的逆矩阵不存在,这种情况下,用欧式距离计算即可。

视频讲解

7. 夹角余弦

几何中夹角余弦(Cosine)可用来衡量两个向量方向的差异,机器学习中借用这一概念来衡量样本向量之间的差异。

(1) 在二维空间中,向量 $A(x_1, y_1)$ 与向量 $B(x_2, y_2)$ 的夹角余弦公式为:

$$\cos\theta = \frac{x_1 x_2 + y_1 y_2}{\sqrt{x_1^2 + y_1^2} \sqrt{x_2^2 + y_2^2}} \tag{5-16}$$

(2) 两个 n 维样本点 $a(x_{11}, x_{12}, \cdots, x_{1n})$ 与 $b(x_{21}, x_{22}, \cdots, x_{2n})$ 的夹角余弦为:

$$\cos\theta = \frac{a \cdot b}{|a||b|} \tag{5-17}$$

类似的,对于两个 n 维样本点 $a(x_{11}, x_{12}, \cdots, x_{1n})$ 和 $b(x_{21}, x_{22}, \cdots, x_{2n})$,可以使用

类似于夹角余弦的概念来衡量它们间的相似程度,即:

$$\cos\theta = \frac{\sum_{k=1}^{n} x_{1k} x_{2k}}{\sqrt{\sum_{k=1}^{n} x_{1k}^2} \sqrt{\sum_{k=1}^{n} x_{2k}^2}} \quad (5-18)$$

夹角余弦取值范围为$[-1,1]$。夹角余弦越大表示两个向量的夹角越小,夹角余弦越小表示两向量的夹角越大。当两个向量的方向重合时,夹角余弦取最大值1;当两个向量的方向完全相反时,夹角余弦取最小值-1。

5.2.2 计数变量个体间的距离计算

如果涉及的变量是计数(Count)的非连续变量,那么个体间距离的定义通常有以下几种方式。

1. 卡方距离

两个个体(x,y)间卡方(Chi-Square)距离的数学定义为:

$$\text{CHISQ}(x,y) = \sqrt{\sum_{i=1}^{k} \frac{(x_i - E(x_i))^2}{E(x_i)} + \sum_{i=1}^{k} \frac{(y_i - E(y_i))^2}{E(y_i)}} \quad (5-19)$$

其中:x_i是个体x的第i个变量的变量值(频数);y_i是个体y的第i个变量的变量值(频数);$E(x_i)$和$E(y_i)$分别为期望频数。

例5.1: 表5-2给出了某市各企业职工文化程度的数据资料,试计算甲、乙两企业间的卡方距离。

表5-2 不同企业的职工文化程度

企业	文化程度			合计
	高中及以上	初中	小学及以下	
甲	44 (46)	36 (42)	140 (132)	220
乙	60 (58)	60 (54)	160 (168)	280
合计	104	96	300	500

说明:表格中括号里的数字表示期望频数。

解: 根据表格里的数据可以计算甲、乙两企业之间的卡方距离如下:

$$\sqrt{\frac{(44-46)^2}{46} + \frac{(36-42)^2}{42} + \frac{(140-132)^2}{132} + \frac{(60-58)^2}{58} + \frac{(60-54)^2}{54} + \frac{(160-168)^2}{168}} \approx 1.595$$

卡方距离越大,个体与变量取值有显著关系,个体间变量取值差异性较大。

2. Phi方距离

两个个体(x,y)间Phi方(Phi-Square)距离的数学定义为:

$$\text{PHISQ}(x,y) = \sqrt{\frac{\sum_{i=1}^{k}\frac{(x_i-E(x_i))^2}{E(x_i)} + \sum_{i=1}^{k}\frac{(y_i-E(y_i))^2}{E(y_i)}}{n}} \tag{5-20}$$

其中,x_i 是个体 x 的第 i 个变量的变量值(频数);y_i 是个体 y 的第 i 个变量的变量值(频数);$E(x_i)$ 和 $E(y_i)$ 分别为期望频数;n 为总频数。

例 5.2:根据表 5-2 给出的数据资料,试计算甲、乙两企业间的 Phi 方距离。

解:甲、乙两企业间的 Phi 方距离为:

$$\sqrt{\frac{\frac{(44-46)^2}{46}+\frac{(36-42)^2}{42}+\frac{(140-132)^2}{132}+\frac{(60-58)^2}{58}+\frac{(60-54)^2}{54}+\frac{(160-168)^2}{168}}{500}} \approx 0.0714$$

5.2.3 二值变量个体间的距离计算

如果个体的 k 个变量都是二值变量,则个体之间的距离测度将基于一个如表 5-3 所示的 2×2 的列联表。该表是根据原始数据转换而来的两个体取值的交叉列联表。表中,$a+b+c+d$ 等于变量的总个数;a 为两个体取值都为 1 的变量个数;b 为个体 x 取值为 0 而个体 y 取值为 1 的变量个数;c 为个体 x 取值为 1 而个体 y 取值为 0 的变量个数;d 为两个个体取值都是 0 的变量个数。显然,$a+d$ 的比重描述了两个体之间的相似程度,而 $b+c$ 的比重反映了两个个体之间的差异程度。

表 5-3 两个个体列联表

x、y 简单匹配系数		个体 x	
		1	0
个体 y	1	a	b
	0	c	d

1. 简单匹配系数

简单匹配系数重点考查两个个体的差异性,其数学定义为:

$$S(x,y) = \frac{b+c}{a+b+c+d} \tag{5-21}$$

由式(5-21)可知,简单匹配系数排除了同时拥有或同时不拥有某特征的频数,反映了两个个体间的差异程度。

例 5.3:表 5-4 所示是三位病人的临床检查数据,其中 Y 和 P 表示阳性,N 表示阴性。根据表格数据分析哪两位病人可能得了同样的病。

表 5-4 三位病人临床检查数据

姓名	性别	发烧	咳嗽	检查 1	检查 2	检查 3	检查 4
Jack	M	Y	N	P	N	N	N
Mary	F	Y	N	P	N	P	N
Jim	M	Y	P	N	N	N	N

解：首先给 Y 和 P 值赋值为 1，N 赋值为 0。然后分别计算两两之间的简单匹配系数：

$$S(\text{Jack},\text{Mary}) = \frac{0+1}{2+0+1+3} = \frac{1}{6}$$

$$S(\text{Jack},\text{Jim}) = \frac{1+1}{1+1+1+3} = \frac{2}{6}$$

$$S(\text{Jim},\text{Mary}) = \frac{1+2}{1+2+1+2} = \frac{3}{6}$$

根据以上计算发现：Jack 和 Mary 之间的简单匹配系数最小，可见他们之间的差异度最小，有可能得了同一种病。

2. 雅科比系数

二元属性是一种标称属性，只有两个类别或状态：0 或 1，其中 0 通常表示该属性不出现，而 1 表示出现。如果两种状态对应于 true 和 false，二元属性又称布尔属性。例如，倘若属性 smoker 表示患者对象，1 表示患者抽烟，0 表示患者不抽烟。

如果一个二元属性是对称的，那么它的两种状态具有同等价值并且携带相同的权重，即对某个结果来说，应该用 0 或 1 编码并无偏好（例如，属性 gender 的两种状态男和女）。

如果一个二元属性是非对称的，那么其状态的结果不是同等重要的。如艾滋病病毒 (HIV) 化验的阳性和阴性结果。为方便计算，我们将用 1 对最重要的结果（通常是稀有的）编码（例如，HIV 阳性），而另一个用 0 编码（例如，HIV 阴性）。给定两个不对称的二元变量，两个都取值 1 的情况（正匹配）被认为比两个都取值 0 的情况（负匹配）更有意义。因此，这样的二元变量经常被认为好像只有一个状态。基于这样变量的相似度被称为非恒定的相似度。对于非恒定的相似度，最著名的评价系数是雅科比系数（Jaccard coefficient），在它的计算中，负匹配的数目被认为是不重要的，因此被忽略。

以上简单匹配系数主要衡量对称的二元属性值间的差异性，而雅科比系数用来衡量非对称二元属性值之间的差异性。其数学定义为：

$$J(x,y) = \frac{b+c}{a+b+c} \tag{5-22}$$

由式(5-22)可知，雅科比系数排除了同时拥有或同时不拥有某特征的频数，反映了两个个体间的差异程度，但它也排除了两个个体同时为 0 的频数，一般认为 0 的状态对研究的意义不显著。

例如，可以对例 5.3 数据计算相应雅科比系数。

$$J(\text{Jack},\text{Mary}) = \frac{0+1}{2+0+1} = \frac{1}{3}$$

$$J(\text{Jack},\text{Jim}) = \frac{1+1}{1+1+1} = \frac{2}{3}$$

$$J(\text{Jim},\text{Mary}) = \frac{1+2}{1+2+1} = \frac{3}{4}$$

根据以上计算发现：Jack 和 Mary 之间的简单匹配系数最小，可见他们之间的差异度最小,有可能得了同一种病,与例5.3得出的结论一样。

5.2.4 其他个体间的距离计算

1. 汉明距离

汉明距离(Hamming Distance)表示两个(相同长度)字对应位不同的数量。汉明距离是以理查德·卫斯里·汉明的名字命名的。在信息论中,两个等长字符串之间的汉明距离是两个字符串对应位置的不同字符的个数。换句话说,它就是将一个字符串变换成另外一个字符串所需要替换的字符个数。例如:

- 1011101 与 1001001 之间的汉明距离是 2。
- 2143896 与 2233796 之间的汉明距离是 3。
- "toned"与"roses"之间的汉明距离是 3。

一般将汉明距离应用在信息编码中,为了增强容错性,应使编码间的最小汉明距离尽可能大。

另一个重要概念是汉明重量,它是字符串相对于同样长度的零字符串的汉明距离,也就是说,它是字符串中非零的元素个数。对于二进制字符串来说,就是 1 的个数,所以 11101 的汉明重量是 4。因此,如果向量空间中的元素 a 和 b 之间的汉明距离等于它们汉明重量的差 $a-b$,则表明向量 a 和 b 之间不同元素的个数为 $a-b$。例如,假设元素 a 为 $[2,2,1,f,0]$,b 为 $[2,2,1,f,1]$,a 的汉明重量为 4,b 的汉明重量为 5,a 和 b 汉明重量的差为 1,而两者的汉明距离也为 1,由此可以得出两个向量的不同元素个数为 1。

汉明重量分析在信息论、编码理论、密码学等领域都有应用。例如,在信息编码过程中,为了增强容错性,应使编码间的最小汉明距离尽可能大。但是,如果要比较两个不同长度的字符串,不仅要进行替换,而且要进行插入与删除的运算,在这种场合下,通常使用更加复杂的编辑距离等算法。

2. 相关系数与相关距离

相关系数(Correlation Coefficient)是衡量随机变量 X 与 Y 相关程度的一种方法,相关系数的取值范围是 $[-1,1]$。相关系数的绝对值越大,则表明 X 与 Y 相关度越高。当 X 与 Y 线性相关时,相关系数取值为 1(正线性相关)或 -1(负线性相关)。

相关系数计算公式为:

$$\rho_{XY} = \frac{\text{Cov}(X,Y)}{\sqrt{D(X)}\sqrt{D(Y)}} = \frac{E((X-EX)(Y-EY))}{\sqrt{D(X)}\sqrt{D(Y)}} \tag{5-23}$$

其中:$\text{Cov}(X,Y)$ 为 X、Y 之间的协方差;$D(X)$、$D(Y)$ 分别为 X、Y 的方差;E 为均值。

相关距离(Correlation Distance)的计算公式为:

$$D_{XY} = 1 - \rho_{XY} \tag{5-24}$$

3. 信息熵

信息熵(Information Entropy)并不属于一种相似性度量。信息熵是衡量分布的混乱程度或分散程度的一种度量。分布越分散(或者说分布越平均)，信息熵就越大；分布越有序(或者说分布越集中)，信息熵就越小。

信息熵的计算公式为：

$$\text{Entropy}(X) = \sum_{i=1}^{n} -p_i \log_2 p_i \tag{5-25}$$

其中，n 为样本集 X 的分类数；p 为 X 中第 i 类元素出现的概率。

信息熵越大表明样本集 X 分类越分散，信息熵越小则表明样本集 X 分类越集中。当 X 中 n 个分类出现的概率一样大时(都是 $1/n$)，信息熵取最大值 $\log_2(n)$。当 X 只有一个分类时，信息熵取最小值 0。

5.3 聚类的方法

5.3.1 K-均值聚类算法

1. 基本概念

K-均值聚类算法(K-Means Clustering Algorithm)是一种迭代求解的聚类分析算法，其步骤是随机选取 K 个对象作为初始的聚类中心，然后计算每个对象与各个种子聚类中心之间的距离，把每个对象分配给距离它最近的聚类中心，如图 5-2 所示。聚类中心以及分配给它们的对象就代表一个聚类。每分配一个样本，聚类的聚类中心会根据聚类中现有的对象被重新计算。这个过程将不断重复直到满足某个终止条件。终止条件可以是没有(或最小数目)对象被重新分配给不同的聚类、没有(或最小数目)聚类中心再发生变化，以及误差平方和局部最小。

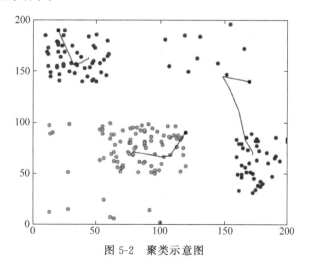

图 5-2 聚类示意图

"聚"是一个将数据集中在某些方面相似的数据成员进行分类组织的过程，聚类就是一种发现这种内在结构的技术，聚类技术经常被称为无监督学习。

K-均值聚类是最著名的划分聚类算法，因简洁和高效的特点使得它成为所有聚类算法中最广泛使用的。给定一个数据点集合和需要的聚类数目 k（k 由用户指定），K-均值算法可根据某个距离函数反复把数据分入 k 个聚类中。

K-均值聚类算法是一种基本的已知聚类类别数的划分算法。它是很典型的基于距离的聚类算法，采用距离作为相似性的评价指标，即认为两个对象的距离越近，其相似度就越大。该算法认为簇是由距离靠近的对象组成的，因此把得到紧凑且独立的簇作为最终目标。它是使用欧氏距离度量的（简单理解就是两点间直线距离，欧氏距离只是将这个距离定义得更加规范化，扩展到 N 维而已）。它可以处理大数据集，且高效。它的输入自然是数据集和类别数。聚类结果是划分为 k 类的 k 个数据集。根据聚类结果的表达方式又可以分为硬 K-均值（Hard Clusting Method，HCM）算法、模糊 K-均值算法（Fuzzy Clusting Method，FCM）和概率 K-均值算法（Probability Clusting Method，PCM）。

2. 具体步骤

K-均值聚类算法的流程如图 5-3 所示，算法的具体步骤如下：

（1）首先确定一个 k 值，即希望将数据集经过聚类得到 k 个集合。

（2）从数据集中随机选择 k 个数据点作为质心。

（3）对数据集中的每个点，计算其与每个质心的距离（如欧式距离），离哪个质心近，就划分到那个质心所属的集合。

（4）把所有数据归好集合后，共有 k 个集合。然后重新计算每个集合的质心。

（5）如果新计算出来的质心和原来的质心之间的距离小于某一个设置的阈值（表示重新计算的质心的位置变化不大，趋于稳定，或者说收敛），就可以认为聚类已经达到期望的结果，算法终止。

（6）如果新质心和原质心距离变化很大，需要迭代步骤(3)~(5)。

3. 特点

K-均值算法有如下优点。

（1）原理比较简单，容易实现，收敛速度快。

（2）当结果簇是密集的，而簇与簇之间区别明显时，它的效果较好。

（3）主要需要调参的参数仅仅是簇数 k。

K-均值算法有如下缺点。

（1）k 值需要预先给定，很多情况下 k 值的估计是非常困难的。

（2）K-均值算法对初始选取的质心点是敏感的，不同的随机种子点得到的聚类结果

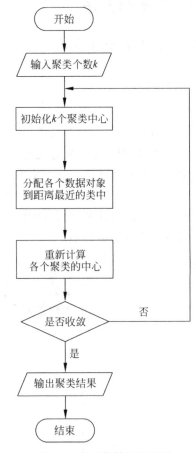

图 5-3　K-均值算法流程图

完全不同,对结果影响很大。

(3) 对噪音和异常点比较敏感。

(4) 采用迭代方法,可能只能得到局部的最优解,而无法得到全局的最优解。

4. 实例

坐标系上有 6 个点,如表 5-5 和图 5-4 所示。

表 5-5 6 个点数据

数据点	X 坐标值	Y 坐标值
P_1	0	0
P_2	1	2
P_3	3	1
P_4	8	8
P_5	9	10
P_6	10	7

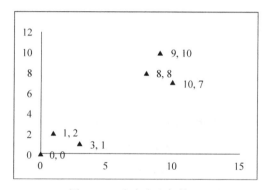

图 5-4 6 个点在坐标轴上

计算过程:

(1) 首先令 k 等于 2,随机选择两个点 P_1 和 P_2。

(2) 通过勾股定理计算剩余点分别到这两个点的距离,如表 5-6 所示。

表 5-6 剩余点到 P_1 和 P_2 的距离

数据点	数据点到 P_1 的距离	数据点到 P_2 的距离
P_3	3.16	2.24
P_4	11.3	9.22
P_5	13.5	11.3
P_6	12.2	10.3

(3) 第一次分组后结果:

组 A:P_1

组 B:P_2、P_3、P_4、P_5、P_6

(4) 分别计算 A 组和 B 组的质心：

A 组质心还是

$$P_1=(0,0)$$

B 组新的质心坐标为：

$$P_{2'}=((1+3+8+9+10)/5,(2+1+8+10+7)/5)=(6.2,5.6)$$

(5) 再次计算每个点到质心的距离，如表 5-7 所示。

表 5-7 其余点到质心的距离

数据点	数据点到质心 P_1 的距离	数据点到质心 $P_{2'}$ 的距离
P_2	2.24	6.3246
P_3	3.16	5.6036
P_4	11.3	3
P_5	13.5	5.2154
P_6	12.2	4.0497

(6) 第二次分组结果：

组 A：P_1、P_2、P_3

组 B：P_4、P_5、P_6

(7) 再次计算质心：

$P_{1'}=(1.33,1)$

$P_{2''}=(9,8.33)$

(8) 再次计算每个点到质心的距离，如表 5-8 所示。

表 5-8 其余点到新质心的距离

数据点	数据点到质心 $P_{1'}$ 的距离	数据点到质心 $P_{2''}$ 的距离
P_1	1.4	12
P_2	0.6	10
P_3	1.4	9.5
P_4	47	1.1
P_5	70	1.7
P_6	56	1.7

(9) 第三次分组结果：

组 A：P_1、P_2、P_3

组 B：P_4、P_5、P_6

可以发现，第三次分组结果和第二次分组结果一致，说明已经收敛，聚类结束。

5.3.2 K-中间值聚类算法

1. 基本概念

K-均值算法存在一个问题，就是当数据中出现了某些数据偏离整体数据很远时，会给算术平均值带来不利影响。例如,某公司有五个人的年薪是 5 万元,但是有另外一个人的年薪高达 100 万元,那么年薪中间值会是 5 万元(能代表公司的年薪情况),而平均值达到了 20 万元(完全不能代表公司薪资情况)。这种问题当然也会在 K-均值算法中发生。如果数据有类似情况,采用 K-均值算法得到的结果不是很理想,一个解决办法就是使用 K-中间值(K-Medians)算法代替 K-均值算法,二者算法相似,只是用中值代替平均值,这样可以滤掉数据异常的影响。另外,在计算效率上也会比平均值法更高效。因此,K-中间值是 K-均值的一种变体,是用数据集的中位数而不是均值来计算数据的中心点。

K-中间值算法的优势是使用中位数来计算中心点不受异常值的影响;缺点是计算中位数时需要对数据集中的数据进行排序,速度相对比 K-均值算法较慢。

2. 具体步骤

K-中间值算法的基本步骤如下所示。
(1) 选取初始的中心点的个数。
(2) 计算剩余点的距离到初始的中心点的距离。
(3) 将步骤(2)中剩余点根据不同中心点的距离进行分类,距离相同中心点较近的剩余点归为一类。
(4) 用曼哈顿距离重新计算中心点。
(5) 重复(3)、(4)两个步骤,直到中心点不会变化为止。

3. 实例

有 10 个点:1.(3,8)、2.(3,6)、3.(3,4)、4.(4,5)、5.(4,7)、6.(5,1)、7.(5,5)、8.(7,3)、9.(7,5)、10.(8,5)。将这 10 个点划分为两个类。首先,选取两个初始的中心点为 3 号和 6 号。然后,用曼哈顿距离公式为它们进行划分,得到的结果如表 5-9 所示。

表 5-9　第一次聚类结果

点集合	到中心点 1 的距离	到中心点 2 的距离	类别
1.(3,8)	4	9	1
2.(3,6)	2	7	1
4.(4,5)	2	5	1
5.(4,7)	4	7	1
7.(5,5)	3	4	1
8.(7,3)	5	4	2
9.(7,5)	5	6	1
10.(8,5)	6	7	1

经过第一次的迭代发现:1、2、3、4、5、7、9、10 是一个类,6、8 是另一个类。在坐标轴上的结果如图 5-5 所示。

对第一类点集重新排列:(3,8)、(3,6)、(3,4)、(4,5)、(4,7)、(5,5)、(7,5)、(8,5)。对横坐标排序之后的中位数是 4,对纵坐标排序之后的中位数是 5,这个时候第一类的中心点就变成了(4,5)。

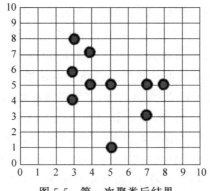

图 5-5 第一次聚类后结果

第二类的点集是(5,1)和(7,3),中心点就是(6,2)。

重新计算新的聚类,结果如表 5-10 所示。

表 5-10 重新计算聚类结果

点集合	到中心点 1 的距离	到中心点 2 的距离	类别
1. (3,8)	4	9	1
2. (3,6)	2	7	1
3. (3,4)	2	5	1
4. (4,5)	0	5	1
5. (4,7)	2	7	1
6. (5,1)	5	2	2
7. (5,5)	1	4	1
8. (7,3)	5	2	2
9. (7,5)	3	4	1
10. (8,5)	4	5	1

得到的结果还是一样的,迭代结束。

得到了聚类的结果。

5.3.3 均值漂移聚类算法

1. 基本概念

均值漂移(Mean Shift)是一种通用的聚类算法,它的基本原理是:对于给定的一定数量样本,任选其中一个样本,以该样本为中心点划定一个圆形区域,求取该圆形区域内样本的质心,即密度最大处的点,再以该点为中心继续执行上述迭代过程,直至最终收敛。均值漂移聚类是基于滑动窗口的算法,来找到数据点的密集区域。这是一个基于质心的算法,通过将中心点的候选点更新为滑动窗口内点的均值来完成定位每个组/类的中心点,然后对这些候选窗口的相似窗口进行去除,最终形成中心点集及相应的分组。

2. 具体步骤

均值漂移聚类算法的具体步骤如下。

(1) 确定滑动窗口半径 r,以随机选取的中心点 C 和半径为 r 的圆形滑动窗口开始滑动。均值漂移聚类算法类似一种爬山算法,它在每次迭代中都会向密度更高的区域移动,直到收敛。

(2) 每次滑动到新的区域,都会计算滑动窗口内的均值来作为中心点,滑动窗口内的点的数量为窗口内的密度。在每次的移动中,窗口会向密度更高的区域移动。

(3) 移动窗口,计算窗口内的中心点以及窗口内的密度,直到在窗口内没有方向可以容纳更多的点,即一直移动到圆内密度不再增加为止。

(4) 步骤(1)~(3)会产生很多个滑动窗口,当多个滑动窗口重叠时,保留包含最多点的窗口,然后根据数据点所在的滑动窗口进行聚类。

3. 特点

- 优点:不同于 K-均值算法,均值漂移聚类算法不需要我们知道有多少类/组,该算法相比于 K-均值算法,受均值影响较小。
- 缺点:窗口半径 r 的大小选择对结果的影响较大。

5.3.4 基于密度的聚类算法

1. 基本概念

基于密度的聚类算法(Density-Based Spatial Clustering of Applications with Noise,DBSCAN)与划分和层次聚类方法不同,它将簇定义为密度相连的点的最大集合,能够把具有足够高密度的区域划分为簇,并可在噪声的空间数据库中发现任意形状的聚类。

以下是基于密度的聚类算法中的几个重要定义。

- E 邻域:给定对象半径为 E 内的区域称为该对象的 E 邻域。
- 核心对象:如果给定对象 E 邻域内的样本点数大于或等于 MinPts(给定的最小点数),则称该对象为核心对象。
- 直接密度可达:对于样本集合 D,如果样本点 q 在 p 的 E 邻域内,并且 p 为核心对象,那么对象 q 从对象 p 直接密度可达。
- 密度可达:对于样本集合 D,给定一串样本点 $p_1,p_2,\cdots,p_n,p=p_1,q=p_n$,假如对象 p_i 从 p_{i-1} 直接密度可达,那么对象 q 从对象 p 密度可达。
- 密度相连:存在样本集合 D 中的一点 o,如果对象 o 到对象 p 和对象 q 都是密度可达的,那么 p 和 q 密度相连。

可以发现,密度可达是直接密度可达的传递闭包,并且这种关系是非对称的。密度相连是对称关系。基于密度的聚类算法的目的是找到密度相连对象的最大集合。

例如:假设半径 $E=3$,MinPts$=3$,点 p 的 E 邻域中有点 $\{m,p,p_1,p_2,o\}$,点 m 的 E 邻域中有点 $\{m,q,p,m_1,m_2\}$,点 q 的 E 邻域中有点 $\{q,m\}$,点 o 的 E 邻域中有点 $\{o,p,s\}$,点 s 的 E 邻域中有点 $\{o,s,s_1\}$。

那么核心对象有 p、m、o、s(q 不是核心对象,因为它对应的 E 邻域中点数量等于 2,小于 MinPts$=3$);点 m 从点 p 直接密度可达,因为 m 在 p 的 E 邻域内,并且 p 为核心对象；点 q 从点 p 密度可达，因为点 q 从点 m 直接密度可达，并且点 m 从点 p 直接密度可达；点 q 到点 s 密度相连，因为点 q 从点 p 密度可达，并且 s 从点 p 密度可达。

如图 5-6 所示的点是分布在样本空间的众多样本，现在的目标是把这些在样本空间中距离相近的聚成一类。我们发现 A 点附近的点密度较大，且各点根据一定的规则在周围移动，最终收纳了 A 附近的 5 个点，并标记为同样的颜色定为同一个簇。其他没有被收纳的根据一样的规则成簇。

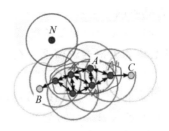

图 5-6 基于密度的聚类示意图

形象来说，我们可以认为这是系统在众多样本点中随机选中一个，围绕这个被选中的样本点画一个圆，规定这个圆的半径以及圆内最少包含的样本点，如果在指定半径内有足够多的样本点在内，那么这个圆圈的圆心就转移到这个内部样本点，继续去圈附近其他的样本点。等到这个移动的圆圈发现所圈住的样本点数量少于预先指定的值，就停止了。我们称最开始那个点为核心点，如 A，停下来的那个点为边界点，如 B、C，没被圈到的那个点为离群点，如 N。①

2. 具体步骤

（1）首先确定半径 r 和 minPts，从一个没有被访问过的任意数据点开始，查看在以这个点为中心、r 为半径的圆内包含的点的数量是否大于或等于 minPts，如果大于或等于 minPts，则该点被标记为中心点（Central Point），反之则会被标记为噪声点（Noise Point）。

（2）重复（1）的步骤，如果一个噪声点存在于某个中心点为半径的圆内，则这个点被标记为边缘点，反之仍为噪声点。重复步骤（1），直到所有的点都被访问过。

3. 特点

- 优点：不需要知道簇的数量，能够处理环形、不规则形状等（如图 5-7 所示），弥补了 K-均值算法的缺陷。
- 缺点：需要确定半径 r 和 minPts。

图 5-7 环形或不规则形状点集

---

① 参考：https://blog.csdn.net/huacha__/article/details/81094891

5.3.5 高斯混合模型聚类算法

1. 基本概念

高斯混合模型(Gaussian Mixture Model,GMM)是聚类算法的一种,它相比较 5.3.2 节描述的 K-均值算法的最大优点是能对如图 5-7 所示的图形作出正确的判断。

K-均值算法是确切给出每个样本被分配到某一个簇,称为硬分配;而高斯混合模型则是给出每个样本被分配到每个簇的概率,最后从中选取一个最大的概率对应的簇作为该样本被分配到的簇,称为软分配。

使用高斯混合模型做聚类首先假设数据点是呈高斯分布的,相比于 K-均值算法假设数据点是圆形的,高斯分布(椭圆形)给出了更多的可能性。有两个参数用来描述簇的形状:均值和标准差。所以这些簇可以采取任何形状的椭圆形,因为在 x,y 方向上都有标准差。因此,每个高斯分布被分配给单个簇。

2. 具体步骤

(1) 选择簇的数量(与 K-均值算法类似)并随机初始化每个簇的高斯分布参数(均值和标准差)。也可以先观察数据给出一个相对精确的均值和标准差。

(2) 给定每个簇的高斯分布,计算每个数据点属于每个簇的概率。一个点越靠近高斯分布的中心就越可能属于该簇。

(3) 基于这些概率来计算高斯分布参数,使得数据点的概率最大化,可以使用数据点概率的加权来计算这些新的参数,权重就是数据点属于该簇的概率。

(4) 重复步骤(2)~(3)直到结果变化不大。

3. 特点

(1) 高斯混合模型聚类算法使用均值和标准差,簇可以呈现出椭圆形而不是仅仅限制于圆形。K-均值聚类算法是高斯混合模型聚类算法的一个特殊情况,是方差在所有维度上都接近于 0 时簇就会呈现出圆形。

(2) 高斯混合模型聚类算法是使用概率,所以一个数据点可以属于多个簇。例如数据点 X 可以有 20%的概率属于 A 簇,80%的概率属于 B 簇。也就是说高斯混合模型聚类算法可以支持混合资格。

5.3.6 层次聚类算法

层次聚类算法分为两类:凝聚法和分裂法。

1. 凝聚法

1) 基本概念

凝聚层次聚类(Hierarchical Agglomerative Clustering,HAC)是自下而上的一种聚类算法。凝聚层次聚类首先将每个数据点视为一个单一的簇,然后计算所有簇之间的距离来合并簇,直到所有的簇聚合成为一个簇为止。

图 5-8 所示为凝聚层次聚类的一个实例。

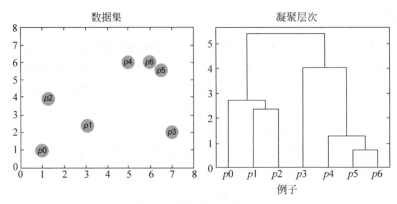

图 5-8 凝聚层次聚类实例

2) 具体步骤

凝聚层次聚类算法的具体步骤如下所示。

(1) 首先将每个数据点视为一个单一的簇。

(2) 计算两两类簇之间的距离,找到距离最小的两个类簇 $c1$ 和 $c2$。

(3) 合并类簇 $c1$ 和 $c2$ 为一个类簇。

(4) 重复步骤(2)~(3)直到所有的数据点合并完成,或者达到终止条件。

其中簇间距离的计算方法有以下几种。

(1) 取两个类中距离最近的两个样本的距离作为这两个集合的距离,也就是说,最近两个样本之间的距离越小,这两个类之间的相似度就越大。

(2) 取两个集合中距离最远的两个点的距离作为两个集合的距离。

(3) 把两个集合中点的两两距离全部放在一起求平均值,相对也能得到合适一些的结果。

(4) 取两两距离的中值,与取均值相比更加能够解除个别偏离样本对结果的干扰。

(5) 把两个集合中点的两两距离全部放在一起求和,然后除以两个集合中的元素个数。

(6) 求每个集合的中心点(即将集合中所有元素的对应维度相加然后再除以元素个数得到的一个向量),然后用中心点代替集合再去求集合间的距离。

3) 特点

- 优点:①不需要知道有多少个簇。②对于距离度量标准的选择并不敏感。
- 缺点:效率低。

4) 实例

举个例子:在平面上有 6 个点:$p0(1,1)$,$p1(1,2)$,$p2(2,2)$,$p3(4,4)$,$p4(4,5)$,$p5(5,6)$,对这 6 个点进行聚类,步骤如下。

(1) 首先将所有的样本看作是一个类簇,这样可以得到初始的类簇有 6 个,分别为 $c1(p0)$,$c2(p1)$,$c3(p2)$,$c4(p3)$,$c5(p4)$,$c6(p5)$。

(2) 计算两两类簇间的最小距离。

(3) 合并具有最小簇间距离的类簇 $c1$ 和 $c2$，得到新的聚类结果 $c1(p0,p1)$，$c3(p2),c4(p3),c5(p4),c6(p5)$。

(4) 若是要求聚成 5 个类别的话，到这里就可以结束了。但是如果设定了一个阈值 f，要求若存在距离小于阈值 f 的两个类簇时则将两个类簇合并并且继续迭代，则需回到步骤(2)继续迭代从而得到新的聚类结果。

2. 分裂法

1) 基本概念

分裂法[①]指的是初始时将所有的样本归为一个类簇，然后依据某种准则进行逐渐的分裂，直到达到某种条件或者达到设定的分类数目。

2) 具体步骤

分裂法的具体步骤如下：

(1) 将样本集中所有的样本归为一个类簇。

(2) 在同一个类簇(记为 c)中计算两两样本之间的距离，找出距离最远的两个样本 a,b。

(3) 将样本 a、b 分配到不同的类簇 $c1$ 和 $c2$ 中。

(4) 计算原类簇(c)中剩余的其他样本点和 a、b 的距离，若是 $\text{dis}(a)<\text{dis}(b)$，则将样本点归到 $c1$ 中，否则归到 $c2$ 中。

(5) 重复步骤(2)~(4)，直到聚类的数目没有变化或者达到设定的循环次数。

3) 特点

- 优点：①距离和规则的相似度容易定义，计算限制较少；②无须预定类的数量且可以发现类的层次关系。
- 缺点：算法很可能聚类成链状。

4) 实例

在平面上有 6 个点：$p0(1,1),p1(1,2),p2(2,2),p3(4,4),p4(4,5),p5(5,6)$，对这 6 个点进行聚类，步骤如下。

(1) 将所有的点归为一个类簇 $c(p0,p1,p2,p3,p4,p5)$。

(2) 在类簇 c 中计算它们的距离(简单的欧式距离)可以得到如表 5-11 所示的结果。

表 5-11　类簇距离计算结果

dis	$p0$	$p1$	$p2$	$p3$	$p4$	$p5$
$p0$	0	1	sqrt(2)	sqrt(18)	5	sqrt(41)
$p1$	1	0	1	sqrt(13)	sqrt(18)	sqrt(32)
$p2$	sqrt(2)	1	0	sqrt(8)	sqrt(13)	5
$p3$	sqrt(18)	sqrt(13)	sqrt(8)	0	1	sqrt(5)
$p4$	5	sqrt(18)	sqrt(13)	1	0	sqrt(2)
$p5$	sqrt(41)	sqrt(32)	5	sqrt(5)	sqrt(2)	0

① 参考：https://blog.csdn.net/u012500237/article/details/65437525

由表 5-11 可以看出距离最远的两个点为 $p0$ 和 $p5$。

(3) 将 $p0$ 分配到类簇 $c1$,将 $p5$ 分配到类簇 $c2$。

(4) 查表可以看出,剩余的点中 $p1$ 和 $p2$ 与 $p0$ 的距离小,所以将它们两个归到类簇 $c1$ 中;$p3$ 和 $p4$ 与 $p5$ 的距离小,所以将它们两个归到类簇 $c2$ 中。这样就得到了新的聚类,结果 $c1=(p1,p2,p3),c2=(p3,p4,p5)$。

(5) 若是只要求聚类成两个,则这个聚类到此结束,最终聚类结果是 $(p1,p2,p3)$ 和 $(p3,p4,p5)$。若要求同一个类中,最大样本距离不大于 sqrt(2),那么上述的分类结果没有达到要求,则需要返回到步骤(2)继续聚类,因为 $c1$ 中样本的距离都不大于 sqrt(2),所以不需要再分了;而类簇 $c2$ 中的 $\mathrm{dis}(p3,p5)=\mathrm{sqrt}(5)>\mathrm{sqrt}(2)$,还需要继续分,$c2$ 最后分聚类成两个类 $(p3,p4)$ 和 $(p5)$,这样最终得到了三个类簇 $(p1,p2,p3)$、$(p3,p4)$ 和 $(p5)$。

5.3.7 图团体检测算法

1. 基本概念

当样本以及样本之间的关系可以被表示为一个网络或图(Graph)时,可能存在这样的需求:想找出网络中联系比较"紧密"的样本。举个例子,在社交网站中,用户以及用户之间的好友关系可以表示成如图 5-9 所示的无向图,图中的顶点表示每个用户,顶点之间的边表示用户是否为好友关系。

这个例子涉及的数量规模比较小,直观上可以看出 a、b、e、f 之间的关系比较密切,c、d、g、h 之间的关系比较密切,而这两个集合之间的关系就不那么密切了。但在更大的数据上就不太容易人工找出这些关系密切的集合了,那么如何通过算法把我们的用户按照关系的密切程度划分成一个个集合呢?这就是图团体检测(Graph Community Detection)算法要完成的工作。

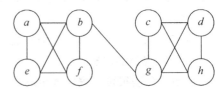

图 5-9 用户好友关系

图团体通常被定义为一种顶点(Vertice)的子集,每个子集中的顶点相对于网络的其他顶点来说要连接得更加紧密。

2. 具体步骤

(1) 首先初始分配每个顶点到其自己的团体,然后计算整个网络的模块性 M。要求每个团体对(Community Pair)至少被一条单边链接,如果有两个团体融合到了一起,该算法就计算由此造成的模块性改变 ΔM。

(2) 取 ΔM 出现了最大增长的团体对,然后融合,为这个聚类计算新的模块性 M,并记录下来。

(3) 重复步骤(1)和(2)——每次都融合团体对,这样最后得到 ΔM 的最大增益,然后记录新的聚类模式及其相应的模块性分数 M。

3. 特点

图团体检测是限制图论中一个热门的研究领域,这类算法在大部分结构化数据所显示的网络、网状数据都有非常好的性能。缺点是可能会忽略一些小的集群,且只适用于结构化的图模型。

4. 实例

将图 5-9 的社会网络中的顶点进行图团体检测算法,即把顶点按照关系的密切程度划分成一个个集合。

首先,将图 5-9 的图转换为如表 5-12 所示的邻接矩阵的形式。

表 5-12 用户好友关系邻接矩阵

—	a	b	c	d	e	f	g	h
a	0	1	0	0	1	1	0	0
b	1	0	0	0	1	1	1	0
c	0	0	0	1	0	0	1	1
d	0	0	1	0	0	0	1	1
e	1	1	0	0	0	1	0	0
f	1	1	0	0	1	0	0	0
g	0	1	1	1	0	0	0	1
h	0	0	1	1	0	0	1	0

在表 5-12 中,1 表示两用户是好友关系,0 则表示不是好友关系。

顶点的度(Degree):表示有多少个顶点与其相连,通常标记为 k。

模块性(Modularity):定义为如下公式,它是衡量图团体划分质量的一种标准,划分得越好,M 的值越大。

$$M = \frac{1}{2L} \sum_{i,j=1}^{N} \left(A_{ij} - \frac{k_i k_j}{2L} \right) \delta(c_i, c_j) \quad (5-26)$$

其中:L 表示图包含的边的数量;N 表示顶点数量;k_i 表示顶点 i 的度,A_{ij} 的值为邻接矩阵中的值;c_i 表示顶点 i 的聚类,δ 则是克罗内克函数(Kronecker-delta Function)。函数的逻辑很简单,两个参数相等则返回 1,不等则返回 0。所以如果顶点 i、j 属于同一聚类,则 $\delta(c_i, c_j)$ 返回 1,不属于同一聚类则 $\delta(c_i, c_j)$ 返回 0。

k_i、k_j 表示顶点 i、j 的度,那么 $k_i k_j / 2L$ 表示当该网络是随机分配时顶点 i 和 j 之间的预期边数。当 k_i、k_j 都比较大时,连接顶点 i、j 的边出现的概率就越大;k_i、k_j 任何一个比较小时,或者都小时,连接顶点 i、j 的边出现的概率就越小。

$A_{ij} - k_i k_j / 2L$ 就表示了网络的真实结构和随机组合时预期结构之间的差。研究它的值可以发现,当 $A_{ij} = 1$ 且 $k_i k_j / 2L$ 很小时,其返回的值最高。这意味着,当在顶点 i 和 j 之间存在连接,但是 i、j 之间存在连接的预期又比较小时,得到的值更高。再有,如果把这样的两个顶点分到一个聚类,则能提高网络的模块性,如果分在不同的网络,则并不能提高网络的模块性。

首先把用户随机地划分成两类 a、d、f、g 为一类，b、c、e、h 为另一类，如图 5-10 所示。然后计算这种划分方式下网络的模块性。按照公式，首先计算求和项，计算出每对顶点对模块性的贡献值。根据 δ 函数可知不同类顶点对的贡献值是 0，因此只需要计算同一类的顶点对，结果如表 5-13 所示。

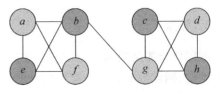

图 5-10　将用户随机分为两类

表 5-13　第一次求和项计算结果

—	$a(3)$	$b(4)$	$c(3)$	$d(3)$	$e(3)$	$f(3)$	$g(4)$	$h(3)$
$a(3)$	0	0	0	$0-3\times3/26$ $=-0.35$	0	$1-3\times3/26$ $=0.65$	$0-3\times4/26$ $=-0.46$	0
$b(4)$	0	0	$0-3\times4/26$ $=-0.46$	0	$1-3\times4/26$ $=0.54$	0	0	$0-3\times4/26$ $=-0.46$
$c(3)$	0	$0-3\times4/26$ $=-0.46$	0	0	$0-3\times3/26$ $=-0.35$	0	0	$1-3\times3/26$ $=0.65$
$d(3)$	$0-3\times3/26$ $=-0.35$	0	0	0	0	$0-3\times3/26$ $=-0.35$	$1-3\times4/26$ $=0.54$	0
$e(3)$	0	$1-3\times4/26$ $=0.54$	$0-3\times3/26$ $=-0.35$	0	0	0	0	$0-3\times3/26$ $=-0.35$
$f(3)$	$1-3\times3/26$ $=0.65$	0	0	$0-3\times3/26$ $=-0.35$	0	0	$0-3\times4/26$ $=-0.46$	0
$g(4)$	$0-3\times4/26$ $=-0.46$	0	0	$1-3\times4/26$ $=0.54$	0	$0-3\times4/26$ $=-0.46$	0	0
$h(3)$	0	$0-3\times4/26$ $=-0.46$	$1-3\times3/26$ $=0.65$	0	$0-3\times3/26$ $=-0.35$	0	0	0

对矩阵内所有元素求和，除以 $2L$ 得到模块性值：

$$M = -1.306/2L = -1.306/26 = -0.05$$

然后按照观察的结果，根据联系是否密切来划分，得到如图 5-11 所示的结果。

再次计算求和项，结果如表 5-14 所示。

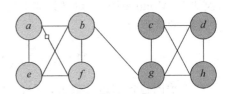

图 5-11　聚类一次后结果

表 5-14　第二次求和项计算结果

—	$a(3)$	$b(4)$	$c(3)$	$d(3)$	$e(3)$	$f(3)$	$g(4)$	$h(3)$
$a(3)$	0	0.54	0	0	0.65	0.65	0	0
$b(4)$	0.54	0	0	0	0.54	0.54	0	0
$c(3)$	0	0	0	0.54	0	0	0.54	0.65
$d(3)$	0	0	0.54	0	0	0	0.54	0.65
$e(3)$	0.65	0.54	0	0	0	0.65	0	0
$f(3)$	0.65	0.54	0	0	0.65	0	0	0
$g(4)$	0	0	0.54	0.54	0	0	0	0.54
$h(3)$	0	0	0.65	0.65	0	0	0.54	0

计算得到模块性值为：
$$M = 12.22/2L = 12.22/26 = 0.47$$

归一化因子 $2L$ 将模块性的上限值设置成了 1。模块性接近或小于 0 表示该网络的当前聚类没有用处。模块性越高，该网络聚类成不同团体的程度就越好。通过使模块性最大化，可以找到聚类该网络的最佳方法。下面来分析如何找到一种聚类方式，使得网络的模块性最大。

首先想到的是遍历所有可能的聚类方式。组合学(Combinatorics)告诉我们，对于一个仅有 8 个顶点的网络，即存在 4140 种不同的聚类方式。16 个顶点的网络的聚类方式将超过 100 亿种。32 个顶点网络的可能聚类方式更是将超过 128 septillion(10^{24})种。如果网络有 80 个顶点，那么其可聚类方式的数量就已经超过了可观测宇宙中的原子数量。

有一种快速贪婪模块性最大化(Fast-Greedy Modularity-Maximization)的算法，这种算法在一定程度上类似于上面描述的层次聚类算法。只是这里并不根据距离来融合聚类，而是根据模块性的改变来对团体进行融合。

算法过程如下：

(1) 每个顶点独自构成一个聚类，然后计算整个网络的模块性 M。

(2) 尝试选择两个聚类融合到一起，计算由此造成的模块性改变 ΔM。

(3) 取 ΔM 出现了最大增长的两个聚类进行融合，然后为这个聚类计算新的模块性 M，并记录下来。

(4) 不断重复步骤(2)和(3)，每次都融合一对聚类，得到 ΔM 的最大增益，然后记录新的聚类模式及其相应的模块性 M。

这样，直到所有的顶点都被分组成了一个聚类时为止。该算法会检查这个聚类过程中的所有记录，然后找到其中返回了最高 M 值的聚类模式，这就是图团体检测算法得到的聚类结构。

5.4 习题

1. 简述聚类算法的实质是什么，常用的几种聚类算法分别适用于哪些场合。

2. 分别取 $k=2$ 和 3，利用 K-均值聚类算法对以下的点聚类：(2,1)、(1,2)、(2,2)、(3,2)、(2,3)、(3,3)、(2,4)、(3,5)、(4,4)、(5,3)，并讨论 k 值以及初始聚类中心对聚类结果的影响。

3. 根据表 5-15 中的数据判断属性的类型，比较 Cat 与其他 3 种动物的相似性。

表 5-15　第 3 题数据

	Small size	Big size	2 legs	4 legs	Hair	Mane	Feather	Hunt	Run	Fly
Owl	1	0	1	0	0	0	1	1	0	1
Cat	1	0	0	1	1	0	0	1	0	0
Tiger	0	1	0	1	1	0	0	1	1	0
Lion	0	1	0	1	1	1	0	1	1	0

4. 表 5-16 是机器学习数据库中鸢尾花的一个子集,其中属性 type 是花的类别,请利用 K-均值聚类算法将其聚为 3 类,并与真实类别进行比较。

表 5-16　第 4 题数据

sep_length	sep_width	pet_length	pet_width	type
5.7	2.9	4.2	1.3	Iris-versicolor
6.2	2.9	4.3	1.3	Iris-versicolor
5.7	2.8	4.1	1.3	Iris-versicolor
6.3	3.3	6.0	2.5	Iris-virginica
5.8	2.7	5.1	1.9	Iris-virginica
7.1	3.0	5.9	2.1	Iris-virginica
5.1	3.8	1.6	0.2	Iris-setosa
4.6	3.2	1.4	0.2	Iris-setosa
5.3	3.7	1.5	0.2	Iris-setosa

第 6 章

回归分析

【学习目标】

- 掌握回归分析的原理；
- 掌握一元线性回归模型的计算；
- 理解多元线性回归分析的原理；
- 理解逻辑回归。

回归分析（Regression Analysis）是确定两种或两种以上变量间相互依赖的定量关系的一种统计分析方法。按照自变量和因变量之间的关系类型，可分为线性回归分析和非线性回归分析；回归分析按照涉及变量的多少，分为一元回归分析和多元回归分析；按照因变量的多少，可分为简单回归分析和多重回归分析。

6.1 线性回归原理

如果在回归分析中，只包括一个自变量和一个因变量，且二者的关系可用一条直线近似表示，这种回归分析称为一元线性回归分析。如果回归分析中包括两个或两个以上的自变量，且自变量之间存在线性相关，则称为多重线性回归分析。

在大数据分析中，回归分析是一种预测性的建模技术，它研究的是因变量（目标）和自变量（预测器）之间的关系。这种技术通常用于预测分析、时间序列模型以及发现变量之间的因果关系。例如，司机的鲁莽驾驶与道路交通事故数量之间的关系，就可以使用回归分析。

回归技术的使用依赖于三个方面：自变量个数、因变量类型和回归线的形状。常用的回归算法有：线性回归（Linear Regression）、逻辑回归（Logistic Regression）、多项式回归(Polynomial Regression)、岭回归(Ridge Regression)、LASSO 回归(Least Absolute Shrinkage and Selection Operator Regression)、弹性网络回归(Elastic Net Estimators Regression)、逐步回归(Stepwise Regression)等。

1. 回归分析的主要内容

(1) 从一组数据出发,确定某些变量之间的定量关系式,即建立数学模型并估计其中的未知参数。估计参数的常用方法是最小二乘法。

(2) 对这些关系式的可信程度进行检验。

(3) 在许多自变量共同影响着一个因变量的关系中,判断哪个(或哪些)自变量的影响是显著的,哪些自变量的影响是不显著的,将影响显著的自变量加入模型中,而剔除影响不显著的变量,通常用逐步回归、向前回归和向后回归等方法。

(4) 利用所求的关系式对某一生产过程进行预测或控制。回归分析的应用范围非常广泛,统计软件包使各种回归方法的计算变得十分方便。

在回归分析中,把变量分为两类:一类是因变量,它们通常是实际问题中所关心的一类指标,通常用 y 表示;而影响因变量取值的另一类变量称为自变量,用 x 来表示。

2. 回归分析的一般步骤

回归分析的一般步骤如下。

1) 确定变量

明确预测的具体目标,也就确定了因变量。如预测具体目标是下一年度的销售量,那么销售量 y 就是因变量。通过市场调查和资料查阅,寻找与预测目标的相关影响因素,即自变量,并从中选出主要的影响因素。

2) 确定回归模型

根据函数拟合方式,通过观察散点图确定应通过哪种数学模型来概括回归线。如果被解释变量和解释变量之间存在线性关系,则应进行线性回归分析,建立线性回归模型;反之,如果被解释变量和解释变量之间存在非线性关系,则应进行非线性回归分析,建立非线性回归模型。

3) 确立回归方程

根据收集到的样本数据以及上一步所确定的回归模型,在一定的统计拟合准则下估计出模型中的各个参数,得到一个确定的回归方程。

4) 对回归方程进行各种检验

由于回归方程是在样本数据基础上得到的,回归方程是否真实地反映了事物总体间的统计关系以及回归方程能否用于预测等都需要进行检验。

5) 进行预测

利用回归方程计算预测值,并对预测值进行综合分析,确定最后的预测值。

6.1.1 一元线性回归模型

线性回归模型是通过对历史数据进行训练获得一个线性模型以尽可能准确地预测实

值 x 对应的 y 值。在这个模型中,因变量 y 是连续的,自变量 x 可以是连续或离散的。

在回归分析中,如果只包括一个自变量和一个因变量,且二者关系可用一条直线近似表示,称为一元线性回归分析;如果回归分析中包括两个或两个以上的自变量,且因变量和自变量是线性关系,则称为多元线性回归分析。对于二维空间来说,线性相关是一条直线;对于三维空间来说,线性相关是一个平面;对于多维空间来说,线性相关是一个超平面。

一元线性回归分析预测法,是根据自变量 x 和因变量 y 的相关关系,建立 x 与 y 的线性回归方程进行预测的方法。由于市场现象一般受多种因素的影响,而并不仅仅受一个因素的影响,所以应用一元线性回归分析预测法,必须对影响市场现象的多种因素做全面分析。只有当诸多的影响因素中,确实存在一个对因变量影响作用明显高于其他因素的变量,才能将它作为自变量,应用一元线性回归分析预测法对市场进行预测。

一元线性回归分析的特点如下:

(1)回归分析中,两个变量之间的关系是不对等的,因此必须根据研究目的,具体确定自变量与因变量。

(2)回归分析中的两个变量:自变量是给定的确定性变量,因变量是随机变量。

(3)在两个变量互为因果关系的情况下,可以有两个回归方程:y 依 x 变化的回归方程和 x 依 y 变化的回归方程。但是不同方程所说明的问题是不一样的。

一元线性回归分析法的预测模型为:

$$y_i = \beta_0 + \beta_1 x_i + u_i, \quad i = 1, 2, \cdots, n \tag{6-1}$$

式中:β_0、β_1——待估参数;

u_i——随机误差,是服从正态分布 $N(0, \sigma^2)$ 的随机变量,且独立。

线性回归方程为:

$$\hat{y} = b_0 + b_1 x$$

式中:$\hat{y}$——因变量的估计值;

x——自变量;

b_0——回归直线的截距,β_0 的估计值;

b_1——回归直线的斜率,为回归系数,它表示当 x 变动一个单位时,y 的平均变动量。β_1 的估计值。

如图 6-1 所示是回归方程与实际值之间的关系。

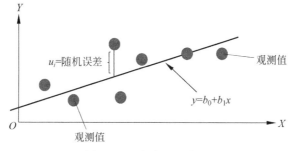

图 6-1 回归方程示意图

6.1.2 回归参数的计算

对于一元线性回归模型,假设从总体中获取了 n 组观察值 $(x_1,y_1),(x_2,y_2),\cdots,(x_n,y_n)$。对于平面中的这 n 个点,可以使用无数条曲线来拟合。要求样本回归函数尽可能好地拟合这组值。综合起来看,这条直线处于样本数据的中心位置最合理。选择最佳拟合曲线的标准可以确定为:使总的拟合误差(即总残差)达到最小。有以下三种途径可以选择。

(1) 用"残差和最小"确定直线位置。但计算"残差和"存在相互抵消的问题。

(2) 用"残差绝对值和最小"确定直线位置。但绝对值的计算比较麻烦。

(3) 用最小二乘法的原则,即以"残差平方和最小"确定直线位置。用最小二乘法除了计算比较方便外,得到的估计量还具有优良特性。这种方法对异常值非常敏感。

最常用的是普通最小二乘法(Ordinary Least Square,OLS):所选择的回归模型应该使所有观察值的残差平方和达到最小。Q 为残差平方和:

$$Q = \sum_{i=0}^{n}(y_i - x_i b_1 - b_0)^2$$

根据最小二乘法:

$$\begin{cases} \sum_{i=1}^{n} y_i = n b_0 + b_1 \sum_{i=1}^{n} x_i \\ \sum_{i=1}^{n} x_i y_i = b_0 \sum_{i=1}^{n} x_i + b_1 \sum_{i=1}^{n} x_i^2 \end{cases}$$

解此方程组,则得参数 β_0、β_1 的估计值 b_0、b_1:

$$\begin{cases} b_1 = \dfrac{\sum_{i=1}^{n}(x_i - \bar{x})(y_i - \bar{y})}{\sum_{i=1}^{n}(x_i - \bar{x})^2} = \dfrac{n \sum_{i=1}^{n} x_i y_i - \sum_{i=1}^{n} x_i \sum_{i=1}^{n} y_i}{n \sum_{i=1}^{n} x_i^2 - (\sum_{i=1}^{n} x_i)^2} \\ b_0 = \dfrac{\sum_{i=1}^{n} y_i}{n} - b_1 \dfrac{\sum_{i=1}^{n} x_i}{n} = \bar{y} - b_1 \bar{x} \end{cases} \tag{6-2}$$

6.1.3 回归方程的统计检验

根据式(6-2)得到线性模型,需要对模型进行检验以确定模型的可用性。

1. 离差平方和的分解

总的离差平方和的分解公式为:

$$\sum_{i=1}^{n}(y_i - \bar{y})^2 = \sum_{i=1}^{n}(\hat{y}_i - \bar{y})^2 + \sum_{i=1}^{n}(y_i - \hat{y}_i)^2 \tag{6-3}$$

即为:总离差平方和=回归平方和+剩余平方和。

即为:SST=SSR+SSE。

通过对总的离差平方和的分解,解释了影响它的各项主要因素及其影响程度。对分解后得到的回归平方和与剩余平方和,则可以进一步测定可决系数、相关系数等指标,并进一步通过方差分析对回归方程进行检验。

2. 拟合优度检验(r 检验)

定义可决系数为:
$$r^2 = \frac{\text{SSR}}{\text{SST}} = 1 - \frac{\text{SSE}}{\text{SST}}$$

即

$$r^2 = \frac{\sum_{i=1}^{n}(\hat{y}_i - \bar{y})^2}{\sum_{i=1}^{n}(y_i - \bar{y})^2} = 1 - \frac{\sum_{i=1}^{n}(y_i - \hat{y})^2}{\sum_{i=1}^{n}(y_i - \bar{y})^2} \tag{6-4}$$

可决系数用来表示因变量受自变量影响的程度,即度量回归方程对观察值的拟合优度。如果拟合是完全的,即所有的观察值都在回归直线上,$y = \hat{y}$,SSE$= 0$,则 $r^2 = 1$;如果拟合不好,即自变量与因变量完全无关时,回归方程是 y 的平均数,即 $\bar{y} = \hat{y}$,SSE$=$SST,$r^2 = 0$;如果观察值不是全部位于回归直线上,SSE/SST> 0,则 $r^2 < 1$,由此可见,可决系数的取值范围为 $0 \leqslant r^2 \leqslant 1$。

可决系数按定义公式计算比较烦琐,它和相关系数有如下关系:$r = \sqrt{r^2}$。在已经计算相关系数 r 的情况下,可以容易获得可决系数的值。只有相关系数的绝对值大到一定程度时,才认为 x 与 y 之间的线性相关关系显著,回归方程才有意义,因此有必要对相关系数进行显著性检验。r 检验的步骤如下:

(1) 根据公式计算相关系数 r。
(2) 根据给定的显著性水平 α,查找相关系数检验表,得临界值 $r_a(n-2)$。
(3) 判别:若 $|r| > r_a(n-2)$,表明 x 与 y 线性相关关系显著,检验通过;反之,表明 x 与 y 线性相关关系不显著。

3. F 检验

回归分析中的显著性检验包括两方面的内容:一是对整个回归方程的显著性检验,它是在方差分析的基础上采用 F 检验;二是对各回归系数的显著性检验,它是采用 t 检验。

F 检验的目的是检验已建立的回归方程是否具有显著性,即检验假设 $H_0: \beta_1 = 0$ 是否成立。F 统计量为:

$$F = \frac{\sum_{i=1}^{n}(\hat{y}_i - \bar{y})^2}{\sum_{i=1}^{n}(y_i - \hat{y})^2}(n-2) = \frac{r^2}{1 - r^2}(n-2) \tag{6-5}$$

F 检验的步骤是:

(1) 提出假设 $H_0:\beta_1=0, H_1:\beta_1=0$。
(2) 计算 F 值。
(3) 根据给定的显著性水平 α，查 F 分布表，得临界值 $F_\alpha(1,n-2)$。
(4) 判别：若 $F>F_\alpha(1,n-2)$，则拒绝假设 $H_0:\beta_1=0$，认为 x 与 y 之间存在着显著的线性关系，即回归方程显著；反之，接受 $H_0:\beta_1=0$，则认为 x 与 y 之间不存在线性关系，即回归方程不显著。

4. t 检验

t 检验是检验自变量对因变量是否具有显著的线性关系，即检验假设 $H_0:\beta_1=0$，$H_0:\beta_0=0$ 是否成立。在小样本时，可运用 t 检验，t 统计量为：

$$t_{b_j}=\frac{b_j}{S_{b_j}} \quad (j=0,1) \tag{6-6}$$

其中：S_{b_j} 是 $b_j(j=0,1)$ 的标准差，其计算公式为

$$S_{b_0}=\sqrt{\frac{S_{yx}^2\sum_{i=1}^{n}x_i^2}{n\sum_{i=1}^{n}(x_i-\bar{x})^2}} \quad S_{b_1}=\sqrt{\frac{S_{yx}^2}{\sum_{i=1}^{n}(x_i-\bar{x})^2}} \tag{6-7}$$

虽然可以检验 b_0 在给定的显著性水平上是否为零，但意义不大，因为 b_0 只不过是截距，所以，只对 b_1 做检验。

t 检验的步骤为：
(1) 提出假设 $H_0:\beta_1=0, H_1:\beta_1\neq 0$。
(2) 计算 t 值。
(3) 根据给定的显著性水平 α，查 t 分布表，得临界值 $t_{\alpha/2}(n-2)$。
(4) 比较：若 $t_{b_j}>t_{\alpha/2}(n-2)$，拒绝 H_0 假设，说明 x 与 y 之间存在着线性关系；反之，接受 H_0 则认为 x 与 y 之间不存在着线性关系。

事实上，在一元线性回归中，自变量只有一个，r 检验、F 检验、t 检验是等价的。从 F 值与 t 值的计算公式中可以看到，它们都与 r 有关，且 $t=\sqrt{F}$。但在多元回归分析中，F 检验和 t 检验有着不同的意义。

如果回归方程没有通过上述检验，其原因可能有以下几种，需要进一步查清，并加以处理。
(1) 影响变量 y 的除变量 x 外还有其他不可忽略的因素。
(2) 变量 y 与变量 x 的关系不是线性的，即可能是曲线关系。
(3) 变量 y 与变量 x 没有关系。

6.1.4 一元线性回归方程的预测

对一元线性回归方程的检验通过后，说明其回归方程是可信的，那就要利用回归方程进行预测。然而，预测目的的实际值 y 总会同预测值 $\hat{y}$ 产生或大或小的偏差，所以不仅要

计算预测值,还应该知道实际值可能偏离预测值的范围,并要知道这个范围包含着预测目标实际值的可靠程度。

当 $n<30$ 为小样本时:

$$t = \frac{y_0 - \hat{y}}{S_{yx}\sqrt{1 + \frac{1}{n} + \frac{(x_0 - \bar{x})^2}{\sum_{i=1}^{n}(x_i - \bar{x})^2}}} \tag{6-8}$$

为服从自由度为 $(n-2)$ 的 t 分布。

故 y_0 的置信度为 $(1-\alpha)$ 的置信区间为:

$$\hat{y}_0 - t_{\alpha/2}(n-2)S_{yx}\sqrt{1 + \frac{1}{n} + \frac{(x_0 - \bar{x})^2}{\sum_{i=1}^{n}(x_i - \bar{x})^2}} \leqslant y_0 \leqslant$$

$$\hat{y}_0 + t_{\alpha/2}(n-2)S_{yx}\sqrt{1 + \frac{1}{n} + \frac{(x_0 - \bar{x})^2}{\sum_{i=1}^{n}(x_i - \bar{x})^2}} \tag{6-9}$$

当 $n \geqslant 30$ 为大样本时,则有:

$$Z = \frac{y_0 - \hat{y}_0}{S_{yx}\sqrt{1 + \frac{1}{n} + \frac{(x_0 - \bar{x})^2}{\sum_{i=1}^{n}(x_i - \bar{x})^2}}} \tag{6-10}$$

故 y_0 的置信度为 $(1-\alpha)$ 的置信区间为:

$$\hat{y}_0 - Z_{\alpha/2}(n-2)S_{yx}\sqrt{1 + \frac{1}{n} + \frac{(x_0 - \bar{x})^2}{\sum_{i=1}^{n}(x_i - \bar{x})^2}} \leqslant y_0 \leqslant$$

$$\hat{y}_0 + Z_{\alpha/2}(n-2)S_{yx}\sqrt{1 + \frac{1}{n} + \frac{(x_0 - \bar{x})^2}{\sum_{i=1}^{n}(x_i - \bar{x})^2}} \tag{6-11}$$

根据上面所述,用回归方程预测时,其精度与 $\bar{x}$ 有关。x_0 靠近 $\bar{x}$ 时,精度就高,即估计区间较窄,远离 $\bar{x}$ 的精度就差,即估计区间宽些。

6.2 多元线性回归分析

在回归分析中,如果有两个或两个以上的自变量,就称为多元回归。事实上,一种现象常常是与多个因素相关联的,由多个自变量的最优组合共同来预测或估计因变量,比只用一个自变量进行预测或估计更有效,更符合实际。因此,多元线性回归比一元线性回归的实用意义更大。

多元线性回归的基本原理和基本计算过程与一元线性回归相同,但由于自变量个数多,计算相当麻烦,一般在实际中应用时都要借助统计软件。这里只介绍多元线性回归的一些基本问题。

为了便于理解多元线性回归分析的基本原理,先论述二元线性回归,然后推广到 m 元线性回归。

6.2.1 二元线性回归分析

1. 二元线性回归模型与回归方程

二元线性回归模型是用于分析两个自变量与一个因变量之间线性关系的数学方程。其数学模型为:

$$y_i = \beta_0 + \beta_1 x_{i1} + \beta_2 x_{i2} + u_i \tag{6-12}$$

同样,当给定一组因变量与自变量的统计数据时,可得出 y 与 x_1、x_2 的线性回归方程,即二元线性回归方程:

$$\hat{y} = b_0 + b_1 x_1 + b_2 x_2 \tag{6-13}$$

其中,$\hat{y}$ 表示因变量的估计值;x_1,x_2 表示自变量;b_0 表示常数项,β_0 的估计值;b_1 表示 y 对 x_1 的回归系数,表示当 x_2 固定时,x_1 变动一个单位,引起 y 的平均变动量,β_1 的估计值;b_2 表示 y 对 x_2 的回归系数,表示当 x_1 固定时,x_2 变动一个单位,引起 y 的平均变动量,β_2 的估计值。根据最小二乘法,有:

$$\begin{cases} \sum_{i=1}^{n} y_i = nb_0 + b_1 \sum_{i=1}^{n} x_{i1} + b_2 \sum_{i=1}^{n} x_{i2} \\ \sum_{i=1}^{n} x_{i1} y_i = b_0 \sum_{i=1}^{n} x_{i1} + b_1 \sum_{i=1}^{n} x_{i1}^2 + b_2 \sum_{i=1}^{n} x_{i1} x_{i2} \\ \sum_{i=1}^{n} x_{i2} y_i = b_0 \sum_{i=1}^{n} x_{i2} + b_1 \sum_{i=1}^{n} x_{i1} x_{i2} + b_2 \sum_{i=1}^{n} x_{i2}^2 \end{cases} \tag{6-14}$$

通过整理,为了表述方便,我们令:

$$L_{11} = \sum_{i=1}^{n}(x_{i1} - \bar{x}_{i1})^2 = \sum_{i=1}^{n} x_{i1}^2 - \frac{1}{n}\left(\sum_{i=1}^{n} x_{i1}\right)^2$$

$$L_{12} = L_{21} = \sum_{i=1}^{n}(x_{i1} - \bar{x}_{i1})(x_{i2} - \bar{x}_{i2}) = \sum_{i=1}^{n} x_{i1} x_{i2} - \frac{1}{n} \sum_{i=1}^{n} x_{i1} \sum_{i=1}^{n} x_{i2}$$

$$L_{22} = \sum_{i=1}^{n}(x_{i2} - \bar{x}_{i2})^2 = \sum_{i=1}^{n} x_{i2}^2 - \frac{1}{n}\left(\sum_{i=1}^{n} x_{i2}\right)^2$$

$$L_{10} = \sum_{i=1}^{n}(x_{i1} - \bar{x}_{i1})(y_i - \bar{y}) = \sum_{i=1}^{n} x_{i1} y_i - \frac{1}{n} \sum_{i=1}^{n} x_{i1} \sum_{i=1}^{n} y_i$$

$$L_{20} = \sum_{i=1}^{n}(x_{i2} - \bar{x}_{i2})(y_i - \bar{y}) = \sum_{i=1}^{n} x_{i2} y_i - \frac{1}{n} \sum_{i=1}^{n} x_{i2} \sum_{i=1}^{n} y_i$$

则有

$$\begin{cases} L_{10} = L_{11}b_1 + L_{12}b_2 \\ L_{20} = L_{21}b_1 + L_{22}b_2 \end{cases}$$

由此方程组可得估计值的计算公式：

$$b_1 = \frac{L_{10}L_{22} - L_{20}L_{12}}{L_{11}L_{22} - L_{12}^2} \tag{6-15}$$

$$b_2 = \frac{L_{20}L_{11} - L_{10}L_{21}}{L_{11}L_{22} - L_{12}^2} \tag{6-16}$$

$$b_0 = \bar{y} - b_1\bar{x}_1 - b_2\bar{x}_2 \tag{6-17}$$

再将 b_0、b_1、b_2 的计算值代入式(6-13)，便得所求的二元线性回归方程。

2. 二元线性回归方程的检验

二元线性回归方程是在因变量与两个自变量之间存在线性关系的假定下推导出来的。为了检验这一假定是否正确，需要对二元线性回归方程进行检验。常用的检验方法有 r 检验、F 检验与 t 检验。

如表6-1所示的是多元线性回归分析的方差分析表。表中 m 为自变量的个数，二元回归的 m 为 2。

表 6-1　多元线性回归方差分析表

离差来源	离差平方和	自由度	方差
回归	$\sum_{i=1}^{n}(\hat{y}-\bar{y})^2$	m	$\left[\sum_{i=1}^{n}(\hat{y}-\bar{y})^2\right]/m$
剩余	$\sum_{i=1}^{n}(y_i-\hat{y})^2$	$n-m-1$	$\left[\sum_{i=1}^{n}(y_i-\hat{y})^2\right]/(n-m-1)$
总计	$\sum_{i=1}^{n}(y_i-\hat{y})^2$	$n-1$	—

1) r 检验

与一元线性回归相类似，有：

$$\sum_{i=1}^{n}(y_i-\bar{y})^2 = \sum_{i=1}^{n}(\hat{y}_i-\bar{y})^2 + \sum_{i=1}^{n}(y_i-\hat{y}_i)^2$$

$$\text{SST} = \text{SSR} + \text{SSE}$$

$$r^2 = \frac{\text{SSR}}{\text{SST}} = 1 - \frac{\text{SSE}}{\text{SST}}$$

$$r^2 = \frac{\sum_{i=1}^{n}(\hat{y}-\bar{y})^2}{\sum_{i=1}^{n}(y_i-\bar{y})^2} = 1 - \frac{\sum_{i=1}^{n}(y_i-\hat{y}_i)^2}{\sum_{i=1}^{n}(y_i-\bar{y})^2} \tag{6-18}$$

r^2 称为复可决系数。从复可决系数的计算公式可以看出,r^2 是自变量个数的不减函数,也就是说,增加自变量的个数,即使增加的这个自变量在统计上并不显著,r^2 也会随之递增。因此,单纯为了使 r^2 值提高而随意增加方程中自变量的个数,其结果不能如实反映回归方程的拟合度。因此,不能仅用 r^2 作为评价方程优劣程度的标准,而应考虑有关自由度对 r^2 进行修正,计算修正的复可决系数 $\overline{r^2}$:

$$\overline{r^2} = 1 - (1 - r^2) \cdot \frac{n-1}{n-m-1} \tag{6-19}$$

$\overline{r^2}$ 由于考虑了自由度,这就使得 $\overline{r^2}$ 的值永远小于 r^2,而且 $\overline{r^2}$ 的值不会由于方程中自变量个数增加而越来越接近于1。因此,通常多用 $\overline{r^2}$。

复可决系数的平方根 r 为复相关系数,其计算公式为:

$$r = \sqrt{1 - \frac{\sum_{i=1}^{n}(y_i - \hat{y})^2}{\sum_{i=1}^{n}(y_i - \bar{y})^2}} \tag{6-20}$$

r^2 在这里说明两个自变量 x_1、x_2 对因变量 y 的影响程度;r 则描述自变量 x_1、x_2 与因变量 y 之间的相关程度。

尽管计算多元线性回归复可决系数和复相关系数与一元线性回归可决系数和相关系数计算公式相同,但是,在这里它们所体现的是两个自变量(作为一个整体)对因变量变化的影响程度及其与因变量的相关系数。需要说明的是,复相关系数的取值范围为 $0 \leqslant r \leqslant 1$,这是因为当模型中的自变量个数为两个或两个以上时,自变量的回归系数符号可能不同,有正有负,难以确定 r 的符号。因此,复相关系数不能说明 y 与多个自变量之间的线性相关方向,仅说明它们之间的线性相关程度。

2) F 检验

F 检验是用来判断 β_1、β_2 是否皆为0,即检验假设 $H_0:\beta_1=\beta_2=0$ 是否成立,F 统计量是回归方差与剩余方差之比,即:

$$F = \frac{\left[\sum_{i=1}^{n}(\hat{y}_i - \bar{y})^2\right]/m}{\left[\sum_{i=1}^{n}(y_i - \hat{y}_i)^2\right]/(n-m-1)} = \frac{r^2}{1-r^2} \cdot \frac{n-m-1}{m} \tag{6-21}$$

其中,n 表示样本容量;m 表示自变量的个数;F 表示自由度为 $(m, n-m-1)$ 的 F 变量。

按给定的显著性水平 α 查 F 分布表,若 $F > F_\alpha(m, n-m-1)$,拒绝 H_0 假设,认为自变量 x_1、x_2 与因变量 y 的线性统计关系显著;反之,则接受 H_0 假设,说明两个自变量与因变量线性统计关系不显著。

3) t 检验

F 检验只能说明 β_1、β_2 不全为0,也就是说,自变量 x_1 和 x_2 足够用以说明因变量 y 的变化。但是 F 检验并不能说明 β_1、β_2 两者之中是否有一个为0,如果有估计参数为0的自变量出现,则应从方程式中删除,并重新建立因变量与其余自变量间的回归方程。这

一问题则需要依靠 t 检验来解决。t 检验是建立假设：$H_0:\beta_1=0,\beta_2=0$。t 统计量为：

$$t_{b_i} = \frac{b_j}{S_{b_j}} \quad (j=1,2,\cdots,m) \tag{6-22}$$

其中，b_j 为回归方程中的回归系数，对于二元线性回归方程，则为 b_1、b_2；S_{b_j} 为 b_j 的标准差。t 统计量服从自由度为 $n-m-1$ 的 t 分布。S_{b_1}、S_{b_2} 的计算公式为：

$$S_{b_1} = \sqrt{\frac{S_{y(x_1,x_2)}^2}{L_{11}(1-r_{12}^2)}} \tag{6-23}$$

$$S_{b_2} = \sqrt{\frac{S_{y(x_1,x_2)}^2}{L_{22}(1-r_{12}^2)}} \tag{6-24}$$

其中：$S_{y(x_1,x_2)}^2$ 为剩余方差；r_{12} 为 x_1,x_2 的简单相关系数。

3. 二元线性回归方程的预测

与一元线性回归分析法类似，只是预测区间公式较为复杂，在实际中通常用简化的公式估计预测对象 y_0 的置信度为 $1-\alpha$ 的置信区间：

$$\hat{y}_0 - t_{\alpha/2}(n-m-1)S_{y(x_1,x_2)} \leqslant y_0 \leqslant \hat{y}_0 + t_{\alpha/2}(n-m-1)S_{y(x_1,x_2)} \tag{6-25}$$

6.2.2 m 元线性回归分析

根据二元线性回归法，可以很容易推广到三元回归、四元回归，其分析方法基本上是相同的，所不同的是增加了自变量的个数。但是也要看到，二元线性回归方程的计算及检验，用手工计算还是可以的。如果自变量增加到三元、四元，用手工计算就困难了，通常需要借助工具，这时用矩阵形式表示比较简便。

1. m 元线性回归模型和回归方程

多元线性回归的数学模型用矩阵可以表示为：

$$\boldsymbol{Y} = \boldsymbol{X}\boldsymbol{B} + \boldsymbol{U} \tag{6-26}$$

$$\boldsymbol{Y}_{n\times 1} = \begin{bmatrix} y_1 \\ y_2 \\ \vdots \\ y_n \end{bmatrix}, \quad \boldsymbol{X}_{n\times(m+1)} = \begin{bmatrix} 1 & x_{11} & x_{12} & \cdots & x_{1m} \\ 1 & x_{21} & x_{22} & \cdots & x_{2m} \\ \vdots & \vdots & \vdots & & \vdots \\ 1 & x_{n1} & x_{n2} & \cdots & x_{nm} \end{bmatrix}$$

$$\boldsymbol{B}_{(m+1)\times 1} = \begin{bmatrix} \beta_0 \\ \beta_1 \\ \vdots \\ \beta_m \end{bmatrix}, \quad \boldsymbol{U}_{n\times 1} = \begin{bmatrix} u_1 \\ u_2 \\ \vdots \\ u_n \end{bmatrix}$$

其中，$\boldsymbol{Y}$ 为因变量向量；$\boldsymbol{X}$ 为自变量矩阵；$\boldsymbol{B}$ 为待估参数向量；$\boldsymbol{U}$ 为随机误差向量。

多元线性回归方程为：

$$\hat{\boldsymbol{Y}} = \boldsymbol{X}\hat{\boldsymbol{B}} \tag{6-27}$$

其中可推导出：
$$\hat{B} = (X'X)^{-1}X'Y \quad (6\text{-}28)$$

回归系数的估计值为：$\hat{B} = \begin{bmatrix} b_0 \\ b_1 \\ \vdots \\ b_m \end{bmatrix}$。

$$X'X = \begin{bmatrix} n & \sum_{i=1}^{n} x_{i1} & \sum_{i=1}^{n} x_{i2} & \cdots & \sum_{i=1}^{n} x_{im} \\ \sum_{i=1}^{n} x_{i1} & \sum_{i=1}^{n} x_{i1}^2 & \sum_{i=1}^{n} x_{i1} x_{i2} & \cdots & \sum_{i=1}^{n} x_{i1} x_{im} \\ \vdots & \vdots & \vdots & & \vdots \\ \sum_{i=1}^{n} x_{im} & \sum_{i=1}^{n} x_{i1} x_{im} & \sum_{i=1}^{n} x_{i2} x_{im} & \cdots & \sum_{i=1}^{n} x_{im}^2 \end{bmatrix}$$

$$(X'X)^{-1} = \frac{1}{|X'X|} M$$

其中：M 是 $(X'X)$ 的伴随矩阵。

2. m 元线性回归方程的检验

如表 6-2 所示是 m 元线性回归矩阵形式的方差分析表。

表 6-2 m 元线性回归方差分析表

离差来源	离差平方和	自由度	方差
回归	$\hat{B}'X'Y - n\bar{y}^2$	m	$(\hat{B}'X'Y - n\bar{y}^2)/m$
剩余	$Y'Y - \hat{B}'X'Y$	$n-m-1$	$(Y'Y - \hat{B}'X'Y)/(n-m-1)$
总计	$Y'Y - n\bar{y}^2$	$n-1$	—

1) r 检验

复可决系数为：
$$r^2 = \frac{\hat{B}'X'Y - n\bar{y}^2}{Y'Y - n\bar{y}^2} \quad (6\text{-}29)$$

复相关系数为：
$$r = \sqrt{\frac{\hat{B}'X'Y - n\bar{y}^2}{Y'Y - n\bar{y}^2}} \quad (6\text{-}30)$$

2) F 检验

F 检验用来假设 $H_0: \beta_1 = \beta_2 = \cdots = \beta_m = 0$ 是否成立，矩阵形式的 F 统计量为：
$$F = \frac{(\hat{B}'X'Y - n\bar{y}^2)/m}{(Y'Y - \hat{B}'X'Y)/(n-m-1)} = \frac{r^2}{1-r^2} \cdot \frac{n-m-1}{m} \quad (6\text{-}31)$$

3) t 检验

t 检验假设 $H_0:\beta_j=0(j=1,2,\cdots,m)$。

t 为统计量：

$$t_{b_j}=\frac{b_j}{S_{b_j}} \quad (j=1,2,\cdots,m) \tag{6-32}$$

$$S_{b_j}=\sqrt{S^2 C_{jj}}=\sqrt{\frac{\boldsymbol{Y'Y}-\boldsymbol{B'\hat{X}'Y}}{n-m-1}C_{jj}} \tag{6-33}$$

其中：C_{jj} 为矩阵 $(\boldsymbol{X'X})^{-1}$ 主对角线上的第 j 个元素。

3. 因变量的预测及预测区间估计

对于 m 元线性回归的因变量预测公式的矩阵形式为：$\hat{\boldsymbol{Y}}_0=\boldsymbol{X}_0\hat{\boldsymbol{B}}$。其中，$\boldsymbol{X}_0=\begin{bmatrix}1 & x_{01} & x_{02} & \cdots & x_{0m}\end{bmatrix}$，这里 $1,x_{01},x_{02},\cdots,x_{0m}$ 是自变量的取值。

m 元线性回归方程的因变量预测区间用公式表示为：

$$\hat{\boldsymbol{Y}}_0-t_{\alpha/2}(n-m-1)\cdot S\cdot\sqrt{1+\boldsymbol{X}_0(\boldsymbol{X'X})^{-1}\boldsymbol{X}_0'}\leqslant \boldsymbol{Y}_0\leqslant \hat{\boldsymbol{Y}}_0+$$
$$t_{\alpha/2}(n-m-1)\cdot S\cdot\sqrt{1+\boldsymbol{X}_0(\boldsymbol{X'X})^{-1}\boldsymbol{X}_0'} \tag{6-34}$$

6.2.3 非线性回归分析

在实际问题中，有些回归方程的因变量与自变量之间并不是线性关系，而是某种曲线关系，因此就需要配合适当的曲线方程，这种为实际观察值拟合曲线回归方程所进行的分析为非线性回归分析。非线性回归分析按自变量的个数也可分为一元非线性回归分析和多元非线性回归分析。

非线性回归分析一般分如下两个步骤进行。

(1) 确定非线性函数变量之间关系的类型。

(2) 确定非线性回归函数中的未知参数。首先要通过一些变量把非线性函数关系转换成线性关系，然后利用最小二乘法确定方程中的参数，并对建立的线性回归方程进行显著性检验和区间估计。

曲线拟合的优度通过计算相关指数 R 来加以选择。相关指数的计算公式为：

$$R=\sqrt{\frac{\sum_{i=1}^{n}(\hat{y}_i-\bar{y})^2}{\sum_{i=1}^{n}(y_i-\bar{y})^2}}=\sqrt{1-\frac{\sum_{i=1}^{n}(y_i-\hat{y}_i)^2}{\sum_{i=1}^{n}(y_i-\bar{y})^2}}$$

相关指数 R 的取值范围为 $0\leqslant R\leqslant 1$，R 越接近于 1，说明所配曲线与实际观察值吻合程度越高，反之越低。

在多数情况下，在进行非线性回归分析时，为了便于计算，可将其转换为线性方程，其转换的方式视回归方程的形式而定。

6.3 逻辑回归

6.3.1 逻辑回归的基本原理

逻辑回归又称 Logistic 回归分析，是一种广义的线性回归分析模型，常用于数据挖掘、疾病自动诊断、经济预测等领域。逻辑回归从本质来说属于二分类问题。

二分类问题是指预测的 y 值只有两个取值（0 或 1），二分类问题可以扩展到多分类问题。例如：我们要做一个垃圾邮件过滤系统，x 是邮件的特征，预测的 y 值就是邮件的类别，是垃圾邮件还是正常邮件。对于类别通常称为正类（Positive Class）和负类（Negative Class），垃圾邮件的例子中，正类就是正常邮件，负类就是垃圾邮件。分类问题的输出，常用 y 表示，如 $y \in \{0,1\}$。其中，0 表示"负类"；1 表示"正类"。

如果被解释变量为二分类型变量，那么建立一般的线性回归模型将出现以下问题：

(1) 模型的残差不再满足 $E(\varepsilon)=0$ 且 $Var(\varepsilon)=\sigma^2$ 的假设条件。

被解释变量只有 0 和 1 两个取值，对于任一给定的 x_i，当 $y_i=1$ 时，$\varepsilon_i=1-(\hat{\beta}_0+\hat{\beta}_i x_i)=1-\hat{y}_i$；当 $y_i=0$ 时，$\varepsilon_i=0-(\hat{\beta}_0+\hat{\beta}_i x_i)=-\hat{y}_i$。虽然残差项的 $E(\varepsilon)=0$，但它的等方差性不再满足，ε_i 的方差会随解释变量取值的变化而变化。由于只有在上述前提下的回归模型的最小二乘估计才是无偏和有效的，因此一旦出现异方差，则必将导致模型的估计效果下降。

(2) 残差不再服从正态分布。

由于被解释变量只有 0 和 1 两个取值，对于任一给定的 x_i，残差 ε_i 本身只有两个取值，服从离散型分布而非正态分布。由于残差项服从正态分布，才可能保证模型的回归系数 β_i 服从正态分布，才可能进行回归系数的假设检验和建立置信区间。因此，当该条件无法满足时，就无法进行相应的统计推断。

总之，当二分类或多分类型变量以回归分析中的被解释变量角色出现时，由于不满足一般线性回归模型对被解释变量取值的要求，且违背回归模型的前提假设，因此，无法直接借助回归模型进行研究。通常采用的方法是逻辑回归分析。当被解释变量是二分类变量时，采用二项逻辑回归模型；当被解释变量是多分类变量时，采用多项逻辑回归模型。

6.3.2 二项逻辑回归分析

6.3.1 节指出，y 的取值为 0 或 1，需要找到一个数学表达式，在自变量 x 与二元型因变量 y 之间建立联系。自变量数据类型不存在限制，连续型或类别型都可以。因此，自变量的值域也应该不受限制，即应为 $[-\infty, +\infty]$。需要在属于连续型的一套数据与离散型的一套数据之间建立联系。把变量 y 的概率取对数，转换后的因变量形式就能与自变量 x 线性相关了。

1. 回归方程基本概念

如果 y 表示一个事件，即回应（或不回应）、通过（或淘汰）等。该事件发生的概率记

为 p,即 $y=1$ 时;对应地,$(1-p)$ 就是该事件不发生的概率,即 $y=0$ 时。而 $p/(1-p)$ 则是 y 事件发生的概率与不发生的概率的比值。

可以将概率对数表示为自变量 x 的线性函数,建立起回归方程的一般形式:

$$P_{y=1} = \beta_0 + \beta_1 x \tag{6-35}$$

由于概率 p 的取值范围为 $0\sim 1$,而一般线性回归方程被解释变量取值范围为 $[-\infty,+\infty]$,得到的启示是:如果对概率 p 做合理转换处理,如对概率取对数之后,即 $\log[p/(1-p)]$,就能与自变量 x 建立起线性关系了。这个概率对数函数就称为 logit 函数。

采用一般线性回归模型建立的回归方程,方程中概率 p 与解释变量之间的关系是线性的,但实际应用中,它们往往是一种非线性关系。例如,购买小轿车的概率通常不会随年收入(或年龄等)的增长呈线性增长。一般表现出:在年收入增长的初期,购买小轿车的可能性增长较为缓慢;当年收入增长到某个水平时,购买小轿车的可能性会快速增加;当年收入再增长到另一个阶段,购买小轿车的可能性增长到某个极限后,其增长速度会基本保持平稳。因此,这种变化关系是非线性的,通常与增长函数相吻合。

基于以上分析,进行以下处理:

(1) 将 P 转换成 Ω:

$$\Omega = \frac{P}{1-P} \tag{6-36}$$

其中:Ω 称为相对风险或发生比(Odds),是事件发生概率与不发生概率之比。这种转换是非线性的,同时 Ω 是 P 的单调函数,保证了 Ω 与 P 增长(或下降)的一致性,使模型易于解释。相对风险的取值范围为 $0\sim +\infty$。

(2) Ω 转换成 $\ln\Omega$:

$$\ln(\Omega) = \ln\left(\frac{P}{1-P}\right) \tag{6-37}$$

其中:$\ln\Omega$ 称为 Logit P。

经过转换后,Logit P 与 Ω 之间仍呈增长(或下降)的一致性关系,且取值为 $-\infty\sim +\infty$,与一般线性回归方程被解释变量的取值范围相吻合。

上述两个步骤变换过程称为 Logit 变换。经过 Logit 变换后,就可利用一般线性回归模型建立被解释变量与解释变量之间的多元分析模型,即:

$$\text{Logit } P = \beta_0 + \sum_{i=1}^{k}\beta_i x_i \tag{6-38}$$

式(6-37)称为逻辑回归方程,或 Logit 模型。将 Ω 代入,有:

$$\ln\left(\frac{P}{1-P}\right) = \beta_0 + \sum_{i=1}^{k}\beta_i x_i \tag{6-39}$$

于是有

$$\frac{P}{1-P} = \exp\left(\beta_0 + \sum_{i=1}^{k}\beta_i x_i\right) \tag{6-40}$$

可以推导出

$$P = \frac{1}{1 + \exp\left[-\left(\beta_0 + \sum_{i=1}^{k}\beta_i x_i\right)\right]} \tag{6-41}$$

式(6-41)是(0,1)型 Sigmoid 函数,很好地体现了概率 p 值和解释变量之间的非线性关系。于是可以计算被解释变量取 1 的概率以及取 0 的概率。显然,当被解释变量取 1 的概率大于取 0 的概率时,则被解释变量预测为 1 类,否则预测为 0 类。

可见,二项逻辑回归模型的本质是一个二分类的线性概率模型。

2. 回归方程系数的含义

从形式上看,逻辑回归方程与一般线性回归方程的形式相同,可以以类似的方法理解和解释逻辑回归方程系数的含义。即:当其他解释变量保持不变时,解释变量 x_i 每增加一个单位,将引起 Logit P 平均增加(或减少)β_i 个单位。由于 Logit P 无法直接观察且测量单位也无法确定,因此通常以逻辑分布的标准差(1.8138)作为 Logit P 的测量单位。

但重要的是,在模型的实际应用中人们关心的是解释变量变化引起事件发生概率 p 变化的程度。由于 p 与 Logit P 呈正向关系,因此,当解释变量 x_i 增加时,也会带来概率 p 的增加(或减少),但这种增加(或减少)的幅度是非线性的,取决于解释变量的取值范围以及解释变量间的共同作用等。因此,应用中人们通常更关心解释变量给相对风险 Ω 带来的变化。为此应首先说明相对风险 Ω 的意义。

相对风险 $\Omega = P/(1-P)$,即某事件发生概率与不发生概率之比。利用相对风险比(Odds Ratio,OR)可进行不同组之间风险的对比分析。

例如,如果吸烟组 A 患肺癌的概率是 0.25,不吸烟组 B 患肺癌的概率是 0.10,则两组的相对风险比为:

$$OR_{AvsB} = \frac{p_r(D_A)}{1-p_r(D_A)} \bigg/ \frac{p_r(D_B)}{1-p_r(D_B)} = \frac{1}{3} \bigg/ \frac{1}{9} = 3$$

它表示吸烟组 A 的相对风险是不吸烟组 B 的三倍,吸烟患肺癌的风险高于不吸烟。

进一步,建立逻辑回归方程。如果被解释变量 Y 表示是否患肺癌(1=患/0=未患),当只考虑一个解释变量 X_1,表示是否吸烟(1=吸烟/0=不吸烟)时,则建立的逻辑回归方程为 Logit$[p_r(Y=1)] = \beta_0 + \beta_1 X_1$。

于是,解释变量为吸烟的方程为:

$$\text{Logit}[p_r(Y=1)] = \ln(\text{odds(Smokers)}) = \beta_0 + \beta_1 \times 1 = \beta_0 + \beta_1$$

于是,解释变量为不吸烟的方程为:

$$\text{Logit}[p_r(Y=1)] = \ln(\text{odds(No Smokers)}) = \beta_0 + \beta_1 \times 0 = \beta_0$$

则吸烟与不吸烟组的相对风险比为:

$$OR_{SvsNS} = \frac{\text{odds(Smokers)}}{\text{odds(No Smokers)}} = \frac{e^{(\beta_0+\beta_1)}}{e^{\beta_0}} = e^{\beta_1}$$

可见,两组的相对风险比与逻辑回归方程的解释变量的回归系数有关。吸烟患肺癌的相对风险是不吸烟组的 e^{β_1} 倍。也就是说,e^{β_1} 的含义比 β_1 更直观,反映的是解释变量取不同值所导致的相对风险的变化率。

当逻辑回归方程确定后,有:

$$\Omega = \exp\left(\beta_0 + \sum_{i=1}^{k} \beta_i x_i\right) \tag{6-42}$$

其他解释变量保持不变,研究 x_1 变化一个单位对 Ω 的影响。如果将 x_1 变化一个单位后的相对风险设为 Ω^*,则有:

$$\Omega^* = \exp\left(\beta_1 + \beta_0 + \sum_{i=1}^{k} \beta_i x_i\right) = \Omega \exp(\beta_1) \tag{6-43}$$

于是有

$$\frac{\Omega^*}{\Omega} = \exp(\beta_i) \tag{6-44}$$

由此可知,x_1 增加一个单位所导致的相对风险是原来相对风险的 $\exp(\beta_1)$ 倍,即相对风险比为 $\exp(\beta_1)$。

再一般些有

$$\frac{\Omega^*}{\Omega} = \exp(\beta_i) \tag{6-45}$$

式(6-45)表明,当其他解释变量保持不变时,x_i 每增加一个单位所导致的相对风险是原来相对风险的 $\exp(\beta_i)$ 倍,即相对风险比为 $\exp(\beta_i)$。

利用相对风险比,能够很好地说明解释变量变动对被解释变量产生的影响。

反复强调其他解释变量保持不变的原因是,分析某因素变化所产生的影响必须在对其他因素加以控制的前提下才有意义。

例如,如果被解释变量 Y 表示是否患肺癌(1=患/0=未患),解释变量有三个,X_1 表示是否吸烟(1=吸烟/0=不吸烟),X_2 表示年龄,X_3 表示性别(1=男/0=女),则建立的逻辑回归方程为 $\text{Logit}[p_r(Y=1)] = \beta_0 + \beta_1 X_1 + \beta_2 X_2 + \beta_3 X_3$。

为研究吸烟对患肺癌的影响,只有对同年龄和同性别组比较,即控制住年龄和性别才有意义。假设 A 组为吸烟、年龄 45 岁,性别为男;B 组为不吸烟、年龄 45 岁,性别为男,则 A、B 两组的方程为:

$$\text{Logit}[p_r(Y=1)] = \ln(\text{odds}(X_A)) = \beta_0 + \beta_1 \times 1 + \beta_2 \times 45 + \beta_3 \times 1$$

$$\text{Logit}[p_r(Y=1)] = \ln(\text{odds}(X_B)) = \beta_0 + \beta_1 \times 0 + \beta_2 \times 45 + \beta_3 \times 1$$

两组的相对风险比为:

$$OR_{X_A \text{vs} X_B} = \frac{\text{odds}(X_A)}{\text{odds}(X_B)} = e^{(1-0)\beta_1 + (45-45)\beta_2 + (1-1)\beta_3} = e^{\beta_1}$$

这里的相对风险比是在控制了年龄和性别的前提下进行的,能够更准确地反映吸烟对肺癌的影响程度。虽然形式上同前,但参数估计值是不同的。

3. 回归方程的检验

为进行逻辑回归方程的检验,应首先了解回归方程参数估计的基本思想。逻辑回归方程的参数求解采用极大似然估计法。

极大似然估计是一种在总体概率密度函数和样本信息的基础上,求解模型中未知参数估计值的方法。它基于总体的概率密度函数,构造一个包含未知参数的似然函数,并求解在似然函数值最大时未知参数的估计值。在该原则下得到的模型将保证样本出现的可能性是最大的。因此,似然函数的函数值实际也是一种概率值,反映了在所估计参数的总体中,抽到特定样本的可能性,当然越接近 1 越好。似然函数值范围为 0~1。

为方便数学上的处理,通常将似然函数取自然对数,得到对数似然函数。当似然函数值取到最大值 1 时,对数似然函数值取到最大值 0。

因此,追求似然函数最大的过程也就是追求对数似然函数最大的过程。对数似然函数值越大,意味着模型较好地拟合样本数据的可能性越大,所得模型的拟合优度越高;相反,对数似然函数值越小,意味着模型较好地拟合样本数据的可能性越小,所得模型的拟合优度越低。

4. 回归方程的显著性检验

逻辑回归方程显著性检验的目的是检验解释变量全体与 Logit P 的线性关系是否显著,是否可以用线性模型拟合。其零假设 H_0 是:各回归系数同时为 0,解释变量全体与 Logit P 的线性关系不显著。

回归方程显著性检验的基本思路:如果方程中的诸多解释变量对 Logit P 的线性解释有显著意义,那么必然会使回归方程对样本的拟合得到显著提高。可采用对数似然比测度拟合程度是否有了提高。

如果设解释变量 x_i 未引入回归方程前的对数似然函数值为 LL,解释变量 x_i 引入回归方程后的对数似然函数值为 L_{x_i},则对数似然比为 LL/LL_{x_i}。可以理解为,如果对数似然比与 1 无显著差异,则说明引入解释变量 x_i 后,解释变量全体对 Logit P 的线性解释无显著改善;如果对数似然比远远大于 1,与 1 有显著差异,则说明引入解释变量 x_i 后,解释变量全体与 Logit P 之间的线性关系仍显著。

依照统计推断的思想,此时应关注对数似然比的分布,但由于对数似然比的分布是未知的,通常采用 $-\log(L/L_{x_i})^2$,其中,L 和 L_{x_i} 分别为解释变量 x_i 引入回归方程前后的似然函数值。$-\log(L/L_{x_i})^2$ 在零假设成立的条件下近似服从卡方分布,也称为似然比卡方。于是有

$$-\log\left(\frac{L}{L_{x_i}}\right)^2 = -2\log\left(\frac{L}{L_{x_i}}\right) = -2\log(L) - (-2\log(L_{x_i})) = -2LL - (-2LL_{x_i})$$

(6-46)

它反映了解释变量 x_i 引入回归方程前后对数似然比的变化幅度,该值越大表明解释变量 x_i 的引入越有意义。

进一步,如果似然比卡方的观测值对应的概率 p 值小于给定的显著性水平 α,则应拒绝零假设,认为目前方程中的所有回归系数不同时为零,解释变量全体与 Logit P 之间的线性关系显著;反之,如果概率 p 值大于给定的显著性水平 α,则不应拒绝零假设,认为目前方程中的所有回归系数同时为零,解释变量全体与 Logit P 之间的线性关系不显著。

5. 回归系数的显著性检验

逻辑回归系数显著性检验的目的是逐个检验方程中各解释变量是否与 Logit P 有显

著的线性关系,对解释 Logit P 是否有重要贡献。其零假设 $H_0:\beta_i=0$,即某回归系数与零无显著差异,相应的解释变量与 Logit P 之间的线性关系不显著。

回归系数显著性检验采用的检验统计量是 Wald 统计量,数学定义为:

$$\text{Wald}_i = \left(\frac{\beta_i}{S_{\beta_i}}\right)^2 \tag{6-47}$$

其中:β_i 是回归系数;S_{β_i} 是回归系数的标准误差。Wald 检验统计量近似服从卡方分布。

如果某解释变量 Wald_i 观测值对应的概率 p 值小于给定的显著性水平 α,则应拒绝零假设,认为某解释变量的回归系数与零有显著差异,该解释变量与 Logit P 之间的线性关系显著,应保留在方程中;反之,如果概率 p 值大于给定的显著性水平 α,则不应拒绝零假设,认为某解释变量的回归系数与零无显著差异,该解释变量与 Logit P 之间的线性关系不显著,不应保留在方程中。

应当注意的是:如果解释变量存在多重共线性,会对 Wald 检验统计量产生影响。在回归系数的绝对值较大时,Wald 检验统计量的标准误差有扩大的现象,会造成 Wald 检验统计量的观测值减小,不易拒绝零假设,进而使那些本来对 Logit P 有解释意义的变量没能保留在方程中。因此,在确定解释变量自动筛选策略时应考虑到这个问题。另外,此时可借助上述回归方程显著性检验的卡方检验方法,对相应回归系数进行检验。

6. 回归方程的拟合优度检验

在逻辑回归分析中,拟合优度可以从以下两方面考察。

第一个方面:回归方程能够解释被解释变量变差的程度。如果方程可以解释被解释变量的较大部分变差,则说明拟合优度高,反之说明拟合优度低。这点与一般线性回归分析是相同的。

第二方面:由回归方程计算出的预测值与实际值之间吻合的程度,即方程的总体错判率是低还是高来判断。如果错判率低,则说明拟合优度高;反之,说明拟合优度低。

常用的指标有:

1) Cox & SnellR^2 统计量

Cox & SnellR^2 与一般线性回归分析中的 R^2 有相似之处,也是方程对被解释变量变差解释程度的反映。Cox & SnellR^2 的数学定义为:

$$\text{Cox \& Snell}R^2 = 1 - \left[\frac{LL_0}{LL_k}\right]^{\frac{2}{n}} \tag{6-48}$$

其中:LL_0 为方程中只包含常数项时的对数似然值;LL_k 为当前方程的对数似然值;n 为样本量。由于 Cox & SnellR^2 取值范围不易确定,因此不方便使用。

2) NagelkerkeR^2 统计量

NagelkerkeR^2 是修正的 Cox & SnellR^2,也反映了方程对被解释变量变差解释的程度。NagelkerkeR^2 的数学定义为:

$$\text{Nagelkerke}R^2 = \frac{\text{Cox \& Snell}R^2}{1-(LL_0)^{\frac{2}{n}}} \tag{6-49}$$

NagelkerkeR^2 的取值范围为 0~1。越接近于 1，说明方程的拟合优度越高；越接近于 0，说明方程的拟合优度越低。

3）混淆矩阵

混淆矩阵是一种极为直观的评价模型优劣的方法，它通过表格形式展示模型预测值与实际观测值的吻合程度。混淆矩阵的一般形式如表 6-3 所示。

表 6-3 混淆矩阵

实际情况		预测值		
		0	1	正确率
实际值	0	f_{11}	f_{12}	$\dfrac{f_{11}}{f_{11}+f_{12}}$
	1	f_{21}	f_{22}	$\dfrac{f_{22}}{f_{21}+f_{22}}$
	总体正确率	\multicolumn{3}{c}{$\dfrac{f_{11}+f_{22}}{f_{11}+f_{12}+f_{21}+f_{22}}$}

4）Hosmer-Lemeshow 检验

Hosmer-Lemeshow 检验的设计思想是：逻辑回归方程给出的是解释变量取值条件下，被解释变量取 1 的概率值。如果模型拟合效果较好，则应给实际值为 1 的样本以高的概率预测值，给实际值为 0 的样本以低的概率预测值。于是，对概率预测值进行分位数分组。通常计算概率预测值的 10 分位数，将样本分为 10 组，生成如表 6-4 所示的交叉列联表。

表 6-4 Hosmer-Lemeshow 检验中的列联表

组	被解释变量的实际值		合计
	0	1	
1	$O_{01}E_{01}$	$O_{11}E_{11}$	$O_{01}+O_{11}$
2	$O_{03}E_{03}$	$O_{12}E_{12}$	$O_{02}+O_{12}$
3	$O_{03}E_{03}$	$O_{13}E_{13}$	$O_{03}+O_{13}$
...	...	...	...
n	$O_{0n}E_{0n}$	$O_{1n}E_{1n}$	$O_{0n}+O_{1n}$

在表 6-4 中，每个单元格都有两个频数，分别称为观测频数和期望频数。这里的观测频数是指落入相应组里的样本，是被解释变量实际取 0 或 1 的样本个数；期望频数是这些样本被解释变量的预测值取 0 或 1 的样本个数的修正值。在此基础之上计算卡方统计量，即 Hosmer-Lemeshow 统计量，它服从 $n-2$ 个自由度的卡方分布，n 为组数。

可见，Hosmer-Lemeshow 统计量越小，表明样本实际值和预测值的总体差异越小，拟合效果越好，反之则拟合效果不好。Hosmer-Lemeshow 检验的零假设 H_0：观测频数的分布与期望频数的分布无显著差异。如果概率 p 值小于给定的显著性水平 α，则应拒绝零假设,即观测频数的分布与期望频数的分布有显著差异,模型拟合效果不好;反之,如果概率 p 值大于给定的显著性水平 α,则不应拒绝零假设,即两个分布的差异不显著,模型拟合效果较好。

6.3.3 多项逻辑回归分析

通常同种商品的品牌会有多种,且品牌之间不存在内在的顺序关系。在顾客品牌选择取向的分析中,可将品牌作为被解释变量,考察顾客不同特征的品牌偏好。所采用的方法不再是二项逻辑回归,而是多项逻辑回归分析。

当被解释变量为多分类变量时,应采用多项逻辑回归分析方法。多项逻辑回归模型的基本思路类似于二项逻辑回归模型,其研究目的是分析被解释变量各类别与参照类别的对比情况,即:

$$\ln\left(\frac{P_j}{P_J}\right) = \beta_0 + \sum_{i=1}^{k} \beta_i x_i \qquad (6\text{-}50)$$

其中:P_j 为被解释变量为第 j 类的概率;P_J 为被解释变量为第 $J(j \neq J)$ 类的概率,且第 J 类为参照类。该模型称为广义 Logit 模型。如果被解释变量有 k 个类别,则需建立 $k-1$ 个模型。

例如,如果被解释变量有 A、B、C 三个类别,且以 C 类别作为参照类别,则应建立以下两个广义 Logit 模型:

$$\text{Logit}P_a = \ln\left(\frac{P(y=a \mid X)}{P(y=c \mid X)}\right) = \beta_0^a + \sum_{i=1}^{k} \beta_i^a x_i \qquad (6\text{-}51)$$

$$\text{Logit}P_b = \ln\left(\frac{P(y=b \mid X)}{P(y=c \mid X)}\right) = \beta_0^b + \sum_{i=1}^{k} \beta_i^b x_i \qquad (6\text{-}52)$$

广义 Logit 模型的参数和检验与 Logit 模型有很多相似之处。

6.4 习题

1. 简述一元线性回归的基本步骤。
2. 简述一元线性回归的主要检验方法及其各自的作用。
3. 试分析对于二分类变量使用线性回归分析模型会产生什么样的问题?
4. 商品多次价格变动与销售量的数据如表 6-5 所示,请利用回归分析求出价格 x 与销售量 y 的关系。

提示:抛物线方程为 $y = b_0 + b_1 x + b_2 x^2$。先做线性变化,之后使用 Excel 或 RapidMiner 求解。

表 6-5 第 4 题数据

价格 x	1.2	1.8	3.1	4.9	5.7	7.1	8.6	9.8
销售量 y	4.5	5.9	7.0	7.8	7.2	6.8	4.5	2.7

5. 有 10 个学生的身高和体重数据如表 6-6 所示。

表 6-6 第 5 题数据

身高/m	体重/kg	身高/m	体重/kg
1.62	55	1.68	62
1.65	57	1.75	60
1.60	45	1.80	90
1.72	65	1.76	70
1.73	70	1.82	75

(1) 请绘制散点图。
(2) 求出回归方程。
(3) 对回归模型进行统计检验。
(4) 试估计一个身高为 1.66m 的人,其体重大概是多少?

6. 中国统计年鉴的 1990—2000 年我国城镇居民家庭人均可支配收入与城市人均住宅建筑面积的数据如表 6-7 所示。

(1) 请绘制散点图,建立住宅建筑面积为因变量的一元线性回归模型,并解释斜率系数的经济意义。
(2) 对回归模型进行统计检验。
(3) 假设 2001 年城镇居民家庭人均可支配收入为 7000 元,则城市人均住宅建筑面积为多少?

表 6-7 第 6 题数据

年度	城镇居民家庭人均可支配收入/元	城市人均住宅建筑面积/平方米	年度	城镇居民家庭人均可支配收入/元	城市人均住宅建筑面积/平方米
1990	1510.2	13.65	1996	4838.9	17.03
1991	1700.6	14.17	1997	5160.3	17.78
1992	2026.6	14.79	1998	5425.1	18.66
1993	2577.4	15.23	1999	5854.02	19.42
1994	3496.2	15.69	2000	6280	20.25
1995	4283	16.29			

第 7 章

分类分析

【学习目标】
- 掌握贝叶斯分类原理;
- 掌握决策树分类原理;
- 理解神经网络分类原理。

分类(Classification)分析是一种根据已知类别的数据建立一个分类模型,并根据该分类模型确定未所属数据的分类。一般来说,分类分析都需要根据已知类别的数据进行学习来确定分类模型,这种分析方法使用一种学习算法(Learning Algorithm)来确定分类模型。

例如在银行业中,分类方法可以辅助信用卡部将正常信用卡用户和欺诈信用卡用户进行分类;企业营销部门可以将潜在客户群体和非客户群体进行分类,帮其有效制订营销计划并高效率获得高质量用户;而在人事部门,可以利用分类分析对员工的绩效进行有效分析和分类,从而可以制定相关奖惩机制。另外,在其他专业领域,同样可以使用分类分析对业务进行协助,提高效率。例如在互联网应用中,分类方法可以将正常邮件和垃圾邮件进行分类,从而制定有效的垃圾邮件过滤机制;在医疗诊断中,分类方法可以帮助医疗人员将正常细胞和癌变细胞进行分类,从而及时制订救治方案,挽救病人的生命。

7.1 分类分析原理

在一般情况下,分类数据(X,y)表示每条输入记录(或样本,实例),其中 X 表示属性的集合,也可以表示为特征(Feature)集合,而 y 表示类别(Label/Class)或目标属性。X 中的属性值可以是连续特征也可以是离散特征,而 y 中的值必须由离散属性构成。若 y

中的值在某种情况下为连续值,且想要使用分类分析中的方法,也必须将连续值通过数学方法转换为离散值。在这里需要注意的是,请读者回忆 6.1 节中介绍的:回归算法中的目标属性一般为离散值。所以,类别属性是离散还是连续,是一个考虑使用分类分析还是回归分析的关键特征。

如表 7-1 所示,数据集通过样本集合来表示,而每条样本都由输入数据和类别来表示。

表 7-1 分类问题的示例数据集

年龄	工资	社保	地址	授权
32	高	有	A 区	否
22	低	无	A 区	是
45	中	有	D 区	是
65	高	有	C 区	否
37	中	有	C 区	是

在表 7-1 中,年龄、工资、社保、地址为样本集合的特征。所以在该样例中,一个样本有四个特征,授权与否为类别。需要注意的是,在特征集中某些特征是连续性的,即在某一个区间或者无穷区间内该属性的取值可以是连续的,例如年龄。而另外的三个特征则为离散的,也就是取值不是连续的,工资的高低,社保的有无明显是不连续的。

那么分类方法是解决什么问题呢?假设有一个新的样本:年龄为 41,工资为中,社保为无,地址为 B 区。我们怎么知道该样本属于哪种类别呢?

假设一个资深的风险管理员,一眼就能对一个新的客户进行正确分类的称为"经验丰富",那么经验是从哪里来的呢?当然是长年累月的积累,从成千上万次的分类学习得来的。因此,分类方法如果要达到资深风险管理员的水平,也需要有个学习的过程,通过学习来获得一个函数(Function),通过完善好的这个函数,就可以对一个新的样本进行计算,并得到高准确度的分类结果。

分类的基本过程可以概述为:首先从分好类,或者说贴好标签的样本中进行学习和训练,建立一个分类模型,然后对没有分类的数据进行分类。

分类方法主要包括贝叶斯分类、决策树分类和神经网络分类等。这些方法都是通过一个学习过程(Learning Process)来确定分类模型的,并且能够较好地预测未知样本的标签分类。

7.2 贝叶斯分类

视频讲解

7.2.1 基本原理

贝叶斯分类,在本书中表示为朴素贝叶斯分类(Naive Bayes Classifier)。这种分类方法采用了对所有属性相互独立的方法,即假定给定目标值时属性之间相互条件独立。也就是说没有哪个属性变量对于决策结果来说占有着较大的比重,也没有哪个属性变量对于决策结果占有着较小的比重。虽然这个简化方式在一定程度上降低了贝叶斯分类算法的分类效果,但是在实际的应用场景中,极大地简化了贝叶斯分类方法的复杂性。

首先,我们先来复习一下条件概率的概念。假设事件 A 与事件 B 相互独立,为不同的事件,那么 A 和 B 同时发生的概率为 $P(A \cap B)$。在事件 A 发生的情况下,事件 B 发生的可能性,即称之为条件概率,表示为 $P(B|A)$;在事件 B 发生的情况下,事件 A 发生的可能性,则表示为 $P(A|B)$。由于事件 A 与事件 B 相互独立,则:

$$P(A|B) = P(A \cap B)/P(B) \tag{7-1}$$

$$P(B|A) = P(A \cap B)/P(A) \tag{7-2}$$

将式(7-1)和(7-2)结合起来,就可以得到朴素贝叶斯的公式如下:

$$P(B|A) = P(A|B)P(B)/P(A) \tag{7-3}$$

若 A,B 互换,公式照样成立。

例 7.1:假设如下。

(1) 通过授权的用户比例为 10%,而这批用户中工资高的比例为 90%;

(2) 未通过授权的用户则为 90%,在这批用户中工资高的比例为 30%。

那么请问:如果这个用户为高工资,则他通过授权的概率有多大?

解:设 A 为通过授权的用户,B 表示该用户工资高。

通过假设可知

$$P(B|A) = 0.9, \quad P(A) = 0.1$$

通过转换式(7-3),可得到

$$P(A|B) = P(B|A)P(A)/P(B)$$

通过假设(1)、(2)求得 $P(B) = 0.36$,则可以得到:$P(A|B) = 0.25$。我们可以知道,如果该用户为高工资,那么知道该用户通过授权的概率为 25%。

通过这一步,我们了解了朴素贝叶斯的基本原理就是通过条件概率的公式引导出来的,而其中的核心就是在条件概率中,发生的事件是相互独立的。

接下来进一步分析朴素贝叶斯公式。

假设 A 为某一事件发生的概率,$P(B|A)$ 则为该样本属于标签 B 的概率。当 A 为任意多的相互独立事件,即 $\{A_1, A_2, A_3, A_4, \cdots, A_n\}$ 是一系列的随机事件时,可以把事件看为一个样本的多个属性,并基于每个属性条件独立。

式(7-3)则可以更改为:

$$P(B|A) = \frac{P(B)}{P(A)} \prod_{i=1}^{n} P(A_i|B) \tag{7-4}$$

其中:n 为属性的个数。这就是朴素贝叶斯分类器的表达式。

假设,有一个词汇表 $w(w_1, w_2, \cdots, w_n)$ 和样例文档库 $c(c_1, c_2, c_3, \cdots, c_n)$,样例文档库已经分类好,假设该文档库分为 i 类,也就是说 n 篇文档分为 i 类。

词汇表 w 出现在文档类 i 中的概率可表示为:

$$P(c_i|w) = \frac{P(w|c_i)P(c_i)}{P(w)}$$

假设词汇表中的词汇为互相独立事件,则该公式可以改变为:

$$P(c_i|w) = \frac{P(c_i)P(w_1|c_i)P(w_2|c_i)\cdots P(w_n|c_i)}{P(w_1)P(w_2)\cdots P(w_n)} \tag{7-5}$$

其中：c_i 为 i 类文档；$P(w_1|c_i)$ 为单词 w_1 在 i 类文档中出现的概率。通常在实践中，可以通过取对数的方式将"连乘"转化为"连加"以避免数值出现下溢。

最后，通过式(7-5)可计算词汇表 w 在各个类别文档中出现的条件概率，通过对比概率的大小值，就能知道由该词汇表构成的文档或语句属于哪一类文档。

7.2.2 平滑处理

通过 7.2.1 节，我们大致了解到朴素贝叶斯分类器的分类过程就是基于集合 w 来估计类先验概率 $P(c)$，并为每个属性估计条件概率 $P(w_i|c)$。

令 D_c 表示训练集 D 中第 c 类样本的集合，那么该类的先验概率为：

$$P(c) = \frac{|D_c|}{D} \tag{7-6}$$

对于离散属性，令 D_{c,x_i} 表示 D_c 中在第 i 个属性上取值为 x_i 的样本组成的集合，则条件概率为：

$$P(x_i|c) = \frac{|D_{c,x_i}|}{|D_c|} \tag{7-7}$$

对于连续属性，可考虑概率密度函数：

$$P(x_i|c) = \frac{1}{\sqrt{2\pi}\sigma_{c,i}} \exp\left(-\frac{(x_i - \mu_{c,i})^2}{2\sigma_{c,j}^2}\right) \tag{7-8}$$

其中：$\mu_{c,i}$ 和 $\sigma_{c,j}^2$ 分别是第 c 类样本在第 i 属性上取值的均值和方差。

由于式(7-6)和式(7-7)可能取值为 0，因此，产生一个问题就是无论该样本的其他属性是什么，分类结果可能都会很不合理，因为连乘式子中其中一个因子为零。

为了避免其他属性携带的信息被集合中未出现的属性值抹去，在估计概率值时通常要进行"平滑"处理，常用"拉普拉斯修正"。具体来说，令 N 表示训练集 D 中可能的类别数，N_i 表示第 i 个属性可能的取值数。则式(7-6)和式(7-7)分别修改为：

$$P(c) = \frac{|D_c|+1}{D+N} \tag{7-9}$$

$$P(x_i|c) = \frac{|D_{c,x_i}|+1}{|D_c|+N_i} \tag{7-10}$$

拉普拉斯修正避免了因训练集样本不充分而导致概率估值为零的问题，该方法实质上假设了属性值与类别均匀分布，从而使得估值逐渐趋向于实际概率值。

所以，一般通过朴素贝叶斯分类方法可以对文本进行分类操作。典型的例子如垃圾邮件分类：根据一封邮件中的词汇来计算得到这封邮件属于垃圾邮件和正常邮件的概率，通过简单比较概率的大小来判断这封邮件属于哪类邮件。

视频讲解

7.3 决策树分类

决策树是一类尽量模拟人做决策过程的机器学习方法。决策树几乎没有任何数学抽象，完全通过生成的决策规则来解决分类问题。

顾名思义，决策树是基于树结构来进行决策的，这是人类面临决策问题时一种很自然的处理机制。例如，对"我们要去吃饭吗？"这样的问题进行决策时，通常会进行一系列的判断以及决策，通过"食堂开饭时间到了吗？""天气如何？""今天想吃哪种口味的菜？"等判断来最终决定"吃"或者"不吃"的结论。这个决策过程所形成的模型称之为"白盒模型"，因为它的整个运行机制能很好地被翻译成人类语言，即使非技术人员也能很好地理解该运行机制，如图 7-1 所示。

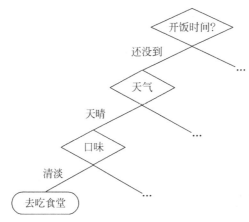

图 7-1　吃饭问题的一个决策树解决分支

从图 7-1 中我们可以了解到，决策过程的每个选择对应了一个可能的决策结果。决策过程中所提出的每个判定问题都是对某个属性的"测试"，例如："开饭时间＝？"，"天气＝？"。我们也可以看到，每个测试的结果或是导出最终结论，或是导出进一步的判定问题，其考虑范围是在上次决策结果的限定范围之内的。

7.3.1　基本原理

从前面的例子看，决策树是由决策节点、分支和叶节点组成的。其中，每个节点都表示在一个属性上的测试，测试输出由每个分支表示，决策结果分类由叶节点表示。树的最顶层节点是根节点。决策树的决策过程是由上到下的一个过程，在每个节点都会遇到一个测试，每个节点上的测试输出导致不同的分支，最后到达一个叶节点，这个过程就是决策树归纳的过程。

显然，决策树的决策过程就是根据不同的属性测试最终得到的一个分类结果。给定属性集合，可以构造出不同的决策树。比如可以由另外一个测试顺序，即另外一颗决策树来解决相同的吃饭问题，如图 7-2 所示。

所以，决策树问题就分解为如何构建一个最优划分属性的问题。我们可以考虑一下，如果有个测试属性，分支节点根据测试属性都属于同一类别，那么这样的分类属性是不是先进行测试呢？

以图 7-2 中的"口味"测试属性为例，如果口味清淡的这一分支下所有的节点最终都是"去吃食堂"这个分类，那么，将"口味"放到越顶层，该决策树是不是越简单？

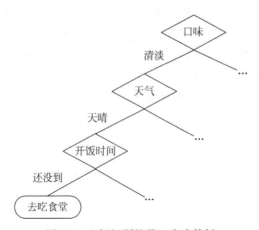

图 7-2 吃饭问题的另一个决策树

7.3.2 信息增益

信息熵(Information Entropy)是度量样本集合纯度最常用的一种指标。假定当前样本集合 D 中第 k 类样本所占的比例为 p_k，则 D 的信息熵定义为：

$$\operatorname{Ent}(D) = -\sum_{k=1}^{|y|} p_k \log_2 p_k \tag{7-11}$$

$\operatorname{Ent}(D)$ 的值越小，纯度越高。最小值为 0，最大值为 $\log_2 |y|$。

信息熵可以理解为：当我们不了解一件事时，我们需要多方面获取的相关信息量就大。而当我们确定一件事情时，我们就几乎不需要相关信息，信息量就可以很小。

假定离散属性 a 有 n 个可能的取值 $\{a_1, a_2, a_3, a_4, \cdots, a_n\}$，若使用 a 来对样本集 D 进行划分，就会产生 n 个分支节点。其中，第 n 个分支节点包含了 D 中所有在属性 a 上取值为 a_n 的样本，记 D_n。同时，该分支节点的权重为 $|D_n|/|D|$，即样本数越多的分支节点的影响越大，于是可以计算出用属性 a 对样本 D 进行划分所获得的"信息增益"。

$$\operatorname{Gain}(D, a) = \operatorname{Ent}(D) - \sum_{n=1}^{n} \frac{|D_n|}{D} \operatorname{Ent}(D_n) \tag{7-12}$$

信息增益越大，意味着使用属性 a 来划分所获得的信息量就越大。因此可以用信息增益来进行决策树的划分属性选择。

以表 7-2 为例，该数据集包含 17 个训练样例，通过该训练样例来生成一棵决策树，通过该决策树，就能预测一家公司是否能通过评级。

表 7-2 贝叶斯分类数据集

利润	产品	研发	市场	人员	物流	公司评级
好	好	好	好	好	好	通过
中	好	中	好	好	好	通过
中	好	好	好	好	好	通过
好	好	中	好	好	好	通过
差	好	好	好	好	好	通过

续表

利润	产品	研发	市场	人员	物流	公司评级
好	中	好	好	中	差	通过
中	中	好	中	中	差	通过
中	中	好	好	中	好	通过
中	中	中	中	中	好	否决
好	差	差	好	差	差	否决
差	差	差	差	差	好	否决
差	好	好	差	差	差	否决
好	中	好	中	好	好	否决
差	中	中	中	好	好	否决
中	中	好	好	中	差	否决
差	好	好	差	差	好	否决
好	好	中	中	中	好	否决

第一步,在该训练数据集中,"公司评级"为分类属性,即公司评级分成两类:"通过"和"否决",显然$|y|=2$。在这两类样本中,通过占比 8/17,否决占比 9/17,则通过式(7-10),我们知道根节点的信息熵为:

$$\text{Ent}(D) = -\sum_{k=1}^{|y|} p_k \log_2 p_k = -\left(\frac{8}{17}\log_2\frac{8}{17} + \frac{9}{17}\log_2\frac{9}{17}\right) = 0.998$$

第二步,计算当前属性集合{利润、产品、研发、市场、人员、物流}中每个属性的信息增益,以属性"利润"为例,它有三个可能的取值:{好、中、差}。若使用该属性对 D 进行划分,则可以得到三个子集,分别为 D_1{利润=好}、D_2{利润=中}、D_3{利润=差}。其中:

D_1 包含了 6 个样本,其中"通过"为 3 例,"否决"为 3 例;
D_2 包含了 6 个样本,其中"通过"为 4 例,"否决"为 2 例;
D_3 包含了 5 个样本,其中"通过"为 1 例,"否决"为 4 例。

那么,根据式(7-10),可以计算出"利润"划分之后所获得三个分支节点的信息熵:

$$\text{Ent}(D_1) = -\left(\frac{3}{6}\log_2\frac{3}{6} + \frac{3}{6}\log_2\frac{3}{6}\right) = 1.000$$

$$\text{Ent}(D_2) = -\left(\frac{4}{6}\log_2\frac{4}{6} + \frac{2}{6}\log_2\frac{2}{6}\right) = 0.918$$

$$\text{Ent}(D_3) = -\left(\frac{1}{5}\log_2\frac{1}{5} + \frac{4}{5}\log_2\frac{4}{5}\right) = 0.7222$$

第三步,因为已经算出了"利润"属性的三个分类的信息熵,那么我们就可以根据式(7-11)计算出"利润"的信息增益为:

$$\text{Gain}(D, 利润) = \text{Ent}(D) - \sum_{i=1}^{n} \frac{|D_n|}{D}\text{Ent}(D_n)$$

$$= 0.998 - \left(\frac{6}{17}\times 1.000 + \frac{6}{17}\times 0.918 + \frac{5}{17}\times 0.722\right)$$

$$= 0.109$$

类似地,可以计算出其他属性的信息增益为:

$$\text{Gain}(D,产品)=0.143$$
$$\text{Gain}(D,研发)=0.141$$
$$\text{Gain}(D,市场)=0.381$$
$$\text{Gain}(D,人员)=0.289$$
$$\text{Gain}(D,物流)=0.006$$

从中可以看到"市场"的信息增益最大,于是该分类就被选为划分属性。那么,决策树的第一个划分属性"市场"就作为该决策树的第一个节点,如图 7-3 所示。

该"市场"节点可以分为"好""中""差"三个分支,那么在"市场"的这个分支,我们分析"市场"的分类结果:"市场=好"的样例有 9 例;"市场=中"的样例有 5 例;"市场=差"的样例有 3 例。然后,对每个分类结果,也就是决策树上的分支节点做进一步划分。例如"市场=好"的 9 个样例中,可用属性集合为{利润,产品,研发,人员,物流},根据前面计算"利润"分成的三个子集,我们也可以分别计算属性集合的信息增益:

$$\text{Gain}(市场=好,利润)=0.043$$
$$\text{Gain}(市场=好,产品)=0.458$$
$$\text{Gain}(市场=好,研发)=0.331$$
$$\text{Gain}(市场=好,人员)=0.458$$
$$\text{Gain}(市场=好,物流)=0.458$$

产品、人员、物流三个属性都得到了最大的信息增益,可以任选其中之一作为划分属性。那么该决策树就可以继续发展为如图 7-4 所示的形式。

图 7-3 决策树第一个节点 　　图 7-4 决策树的第二个节点

这样经过类似的递归操作,可以得到最终的决策树。

7.3.3 决策树的过拟合和剪枝

在决策树中,通过挖掘训练集构造决策树有时无法使决策树具有较好的泛化性能,特别是训练集有异常或噪声,或训练集样本数量太少以至于不能产生有代表性的采样,都可能导致过拟合。此外,这些噪声可能导致样本冲突。例如,有两个样本具有相同的属性描述,但它们的分类却不同。当属性的描述不完备,或属性值不足以判别分类时,也会导致样本冲突。样本冲突必然会使挖掘得到的决策树对训练样本拟合不足,即不能完全拟合数据。事实上,当训练集没有噪声干扰时,过拟合也有可能发生,特别是在训练集中包含的某类样本数量比较少的情况下。在决策树中,为这类样本提取的规则(对应于决策树路径较长的分支)涉及很多属性,很难将其简化为覆盖率高的规则。此外,在决策树递归分支的过程中,一些分支的样本数如果太少,就会使进一步划分失去统计意义。可以事先给定一个阈值,当某分支的样本数少于该阈值就停止划分。很多数据挖掘软件都允许用户设置这样的阈值。

决策树的修剪是针对过拟合问题提出来的,修剪通常利用统计方法删除最不可靠的分支,以满足最小描述长度(Minimum Description Length,MDL)的要求,提高分类识别的鲁棒性,其实质是消除训练集中的噪声。通常采用两种方法进行决策树的修剪,即事前修剪和事后修剪。事前修剪是判断当前节点是否继续分支,而事后修剪则是在构建决策树结束后再进行修剪,但计算的工作量比较大。事前修剪需要设置阈值以确定某个节点是否需要继续分支,这个阈值难以确定,通常事后修剪比事前修剪更常用。此外,也可以交叉使用事前修剪和事后修剪两种方法,均衡决策树的复杂程度和计算量。

7.4 神经网络分类

视频讲解

在之前的分类模型中,虽然在结构和算法上有较大的区别,例如贝叶斯分类和决策树分类,但是这两种方法有个共同的解决思路,就是首先对数据做假设,然后根据这些假设进行数学上的推导,对输入和输出有明确的解析关系,并理解数据之间的相关关系。

而神经网络是一个不同的分类模型,它不关心模型内部的数据是如何变化的,对模型的可解释性也不在意,而是通过模仿大脑的信息处理方式来得到最终的模型。

神经网络、深度学习等热门模型,就是把系统看作一个黑匣子,通过调整数据的输入来得到分类输出而不关心其中的数据解析变换。相反,贝叶斯分类和决策树分类则是典型的白盒子,而如今最热门的深度学习也就是借鉴了神经网络的模型来达到脸部识别、车牌识别等智能的分类应用。

7.4.1 基本原理

神经网络理论自 20 世纪 40 年代发展到现在,基本上经历了四个阶段。

1. 初始阶段

1890 年,美国科学家 William James 首次提出人类的活动主要是通过大脑中连接着的一系列神经元主导的。到了 1943 年,科学家 McCulloch 和 Pitt 合作提出了第一个人工神经元的模型。在他们的合作论文 *A Logical Calculus of The Ideas Immanent in Nervous Activity* 中,首次提出了人类大脑的神经元是如何工作的,并在此基础上抽象出神经元的数学模型,开创了人工神经网络的研究。Rosenblatt(1958)创建了感知器,这是一种基于双层学习计算机网络的模式识别算法,使用简单的加法和减法数学符号,Rosenblatt 还描述了不在基本感知器中的电路,例如异或电路,这种电路的数学计算直到 Werbos(1975)创建反向传播算法之后才能处理。

2. 低潮阶段

多名科学家在 20 世纪 70 年代指出,当时的简单线性感知器的功能是有限的,无法解决线性不可分的两类样本的分类问题,这一论断给当时人工神经元网络的研究带来了极大的打击。另一方面,由于集成电路和微电子技术的迅猛发展,基于逻辑符号处理方法的人工智能得到了迅速发展,由此出现了神经网络发展史上长达十多年的低潮期。

3. 停滞阶段

20 世纪 80 年代,著名的 Hopfield 模型理论的发表,不仅对人工神经网络信息存储和提取功能进行了非线性数学概括,还对网络算法提供了重要公式和参数,使人工神经网络的构造和学习有了理论指导。但是由于计算机的计算能力和存储能力还没有跟上人工神经网络的发展,人工神经网络直到 20 世纪 90 年代,仍发展较慢,大致还是一个边缘学科。

4. 发展阶段

Hinton 和合作者在 2016 年发表的论文,*A Fast Algorithm for Deep Belief Nets* 中,使用限制玻尔兹曼机(Restricted Boltzmann Machines,RBM)预训练初始化后的网络(即对网络连接的权重进行初始化),再用反向传播算法微调的方法得到实现之后,基于人工神经网络的深度学习在许多领域实现了分类的功能。例如人脸识别、自动驾驶等高度自动、人工智能(AI)的功能。而随着计算能力、存储能力、通信能力的大幅提高,基于神经网络的人工智能再度进入高速发展的阶段。有人预计 22 世纪就是人工智能的社会,也有人将人工智能的发展看作是另一场新的工业革命。

本书并不打算拓展神经网络的讨论,而是简单描述神经网络的基本技术及其在商务智能上的应用。

7.4.2 神经元模型

神经元是神经网络的基本计算单元。一般由多个输入、一个输出的非线性单元,通过神经元内部的阈值来控制输出的值。

如图 7-5 所示,$x_1, x_2, x_3, \cdots, x_n$ 是输入,y 是输出,θ 为阈值,而 f 为神经元的激活函数。神经元接收到的总输入值与阈值进行比较,通过激活函数来处理神经元的输出。

其输出 y 可表示为:

$$y = f\left(\sum_{i=1}^{n} w_i x_i - \theta\right) \quad (7-13)$$

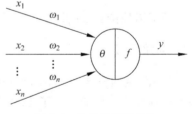

图 7-5 神经元网络结构

激活函数一般来讲可以用来解决二元分类问题(1 或者 0)。该函数在某种程度上模拟了神经元里轴突的行为。也就是说当输入大于阈值时为 1,否则等于 0。但是正常情况下,y 的输出一般都是个连续值而不是离散的。所以一般情况下用图 7-6 所示的 sigmoid 函数来作为神经元的激活函数,这样的模型称之为 sigmoid 神经元,该函数能将任意的实数映射到(0,1)的区间。

神经元模型的核心就是激活函数。除了上述的 sigmoid 神经元,常用的还有 tanh 函数、ReLU 函数等。通过激活函数,神经网络系统就能接收连续输入的各种参数值,来进行是否激活的判断,最终决定如何分类。

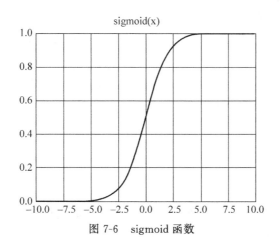

图 7-6 sigmoid 函数

7.4.3 网络结构

由于一个神经元可以利用其激活函数来处理线性可分的分类问题,所以如果引入多个神经元组成神经网络,则可以解决非线性分类问题。

人工神经网络的网络结构一般如图 7-7 所示。

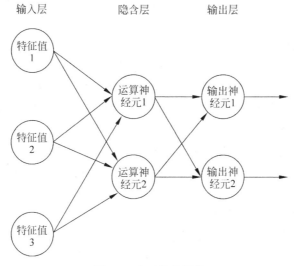

图 7-7 人工神经网络

人工神经网络通常分为输入层、隐含层和输出层。如果没有隐含层,则称为单层网络;如果包含一层或者多层隐含层,则称为多层神经网络。层内部的神经元相互独立,并不连接,但是相邻的两层之间是全连接的,任意分属于前后层的神经元必定是连接的。

人工神经网络的输入层一般是训练数据集中的特征,其中的一个点表示数据集中的一个特征。在图 7-7 中,数据集就有三个特征,所以在该神经网络结构中,有三个神经元相对应,而该层不做激活函数的计算,主要工作就是将特征值传递给隐含层,不包含任何复杂计算。

神经网络的隐含层一般作为激活函数运算神经元,例如 sigmoid 神经元等,该层的主要作用是传输并分析数据。

输出层一般包含线性模型,例如经过 softmax 等模型的处理后,得到最终的分类结果。

如图 7-7 所示,输入层有三个变量,分别是 x_1、x_2、x_3。我们用 I_2,O_2 分别表示隐含层中第二个神经元的输入和输出,则:

$$I_2 = w_1 x_1 + w_2 x_2 + w_3 x_3 + b_2 \tag{7-14}$$

其中:b_2 为对应隐含层的截距。

$$O_2 = \text{sigmoid}(I_2) = \frac{1}{1+e^{-I_2}} \tag{7-15}$$

在该网络中,我们有 $3 \times 2 + 2 \times 2 = 10$ 个参数。由此可见,神经网络的模型参数随着数据集特征数和隐含层神经元个数的增加而成倍增加。

BP(Back Propagation,反向传播)网络在科学技术领域具有广泛的应用。可通过大量的数据确定网络中的参数和网络结构,能够逼近任意的非线性曲线。换句话说,通过该网络,在理论上,可以对任意复杂的数据进行分类和预测。

7.4.4 深度学习

深度学习的本质是一种有着多隐藏层的神经网络。由于之前大多数神经网络只具备一层隐含层,只需要简单的训练方法和技巧就可以使用,在有限计算和较少样本的情况下,对复杂问题的泛化能力较弱。而深度学习采用多个隐含层,每个隐含层只针对一个特征的情况下,组合低层特征形成更加抽象的高层特征,实现对数据隐藏特征的发现和准确标注。可以说,深度学习具有强大的从样本中多方面地学习数据集本质特征的能力。

例如 2012 年多伦多大学的 Krizhevsky 等人构造了一个图片识别系统,使用的就是多层神经网络,该网络共有九层,共有 65 万个神经元和 6000 万个参数。该神经网络的隐含层中,第一层识别颜色;第二层识别纹理;第三层识别高光图片;第四层识别圆形物体和狗;第五层识别花、屋顶、鸟等。每层神经元各司其职。经过海量图片输入后,该系统能够准确识别小虫、救生船、美洲狮等物体。

深度学习需要海量数据,并且需要多次训练,反复摸索。并且深度学习的基本结构是神经网络,但是它的结构更复杂,参数更多,训练规模也更大,需要消耗大量的计算资源对其进行训练。而由于 GPU(Graphic Process Unit,图形处理器)可以高效地处理矩阵乘法和卷积,这恰恰解决了深度学习的速度瓶颈,所以许多深度学习的过程需要整合 GPU 加速和集群计算构建 GPU 集群,获得相当于数十台甚至上百台 CPU 服务器的计算能力,来大幅降低计算成本。

7.5 习题

1. 简述分类问题的本质,常用的算法,以及分类算法的性能如何评估。
2. 某样本如表 7-3 的数据所示。

表 7-3 第 2 题数据

Day	Outlook	Temperature	Humidity	Wind	Play Tennis
Day1	Sunny	Hot	High	Weak	No
Day2	Sunny	Hot	High	Strong	No
Day3	Overcast	Hot	High	Weak	Yes
Day4	Rain	Mild	High	Weak	Yes
Day5	Rain	Cool	Normal	Weak	Yes
Day6	Rain	Cool	Normal	Strong	No
Day7	Overcast	Cool	Normal	Strong	Yes
Day8	Sunny	Mild	High	Weak	No
Day9	Sunny	Cool	Normal	Weak	Yes
Day10	Rain	Mild	Normal	Weak	Yes
Day11	Sunny	Mild	Normal	Strong	Yes
Day12	Overcast	Mild	High	Strong	Yes
Day13	Overcast	Hot	Normal	Weak	Yes
Day14	Rain	Mild	High	Strong	No

$X=$(Outlook$=$Sunny,Temperature$=$Cool,Humidity$=$High,Wind$=$Strong)
请利用朴素贝叶斯分类算法计算这位顾客打网球(Play Tennis)的概率是多少?

3. 简述决策树算法的流程一般是分为几步,并根据 bank 数据集(下载地址为 http://archive.ics.uci.edu/ml/machine-learning-databases/00222/)分别计算信息增益和 gini 指数。根据计算结果,分析应选择哪个属性为决策树根节点。

4. 简述决策树的过拟合问题可以如何解决。

5. 分析神经网络处理分类问题的原理,并举例说明。

第 8 章

关联分析

视频讲解

【学习目标】

- 理解关联规则原理；
- 掌握频繁模式的方法；
- 掌握先验算法。

关联分析是一种简单、实用的分析技术，即发现存在于大量数据集中的关联性或相关性，从而描述一个事物中某些属性同时出现的规律和模式。

关联分析是从大量数据中发现项集之间有趣的关联性和相关性。关联分析的一个典型例子是购物篮分析，该过程通过发现顾客放入其购物篮中的不同商品之间的联系，分析顾客的购买习惯。通过了解哪些商品频繁地被顾客同时购买，可以帮助零售商制定营销策略。其他的应用还包括价目表设计、商品促销、商品的排放和基于购买模式的顾客划分等。

可从数据库中关联分析出形如"由于某些事件的发生而引起另外一些事件的发生"之类的规则。如"67%的顾客在购买啤酒的同时也会购买尿布"，因此通过合理的啤酒和尿布的货架摆放或捆绑销售可提高超市的服务质量和效益。又如"'C 语言'优秀的同学，在学习'数据结构'时为优秀的可能性达 88%"，那么就可以通过强化"C 语言"的学习来提高教学效果。

8.1 频繁模式与关联规则

8.1.1 基本概念

为了便于解释，先以表 8-1 所示的数据为例进行说明。

表 8-1　超市顾客的交易信息

TID	Items
001	可乐、鸡蛋、火腿
002	可乐、尿布、啤酒
003	可乐、尿布、啤酒、火腿
004	尿布、啤酒

如表 8-1 所示是一个超市几名顾客的交易信息。

TID 代表交易流水号，Items 代表一次交易的商品。

对这个数据集进行关联分析，可以找出关联规则{尿布}→{啤酒}。它代表的意义是：购买了尿布的顾客会购买啤酒。这个关系不是必然的，但是可能性很大，这就已经足够用来辅助商家调整尿布和啤酒的摆放位置了，例如摆放在相近的位置，或通过捆绑促销来提高销售量。

1. 事务

每条交易称为一个事务(Transaction)，例如表 8-1 中的数据集就包含四个事务。事务用 t_i 表示，其中 i 是交易号。交易数据库 D 是交易的集合，即：$D=\{t_1,t_2,\cdots,t_m\}$。

2. 项

交易的每个物品称为一个项(Item)，例如可乐、鸡蛋等。

3. 项集

包含零个或多个项的集合叫作项集(Item set)，例如{可乐,鸡蛋,火腿}。项集用 I 表示，$I=\{i_1,i_2,\cdots,i_n\}$。一个项集包含项的个数称为该项集的长度。

4. k-项集

包含 k 个项的项集叫作 k-项集，例如{可乐}叫作 1-项集，{可乐,鸡蛋}叫作 2-项集。

5. 支持度计数

一个项集 X 在数据库 D 中出现的次数(count(X))，等于包含该项集的交易个数。若 $X=\{$可乐$\}$，则 count(X)=3。又如{尿布,啤酒}出现在事务 002、003 和 004 中，所以它的支持度计数是 3。

6. 支持度

支持度(Support)计数除以总的事务数，记为 support(X)。

$$\text{support}(X)=\frac{\text{count}(X)}{|D|}\times 100\% \tag{8-1}$$

例如上例中总的事务数为 4，{尿布,啤酒}的支持度计数为 3，所以它的支持度是 3÷4=75%，说明有 75%的人同时买了尿布和啤酒。

7. 频繁项集

支持度大于或等于某个阈值[又称为最小支持度（Minimum Support，minsup）]的项集就叫作频繁项集。例如阈值设为 50% 时，因为{尿布，啤酒}的支持度是 75%，所以它是频繁项集。

8. 前件和后件

给定两个项集 X 和 Y，关联规则是形如 $X \rightarrow Y$ 的蕴含式，其中 $X \subseteq I$ 称为规则的前件，$Y \subseteq I$ 称为规则的后件，且 $X \cap Y = \emptyset$。对于规则{尿布}→{啤酒}，{尿布}叫作前件，{啤酒}叫作后件。

一个规则 $X \rightarrow Y$ 在数据库 D 中的支持度，记为 support($X \rightarrow Y$)，定义为项集 $X \cup Y$ 的支持度，即 support($X \rightarrow Y$) = support($X \cup Y$)。

9. 置信度

项集 $X \cup Y$ 的支持度除以项集 X 的支持度称为置信度（Confidence），定义如下：

$$\text{confidence}(X \rightarrow Y) = \frac{\text{support}(X \rightarrow Y)}{\text{support}(X)} \times 100\% \tag{8-2}$$

对于规则{尿布}→{啤酒}，{尿布，啤酒}的支持度计数除以{尿布}的支持度计数，为这个规则的置信度。例如规则{尿布}→{啤酒}的置信度为 3÷3=100%。说明买了尿布的人 100% 也买了啤酒。

10. 强关联规则

大于或等于最小支持度 minsup（阈值）和最小置信度 minconf（阈值）的规则叫作强关联规则。关联分析的最终目标就是要找出强关联规则。

8.1.2 频繁项集的性质

在实际应用中，给定最小支持度阈值和最小置信度阈值后，一个数据库中存在的频繁项集数据可能很巨大，这是因为频繁项集存在如下性质。

性质 1：给定最小支持度阈值 minsup，一个频繁项集的所有非空子集都是频繁的。

例如，如果 minsup=40%，项集{尿布，啤酒}是频繁的，因为它出现在三个交易中，则这三个交易必然同时包含了该项集的所有非空子集，如{尿布}，{啤酒}，{尿布，啤酒}三个项集。这些项集至少出现在这三个交易中，因此它们是频繁的。

性质 2：如果一个项集是不频繁的，则其所有的超集都是不频繁的。

若一个集合 S_2 中的每个元素都在集合 S_1 中，且集合 S_1 中可能包含 S_2 中没有的元素，则集合 S_1 就是 S_2 的一个超集。由于该性质的存在，如果一个数据库中可以发现的频繁项集最大长度为 20，则最终输出的频繁项集个数至少为 $(2^{20}-1)$ 个，其中 $(2^{20}-2)$ 是该项集的子集。众多的项集会给后续的结果分析与评价带来问题。因此，减少输出的项集个数同时又不损失任何信息是需要解决的问题。

8.1.3 频繁项集的代表项集

由于事务数据集产生的频繁项集的数量可能非常大,所以,识别出可以推导出其他所有频繁项集的、具有代表性的项集就变得尤为重要。本节将介绍具有代表性的项集:最大频繁项集和闭合频繁项集。

最大频繁项集(Max Pattern/Maximal Frequent Itemset):如果频繁项集 L 的所有超集都是非频繁项集,那么称 L 为最大频繁项集或最大频繁模式,记为 MFI(Maximal Frequent Itemset)。频繁项集是最大频繁项集的子集。最大频繁项集中包含了频繁项集的频繁信息,且通常项集的规模要小几个数量级。在数据集中含有较长的频繁模式时,挖掘最大频繁项集是非常有效的手段。所以,最大频繁项集是各频繁 k 项集中符合无超集条件的频繁项集。

闭合频繁项集(Close Pattern):所谓闭项集,就是指一个项集 X,它的直接超集的支持度计数都不等于它本身的支持度计数。如果闭项集同时是频繁的,也就是它的支持度大于或等于最小支持度阈值,那它就称为闭合频繁项集。

如表 8-2 所示,项集$\{b,c\}$出现在 TID 为 1、2、3 的事务中,所以$\{b,c\}$的支持度计数为 3。而$\{b,c\}$的直接超集$\{a,b,c\}$和$\{a,b,c,d\}$的支持度计数分别为 2、1,都不等于$\{b,c\}$的支持度计数 3,所以$\{b,c\}$为闭项集,如果支持度阈值为 40%,则$\{b,c\}$也为闭合频繁项集。

项集$\{a,b\}$出现在 TID 为 1、2 的事务中,其支持度计数为 2。而它的直接超集$\{a,b,c\}$支持度计数也为 2,所以$\{a,b\}$不是闭项集。

表 8-2 项集示例

TID	Items
1	a、b、c
2	a、b、c、d
3	b、c、e
4	a、c、d、e
5	d、e

利用闭合频繁项集,输出的最终满足条件的项集个数将大大降低。举个极端的例子,如果一个长度为 20 的频繁项集 X 的所有非空子集的支持度都与该项集相同,则原理结果中的(220−1)个项集都由该项集 X 所涵盖了。如果只有部分子集具有与 X 相同的支持度,则在不必输出这些项集的同时,又可以通过 X 推导出它们的存在,所有未出现在结果中的那些 X 的子集一定是频繁的,且具有与 X 相同的支持度。因此闭合频繁项集的集合是对频繁项集集合的一种信息无损的压缩。

8.1.4 关联规则的度量

8.1.1 节中涉及两个参数:支持度和置信度。这两种度量是描述一条关联规则是否有意义的常用度量。但是在有些情况下,仅仅根据这两个度量发现的规则可能具有误导性。例如,如果利用关联分析的方法分析修"商务智能"课程的学生的基本信息以及所得成绩之间的关系,可能得到这样一条关联规则:专业=计算机→成绩=良(53%,72.6%),这使人感觉计算机专业的学生更易得"良"。但是实际上总人数中得"良"的比例为75%，也就是说如果是计算机专业的学生，得"良"的可能性反而降低了。那么，我们如何能避免发现此类关联规则呢？因此，很多研究者提出了不同的度量方法。以下介绍提升度和度量。

1. 提升度

对于关联规则 $X \to Y$，提升度(lift)的计算公式为：

$$\text{lift}(X,Y) = \frac{\text{confidence}(X \to Y)}{\text{support}(Y)} = \frac{P(X \cup Y)}{P(X)P(Y)} \tag{8-3}$$

提升度反映了关联规则中 X 与 Y 的相关性，弥补了置信度没有考虑规则后件的支持度的缺陷。如果 X 和 Y 相互独立，则 $P(X \cup Y) = P(X)P(Y)$，此时，$\text{lift}(X,Y) = 1$。提升度>1且越高表明正相关性越高，提升度<1且越低表明负相关性越高。

例如，在所分析的10 000个事务中，6000个事务包含计算机游戏，7500个事务包含游戏机游戏，4000个事务同时包含两者。关联规则(计算机游戏，游戏机游戏)支持度为0.4，看似很高，但其实这个关联规则是一个误导。

在用户购买了计算机游戏后有（4000÷6000）=0.667的概率去购买游戏机游戏，而在没有任何前提条件时，用户反而有（7500÷10 000）=0.75的概率去购买游戏机游戏，也就是说设置了购买计算机游戏这样的条件反而会降低用户去购买游戏机游戏的概率，所以计算机游戏和游戏机游戏是相斥的。

在理论上把 0.667/0.75 称为提升度，一般在数据挖掘中当提升度大于3时，我们才承认挖掘出的关联规则是有价值的。

提升度是一种比较简单的判断手段，在实际应用中它受零事务的影响较大，零事务在本例中可以理解为既没有买计算机游戏也没有买游戏机游戏的事务，其值为10 000－4000－2000－3500=500，很小，但在现实中，这个值往往是很大的。如果保持其他数据不变，把10 000个事务改成1 000 000个事务，那么计算出的提升度就会明显增大，此时的零事务也很大（1 000 000－4000－2000－3500），可见提升度是与零事务有关的。

2. 度量

对于关联规则 $X \to Y$，度量(cosine)的计算公式为：

$$\text{cosine}(X,Y) = \frac{P(X \cup Y)}{\sqrt{P(X)P(Y)}} = \frac{\text{support}(X \cup Y)}{\sqrt{\text{support}(X) \times \text{support}(Y)}}$$

$$= \sqrt{\text{confidence}(X \to Y) \times \text{confidence}(Y \to X)} \tag{8-4}$$

从式(8-4)可以看到，当 X, Y 向量夹角余弦等于1时，这两个向量完全重复，表示 X 与 Y 完全一致；当夹角的余弦值接近于1时，两个向量相关度较高；夹角的余弦越小，两个向量越不相关。

8.2 频繁项集的典型挖掘方法

关联规则的挖掘一般分为两个步骤：第一步发现所有的频繁项集；第二步从频繁项集中发现关联规则。

关联规则自 1993 年提出以来,至今已经有非常多的相关研究。典型的挖掘算法包括 Agrawal 于 1994 年提出的先验(Apriori)算法,以及 J. Han 提出的频繁模式增长(FP-growth)算法等。

8.2.1 先验算法

先验算法是一种挖掘关联规则的频繁项集算法,其核心思想是通过候选集生成和情节的向下封闭检测两个阶段来挖掘频繁项集。而且该算法已经被广泛应用到商业、网络安全等各个领域。

先验算法的基本思想是:首先找出所有的频繁项集,这些项集出现的频繁性至少和预定义的最小支持度一样;由频繁项集产生强关联规则,这些规则必须满足最小支持度和最小可信度;然后使用找到的频繁项集产生期望的规则,产生只包含集合的项的所有规则,其中每条规则的右部只有一项。一旦这些规则被生成,那么只有那些大于用户给定的最小可信度的规则才被留下来。为了生成所有频繁项集,使用了递归的方法。

1. 先验算法流程

如图 8-1 所示是先验算法的流程图,其中,Apriori_Gen 算法完成并和剪枝(prune)两个操作。在并运算中,保证不会有重复的候选集生成;在剪枝步骤中删除那些存在子集不是频繁项目集的候选集。

先验算法的流程分为两个步骤。
- 第一步,通过迭代,检索出事务数据库中的所有频繁项集,即支持度不低于用户设定的阈值的项集;
- 第二步,利用频繁项集构造出满足用户最小信任度的规则。

具体做法就是:首先找出频繁 1-项集,记为 L_1;然后利用 L_1 来产生候选项集 C_2,对 C_2 中的项进行判定挖掘出 L_2,即频繁 2-项集。不断如此循环下去直到无法发现更多的频繁 k-项集为止。每挖掘一层 L_k 就需要扫描整个数据库一遍。算法利用了频繁项集的性质:任一频繁项集的所有非空子集也必须是频繁的。意思就是说,生成一个 k-项集的候选项时,如果这个候选项有子集不在 $(k-1)$-项集(已经确定是连续的)中时,那么这个候选项就不用拿去和支持度判断了,直接删除。包括如下两个步骤。

(1) 连接步。

为找出 L_k(所有的频繁 k 项集的集合),通过将 L_{k-1}(所有的频繁 $k-1$ 项集的集合)与自身连接产生候选 k 项集的集合。候选集合记作 C_k。

假设先验算法对事务或项集中的项按字典次序排序,即对于 $(k-1)$ 项集 l_i,$l_i[1]<l_i[2]<\cdots<l_i[k-1]$ 将 L_{k-1} 与自身连接,如果 $(l_1[1]=l_2[1])$ && $(l_1[2]=l_2[2])$ && $\cdots$ && $(l_1[k-2]=l_2[k-2])$ && $(l_1[k-1]<l_2[k-1])$,则认为 l_1 和 l_2 是可连接的。连接 l_1 和 l_2 产生的结果是 $\{l_1[1],l_1[2],\cdots,l_1[k-1],l_2[k-1]\}$。

(2) 剪枝步。

C_k 是 L_k 的超集,也就是说,C_k 的成员可能是也可能不是频繁的。通过扫描所有的事务(交易),确定 C_k 中每个候选的计数,判断是否小于最小支持度计数,如果不是,则认为该候选是频繁的。为了压缩 C_k，可以利用先验算法的性质：任一频繁项集的所有非空子集也必须是频繁的，反之，如果某个候选的非空子集不是频繁的，那么该候选肯定不是频繁的，从而可以将其从 C_k 中删除。

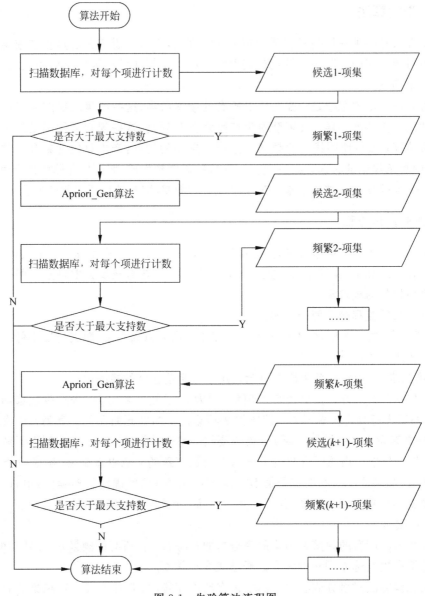

图 8-1 先验算法流程图

下面举例说明该算法的运行过程：假设有一个数据库 D，其中有 4 个事务记录，如表 8-3 所示。

设置最小支持度 minsup=2，算法运行的过程如下。

(1) 扫描数据库 D，对每个候选项进行支持度计数得到表 8-4 所示的表 C_1。

(2) 比较候选项支持度计数与最小支持度 minsup，产生 1 维最大项集 L_1，如表 8-5

所示。

表 8-3 事务集 D

TID	Items
T1	I1,I3,I4
T2	I2,I3,I5
T3	I1,I2,I3,I5
T4	I2,I5

表 8-4 表 C_1

项集	支持度计数
{I1}	2
{I2}	3
{I3}	3
{I4}	1
{I5}	3

表 8-5 项集 L_1

项集	支持度计数
{I1}	2
{I2}	3
{I3}	3
{I5}	3

(3) 由 L_1 产生候选项集 C_2，如表 8-6 所示。

(4) 扫描 D，对每个候选项集进行支持度计数，如表 8-7 所示。

表 8-6 表 C_2

项集
{I1,I2}
{I1,I3}
{I1,I5}
{I2,I3}
{I2,I5}
{I3,I5}

表 8-7 C_2 支持度

项集	支持度计数
{I1,I2}	1
{I1,I3}	2
{I1,I5}	1
{I2,I3}	2
{I2,I5}	3
{I3,I5}	2

(5) 比较候选项支持度计数与最小支持度 minsup，产生 2 维最大项集 L_2，如表 8-8 所示。

(6) 由 L_2 产生候选项集 C_3，如表 8-9 所示。

(7) 比较候选项支持度计数与最小支持度 minsup，产生 3 维最大项集 L_3，如表 8-10 所示。

表 8-8 项集 L_2

项集	支持度计数
{I1,I3}	2
{I2,I3}	2
{I2,I5}	3
{I3,I5}	2

表 8-9 C_3

项集
{I2,I3,I5}

表 8-10 项集 L_3

项集	支持度计数
{I2,I3,I5}	2

(8) 算法终止。

从算法的运行过程可以看出该先验算法的优点：简单、易理解、数据要求低，然而我们也可以看到先验算法有如下缺点。

(1) 在每一步产生候选项目集时循环产生的组合过多，没有排除不应该参与组合的元素；

（2）每次计算项集的支持度时，都对数据库 D 中的全部记录进行了一遍扫描比较，如果是一个大型的数据库，这种扫描比较会大大增加计算机系统的输入输出开销。而这种代价是随着数据库记录的增加呈现出几何级数的增加。因此人们开始寻求更好性能的算法。

2. 改进先验算法的方法

方法 1：基于哈希表的项集计数。将每个项集通过相应的哈希函数映射到哈希表中不同的桶中，这样可以通过将桶中的项集技术与最小支持计数相比较先淘汰一部分项集。

方法 2：事务压缩（压缩进一步迭代的事务数）。不包含任何 k-项集的事务不可能包含任何 $(k+1)$-项集，这种事务在下一步的计算中可以加上标记或删除。

方法 3：划分。挖掘频繁项集只需要两次数据扫描，D 中的任何频繁项集必须作为局部频繁项集至少出现在一个部分中。

第一次扫描：将数据划分为多个部分并找到局部频繁项集；

第二次扫描：评估每个候选项集的实际支持度，以确定全局频繁项集。

方法 4：选样（在给定数据的一个子集挖掘）。基本思想：选择原始数据的一个样本，在这个样本上用先验算法挖掘频繁模式，通过牺牲精确度来减少算法开销，为了提高效率，样本大小应该可以放在内存中为宜，可以通过适当降低最小支持度来减少遗漏的频繁模式，也可以通过一次全局扫描来验证从样本中发现的模式，还可以通过第二次全局扫描来找到遗漏的模式。

方法 5：动态项集计数。在扫描的不同点添加候选项集，这样，如果一个候选项集已经满足最少支持度，则可以直接将它添加到频繁项集，而不必在这次扫描以后的对比中继续计算。

8.2.2 频繁模式增长算法

先验算法在产生频繁模式完全集前需要对数据库进行多次扫描，同时产生大量的候选频繁项集，这就使先验算法时间和空间复杂度较大。但是先验算法中有一个很重要的性质：频繁项集的所有非空子集都必须也是频繁的。先验算法在挖掘频繁模式的时候性能往往低下，频繁模式增长算法是韩嘉炜等人在 2000 年提出的关联分析算法，它采取如下分治策略：将提供频繁项集的数据库压缩到一棵频繁模式树（Frequent Pattern Tree，FP-tree），但仍保留项集关联信息。

在算法中使用了一种称为频繁模式树的数据结构。频繁模式树是一种特殊的前缀树，由频繁项表头和项前缀树构成。频繁模式树增长算法基于以上的结构加快整个挖掘过程。

1. 基本概念

（1）频繁模式树：将事务数据表中的各个事务数据项按照支持度排序后，把每个事务中的数据项按降序依次插入一棵以 NULL 为根节点的树中，同时在每个节点处记录该节点出现的支持度。

(2) 条件模式基：包含频繁模式树中与后缀模式一起出现的前缀路径的集合。

(3) 条件树：将条件模式基按照频繁模式树的构造原则形成一个新的频繁模式树。

2. 频繁模式增长算法的基本过程

频繁模式增长算法比先验算法效率更高，在整个算法的执行过程中，只需遍历数据集两次，就能够完成频繁模式发现，其发现频繁项集的基本过程如下[①]：

(1) 构建频繁模式树；

(2) 从频繁模式树中挖掘频繁项集。

频繁模式增长算法的一般流程如下：

第一步：先扫描一遍数据集，得到频繁项为 1 的项目集，定义最小支持度（项目出现的最少次数），删除那些小于最小支持度的项目，然后将原始数据集中的条目按项目集中降序进行排列。

第二步：第二次扫描，创建项头表（从上往下降序）及频繁模式树。

第三步：对于每个项目（可以按照从下往上的顺序）找到其条件模式基（Conditional Pattern Base，CPB），递归调用树结构，删除小于最小支持度的项。如果最终呈现单一路径的树结构，则直接列举所有组合；非单一路径的则继续调用树结构，直到形成单一路径即可。

3. 实例

如表 8-11 所示为数据清单（第一列为购买 id，第二列为物品项目）。

表 8-11　数据清单

TID	Items
1	I1、I2、I5
2	I2、I4
3	I2、I3
4	I1、I2、I4
5	I1、I3
6	I2、I3
7	I1、I3
8	I1、I2、I3、I5
9	I1、I2、I3

• 第一步：构建频繁模式树，其步骤如下。

(1) 扫描数据集，对每个物品进行计数，结果如表 8-12 所示。

---

① 参考来源：https://blog.csdn.net/baixiangxue/article/details/80335469

表 8-12 物品计数

I1	I2	I3	I4	I5
6	7	6	2	2

(2) 设定最小支持度(即物品最少出现的次数)为 2。

(3) 按降序重新排列物品集(如果出现计数小于 2 的物品则需删除),结果如表 8-13 所示。

表 8-13 物品重新计数

I2	I1	I3	I4	I5
7	6	6	2	2

(4) 根据项目(物品)出现的次数重新调整物品清单,如表 8-14 所示。

表 8-14 调整后的物品清单

TID	Items
1	I2、I1、I5
2	I2、I4
3	I2、I3
4	I2、I1、I4
5	I1、I3
6	I2、I3
7	I1、I3
8	I2、I1、I3、I5
9	I2、I1、I3

(5) 构建频繁模式树。

加入第一条清单(I2,I1,I5),如图 8-2 所示。

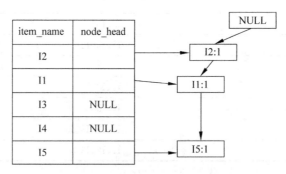

图 8-2 构建频繁模式树-1

加入第二条清单(I2,I4),出现相同的节点进行累加(I2),如图 8-3 所示。

依次加入表 8-14 中的第 3～9 条清单,得到频繁模式树如图 8-4 所示。

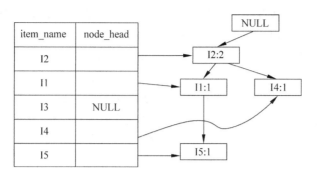

图 8-3 构建频繁模式树-2

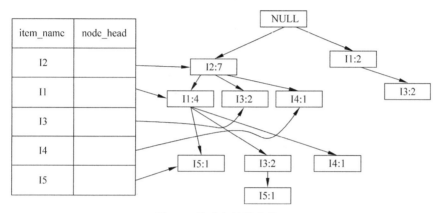

图 8-4 构建频繁模式数-3

- 第二步：挖掘频繁项集。

对于每个元素项，获取其对应的条件模式基。条件模式基是以所查找元素项为结尾的路径集合。每条路径其实都是一条前缀路径。

按照从下往上的顺序，参考如下两个例子。

(1) 考虑 I5，得到条件模式基{(I2 I1:1),(I2 I1 I3)}，构造条件频繁模式树如图 8-5 所示，然后递归调用频繁模式增长算法，模式后缀为 I5。这个条件频繁模式树是单路径的，在频繁模式增长算法中直接列举{(I2:2),(I1:2),(I3:1)}的所有组合，之后和模式后缀 I5 取并集得到支持度大于 2 的所有模式：{(I2 I5:2),(I1 I5:2),(I2 I1 I5:2)}。

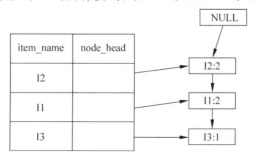

图 8-5 条件频繁模式树-1

(2) I5 的情况是比较简单的,因为 I5 对应的条件频繁模式树是单路径的。下面考虑 I3,I3 的条件模式基是{(I2 I1:2),(I2:2),(I1:2)},生成的条件频繁模式树如图 8-6 所示,然后递归调用频繁模式增长算法,模式前缀为 I3。I3 的条件频繁模式树仍然是一个多路径树,首先把模式后缀 I3 和条件 FP 树中的项头表中的每个项取并集,得到一组模式{(I2 I3:4),(I1 I3:4)},但是这一组模式不是后缀为 I3 的所有模式。还需要递归调用频繁模式增长算法,模式后缀为{I1,I3},{I1,I3}的条件模式基为{I2:2},其生成的条件频繁模式树如图 8-7 所示。这是一个单路径的条件频繁模式树,在频繁模式增长算法中把 I2 和模式后缀{I1,I3}取并得到模式{(I1 I2 I3:2)}。理论上还应该计算一下模式后缀为{I2,I3}的模式集,但是{I2,I3}的条件模式基为空,递归调用结束。最终模式后缀 I3 的支持度大于 2 的所有模式为:{(I2 I3:4),(I1 I3:4),(I1 I2 I3:2)}。

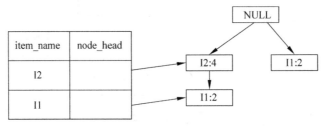

图 8-6 条件频繁模式树-2

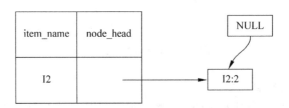

图 8-7 条件频繁模式树-3

根据频繁模式增长算法,最终得到的支持度大于 2 频繁模式如表 8-15 所示。

表 8-15 支持度大于 2 频繁模式

Items	条件模式基	条件频繁模式树	产生的频繁模式
I5	{(I2 I1:1),(I2 I1 I3:1)}	(I2:2,I1:2)	(I2 I5:2),(I1 I5:2),(I2 I1 I5:2)
I4	{(I2 I1:1),(I2:1)}	(I2:2)	(I2 I4:2)
I3	{(I2 I1:2),I2:2),(I1:2)}	(I2:4,I1:2),(I1:2)	(I2 I3:4),(I1 I3:4),(I2 I1 I3:2)
I1	{(I2:4)}	(I2:4)	(I2 I1:4)

8.2.3 关联规则的产生方法

对于规则 $S \to Y$ 来说,称项集 S 为该规则的前件,Y 为后件。所有的频繁项集发现之后,就可以生成关联规则。对于任一频繁项集 X 和它的非空子集 Y,假设 $S=X-Y$,检验是否满足 $confidence(S \to Y) \geq minconf$,如果满足,则输出规则 $S \to Y$。为了快速生成所有规则,对于一个频繁项集 X,可以按照特定的顺序进行上述的检验,一种高效的

方法是按照 Y 的长度从小到大进行。即先检验 X 的每个 1 项子集作为规则的后件。若 Y 和 Z 是 X 的两个不同的 k 项子集，只有当 confidence($X-Y \to Y$)$\geqslant$minconf 和 confidence($X-Z \to Z$)$\geqslant$minconf 都满足时才有必要检验 $X-(Y \cup Z) \to (Y \cup Z)$ 是否成立；如果 confidence($X-Y \to Y$)$<$minconf 或 confidence($X-Z \to Z$)$<$minconf，则 confidence($X-(Y \cup Z) \to (Y \cup Z)$) 一定不成立。因为如果 confidence($X-Y \to Y$)$<$minconf，即：

$$\text{confidence}(X-Y \to Y) = \frac{\text{count}(X)}{\text{count}(X-Y)} < \text{minconf}$$

则一定有

$$\text{confidence}(X-(Y \cup Z) \to (Y \cup Z)) = \frac{\text{count}(X)}{\text{count}(X-(Y \cup Z))} \leqslant \frac{\text{count}(X)}{\text{count}(X-Y)} < \text{minconf}$$

因此在由 k 项子集构建 $k+1$ 项子集后件时可以采用先验算法中候选项集的构建方法。例如，假设项集 $\{a、b、c、d\}$ 是一个 4 项频繁集，简写为 $abcd$，假设 $abc \to d$、$abd \to c$、$acd \to b$ 和 $bcd \to a$ 都成立，检验 2 项子集时发现 $cd \to ab$、$bd \to ac$、$ad \to bc$、$ac \to bd$ 成立，则由前两个规则可以生成 $d \to abc$，由后两个规则可生成 $a \to bcd$。$d \to abc$ 需要进一步验证其置信度是否满足阈值要求，因为 $cd \to ab$、$bd \to ac$、$ad \to bc$ 都成立；而 $a \to bcd$ 不需要检验，因为 $ab \to cd$ 不成立，它不可能成立。

得到所有的频繁项集以后，可以按照下面的步骤生成关联规则。

(1) 对于每个频繁项目集 I，生成其所有的非空子集；

(2) 对于 I 的每个非空子集 x，计算 conference(x)，如果 confidence(x)$>$minconf，那么，$x \to (I-x)$ 成立；

(3) 由于规则由频繁项集产生，每个规则都自动满足最小支持度。

频繁项集的挖掘是算法的瓶颈。先验算法有两个致命的性能瓶颈：

(1) 多次扫描事务数据库，需要很大的 I/O 负载；

(2) 可能产生庞大的候选集。

瓶颈产生的原因是候选集的产生和判断过程。而频繁模式增长算法可以较好地解决这个问题，其策略是：

(1) 将提供频繁项集的数据库压缩到一颗频繁模式树，但仍然保留项集关联信息；

(2) 将这种压缩后的数据库(频繁模式树)分成一组条件数据库(若干子树)，每个关联一个频繁项，并分别挖掘每个条件数据库(子树)，从而获得频繁项。

有如下优点。

(1) 完备：保存了用来挖掘频繁项集的全部信息；任何事物包含的长模式不会被截断；

(2) 压缩：减少了不相关信息——非频繁项已经被过滤，项以出现次数降序排列。越频繁的项越容易被共享，频繁模式树中包含的节点数目不会比数据库中包含的项的数据多。

8.3 关联规则的其他类型

8.3.1 多层关联规则

如果只对顾客购买的最细节的商品进行关联分析，有可能出现某些商品出现频率太低的情况；如果将商品进行归类，属于一类的商品的支持度会大于其包含的每个商品的支持度，从而有利于发现一些有意义的频繁模式或关联规则。为此研究者提出了多层次关联规则的挖掘方法，该问题最早由 Han、Fu、Srikant 和 Agrawal 在 1995 年提出。

商品的类别信息通常可以利用概念层次树来表示，如图 8-8 所示是有关食品的概念层次树。

在概念层次树中，叶子节点代表具体商品，而其上层节点代表其类别信息。如果一个节点 A 和节点 B 之间存在一条从 A 指向 B 的有向边，则 A 称为 B 的双亲节点，B 则为 A 的子女节点，从根节点到一个节点 A 的路径中的所有除 A 外的节点都是 A 的祖先，同时 A 也是这些节点的子孙节点。

图 8-8　概念层次树

节点的层次从根节点开始，根节点的层次为 1，根节点的子女节点层次为 2，以此类推。

利用项的概念层次信息不仅可以发现涉及那些出现频率比较低的商品的频繁模式和关联规则，而且还可以发现概括性更强的规则。为了发现包含不同层次商品的频繁模式，可以将交易数据库进行更新，将一行中每个商品的所有祖先节点都添加到该行中，与其他项同等对待，利用频繁模式和关联规则的挖掘算法可以发现类似"牛奶→面包"或"牛奶→黄面包"等类型的关联规则。当然，引入概念层次信息也会有一些问题存在，例如，挖掘效率变低、发现冗余的关联规则等。如果一个规则中的项是另一个规则中项的祖先，则称前者是后者的祖先规则。例如规则"牛奶→面包"是规则"脱脂奶→黄面包"的祖先规则。如果一个规则和其祖先规则具有近似相同的置信度，则该规则称为冗余规则。为了减少发现的规则数目，可以将冗余规则从输出的结果中删除。

8.3.2　负模式

很多的算法都使用"支持度-可信度"的框架。这样的结构有时会产生一些错误的结果。如表 8-16 的例子所示。

由表 8-16 可以了解到，如果设定最小支持度和最小可信度分别为 0.2 和 0.8，按照 Agrawal 的定义得到关联规则"买牛奶→买咖啡（$s=0.2, c=0.8$）"，即 80% 的人买了牛奶就会买咖啡，但同时也可以得到"90% 的人肯定会买咖啡"。换句话说，买牛奶这个事件对于买咖啡这个事件的刺激作用（80%）并没有想象中的（90%）那么大。反而是规则"买咖啡→不买牛奶（$s=0.7, c=0.78$）"更具有实际的指导意义。

表 8-16　负模式的例子

购买模式	购买模式		
	买咖啡	不买咖啡	合计
买牛奶	20	5	25
不买牛奶	70	5	75
合计	90	10	100

如前所述，集合 $I=\{i_1,i_2,\cdots,i_n\}$ 包含了交易数据库中出现的所有项，当项 i_k 没有出现在某个给定的交易中时，称该项对于该交易是个负项，记为 $\overline{i_k}$；与之对应地，出现在该交易中每个项 i_d 称为正项。一个包含负项的集合称为负项集。一个负项集的支持度如果不小于用户给定的最小支持度，则称为频繁负项集。给定一个频繁负项集 X，可以从中发现隐含的负关联规则 $subsel(X) \rightarrow X-subsel(X)$，如果该规则的置信度大于或等于给定的最小置信度阈值，负项集和负关联规则统称为负模式。

为了发现负模式，如果将未出现在一个交易中的所有项都以负项的形式加入是不行的，因为毕竟出现在交易中的项的个数是很少的。可以只将那些频繁出现的项或所关注的某些项加入。

8.3.3 结构化数据的关联分析

前面介绍的交易数据库可以看作是非结构化的形式，也可以将其转化为结构化的表格形式存放。方法是将项的集 I 中每个项都作为一个属性，对于某个交易，如果某项出现在此交易中，则相应地该属性取值为 1；否则取值为空（或者为 0）。例如，如表 8-1 所示的交易数据库可以转化为如表 8-17 所示的结构化表格。

表 8-17 交易数据库对应的结构化表

TID	可乐	鸡蛋	火腿	尿布	啤酒
001	1	1	1		
002	1			1	1
003	1		1	1	1
004				1	1

同样对于存放在关系数据库表中的数据，可以利用关联分析的方法发现其中的频繁模式和关联规则。例如，对于表 8-18 所示的表格数据，可以将其转化为表 8-19 所示的数据表，这其中包含两种处理：对于类别取值的属性，将每个取值转化为"属性=值"的形式，以便更好地理解所发现的频繁模式或关联规则；对于取值连续的属性，首先将其离散化，然后将每个取值区间作为一个值，继而转化为"属性=值"的形式。

表 8-18 学生及修课信息表 1

性别	年龄/岁	专业	类别	分数
男	21	计算机	硕士研究生	A
女	22	信息系统	硕士研究生	B
男	20	会计	本科生	B
女	28	金融	博士研究生	C
男	26	计算机	博士研究生	B

表 8-19 学生及修课信息表 2

性别	年龄/岁	专业	类别	分数
性别=男	年龄=[20~24]	专业=计算机	类别=硕士研究生	分数=A
性别=女	年龄=[20~24]	专业=信息系统	类别=硕士研究生	分数=B

续表

性别	年龄/岁	专业	类别	分数
性别＝男	年龄＝[20～24]	专业＝会计	类别＝本科生	分数＝B
性别＝女	年龄＝[25～29]	专业＝金融	类别＝博士研究生	分数＝C
性别＝男	年龄＝[25～29]	专业＝计算机	类别＝博士研究生	分数＝B

8.4 习题

1. 假设记录了一组用户在一段时间内网上购物的信息，包括在什么网站、什么时间、购买了哪些商品，每个用户都有一个唯一的用户 ID，请回答如下问题：

   (1) 如何构造数据集以进行频繁项集和关联的发现工作？

   (2) 根据(1)中构造的数据集所发现的关联规则对于商家有什么意义？

   (3) 比较网上购物与实体超市购物两种情况下，关联分析的不同之处有哪些？

2. 如表 8-20 所示的交易数据库，假设最小支持度为 40%，最小置信度为 60%，请找出所有的频繁项集以及关联规则。

表 8-20　第 2 题数据

TID	项
1	a、b、d、e
2	a、c
3	c、d、f
4	a、b、c、d
5	a、b、c、f

3. 如表 8-21 所示的每行用于记录某天中价格上涨的股票，请据此表回答下列问题：

表 8-21　第 3 题数据

日期	股票
2019-06-04	A、B、C、D
2019-06-05	D、E
2019-06-06	A、B
2019-06-07	A、B、E、F
2019-06-08	D、E

   (1) 假设 minsup＝40%，minconf＝60%，可以发现哪些关联规则？这些规则在现实中有什么意义？

   (2) 如果要利用关联规则的发现方法发现类似这样的规则"股票 A 涨、股票 B 涨则第 2 天股票 E 涨"，该如何构造数据集？

   (3) 如果发现的规则形式为："股票 A 涨、股票 B 涨则第 2 天股票 C 跌"，该如何构造数据集？

4. 针对第 2 题发现的关联规则 $a \to b$ 构造列联表，分别计算度量和提升度，并说明其含义。

5. 如表 8-22 所示的每个项都表达成类别-商品的格式，即 A-a 代表 a 的类别是 A。设 minsup＝40％和 minconf＝60％，请发现含有类别的频繁项集及关联规则。

表 8-22 第 5 题数据

TID	项
1	A-a、A-b、B-d、C-e
2	A-a、B-c
3	B-c、B-d、C-f
4	A-a、A-b、B-c、B-d
5	A-a、A-b、B-c、C-f

第 9 章

文本挖掘

视频讲解

【学习目标】

- 理解文本挖掘的基本原理；
- 掌握文本挖掘的基本流程；
- 了解文本特征的表示方法。

随着互联网技术的飞速发展，大量的信息在互联网上爆炸式地增长着，而其中很多以文本的形式存在着，包括新闻文章、研究论文、书籍、期刊、报告、专利说明书、会议文献、技术档案、政府出版物、数字图书馆、技术标准、产品样本、电子邮件消息、Web 页面等。这些文档可能包含标题、作者、出版日期、长度等结构化数据，也可能包含摘要和内容等非结构化的文本成分，而且这些文档的内容是人类所使用的自然语言，计算机很难处理其语义。因此，传统的数据挖掘技术已不能满足日益增加的大量文本数据处理的需要，而文本挖掘方法能进行不同的文档比较，排列文档的重要性和相关性，或找出多文档的模式、趋势等。

9.1 文本挖掘的概念

文本挖掘的基本要素是文本。为了实际应用，可以将文本非形式化地定义为一个离散数据单元的集合，和现实世界中的文件（如商业报告、法律备忘录、电子邮件、研究论文、手稿、新闻稿或小说故事等）很相似，但是我们不能由此推断出指定的文本只能存在于一个特定语境中。文本可以是不同文本集合的成员，也可以是相同文本集合的不同子集，甚至可以存在于不同的集合中。例如，微软的反垄断诉讼可能存在于不同的文本集合中，它可能是时事新闻、法律新闻，或者软件公司新闻等。

1．结构化文本

结构化文本是满足如下条件的文档：
（1）采用抽象概念的形式描述；
（2）文本具有严格的结构，且其结构的合法性是可验证的；
（3）文本的结构是与其语义的抽象概念相一致的；
（4）作为研究对象的文档集或研究子集满足相同的文档结构定义；
（5）结构定义在时间上保持稳定。

XML 文件是典型的结构化文本。由于 XML 的规范性、结构化、可扩展性及简洁性，它已成为描述结构化文本的标准通用语言。

不满足结构化文本要求的文档称为非结构化文本。

2．弱结构化或半结构化文本

尽管我们在一定程度上可能认为，文本是非结构化的，但从语言学的观点来看，即使是一篇结构很差的文本也在一定程度上表现出了语义和句法上的结构化，虽然这种结构化可能不明显，或在一定程度上可能隐藏在文本内容里。此外，印刷的元素，如标点符号、大小写、数字以及特殊符号，特别是排版时人为的对象，如空格、回车、下画线、星号、表、列等，可以被视为一种"软标记"语言，它可以提供线索来帮助识别重要的文本子部件，如段落、标题、出版日期、作者姓名、表记录、页眉和脚注。字词的顺序对于文本来说也是结构化的一个有意义的方面。非结构化的另外一个极端是用 HTML 编辑器产生的文本，实际上，HTML 文本包含了用规范化的标注标签形式嵌入的元数据。

有些文本很少通过印刷、排版或标注符号来体现结构，如大多数的科学研究论文、商业报告、法律备忘录和新闻报道，有时称为自由格式的或弱结构化的文本；有些文本具有大量的、一致的格式元素，通过这些元素，可以很容易推断出域类型、元数据，如一些具有严格文本模板或格式限制的电子邮件、HTML 网页、PDF 文件、字处理文本等，它们偶尔被称为弱结构化或半结构化文本。

文本挖掘大致可以定义为一个知识密集型的处理过程，在此过程中，用户使用分析工具处理文本集。与数据挖掘类似，文本挖掘旨在通过识别和检索令人感兴趣的模式，进而从数据源中抽取有用的信息。但在文本挖掘中，数据源是文本集合，令人感兴趣的模式不是从形式化的数据库记录中发现，而是从文本集合中的非结构化文本数据中发现。

当然，文本挖掘的很多想法和研究方向来源于数据挖掘的研究。由此发现，文本挖掘系统和数据挖掘系统在高层次结构上会表现出许多相似之处。例如，这两种系统都取决于预处理过程、模式发现算法以及表示层元素。此外，文本挖掘在它的核心知识发现操作中采用了很多独特的模式类型，这些模式类型与数据挖掘的核心操作不同。

由于数据挖掘假设数据已采用了结构化的存储格式，因此它的预处理在很大程度上集中于两项关键任务：清除数据噪声和规范数据，以及创建大量的连接表。相比之下，文本挖掘系统预处理操作以自然语言文本特征识别和抽取为重点。这些预处理操作负责将存储在文本集合中的非结构化数据转换为更加明确的结构化格式，这点和数据挖掘系统有明显不同。

此外,文本挖掘还借鉴了其他一些致力于自然语言处理的计算机学科,如信息检索、信息抽取,以及基于语料库的计算语言学等领域的一些技术和方法。

9.2 文本挖掘的技术背景

1. 数字化的文本数量不断增长

Web 网页中 99%的可分析信息是以文本形式存在的。Web 网页总量已达数百亿,每天新增网页数千万,截至 2018 年 12 月,我国网页数量为 2816 亿(数据来源于中国互联网络信息中心),一些机构内 90%的信息以文本形式存在,如数字化图书、数字化档案、数字化办公等。

2. 为文本挖掘带来机会和挑战

随着 Internet 的迅速发展和深入应用,对信息的使用也逐渐向深层次发展,即由结构化信息(数据库)转向半结构化信息(HTML)处理,这种半结构化形式的文本无论从逻辑结构还是语义关系都为信息的检索等深层次应用提供了良好的基础。经过结构信息抽取可将半结构化文本转换为结构化文本。

3. 新一代搜索引擎的需要

搜索引擎的发展可分为两个阶段:初级阶段是目前已经实现和普及的万维网(World Wide Web)阶段,它以 Web 资源的链接和传递为主要特征;高级阶段则是语义网(Semantic Web)阶段,其主要特征体现在 Web 资源可被机器理解和自动处理,能够更好地支持人机协同工作。

当前得到广泛应用的万维网,实质上是一个巨大的存储、共享文本和图像信息的分布式媒介,计算机只是对文字或图像进行展现,其自身无法对内容进行识别理解。因此,目前的万维网存在很大的发展进步空间。从某种意义上讲,语义是文本挖掘的一个结果,可以使搜索引擎具有全、准、可自动推送;还具有综合描述总结、规律趋势预测等特点。

4. 互联网内容安全

近些年来,国内外对网络与信息安全投入了极大的热情,使网络与信息安全得到了极大的发展,尤其是加密技术、防火墙技术、入侵检测技术等都已经成熟。但是,承载在通信网络上的信息内容安全却有许多空白,相对不足。信息内容安全问题就是"理解信息内容",分为三类:第一类是判断"信息是否可为该语句",称为语句分类(句法分析);第二类是判断"由可读语句表达的信息是否属于所关注的安全领域",称为领域分类(主题分类);第三类是判断"落入此领域的信息是否符合所定义的安全准则",称为安全分类(倾向分类)。这三类也是信息内容安全由形式到内容,最后到价值的三个层次,这也正是文本挖掘的过程。

9.3 文本挖掘的任务

一般来讲,文本挖掘处理过程包括输入和产生各种类型的输出。图 9-1 显示了这种体系结构的处理过程。

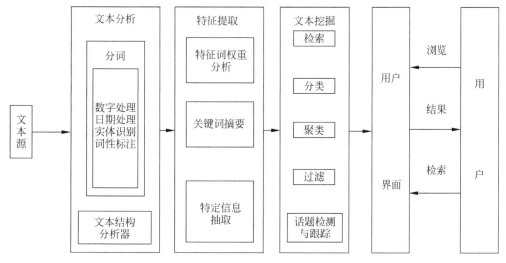

图 9-1 文本挖掘的任务流程

首先,载入一个文本源,该文本源可能是多种文本格式的一个综合性文本;接下来,挖掘处理就进入文本分析阶段,该阶段包括文本结构的分析以及文本内文字、词语的分析,主要包括分词:数字处理、日期处理、实体识别及词性标注,这些都是在文本结构分析器的辅助下完成的;经过文本分析阶段后,进入文本的特征提取阶段,在该阶段,文本内的词语经过关键词摘要:特征词权重分析、关键词摘要、特定信息抽取,来获得该文本的某方面特征;获得该文本的特征之后,就可以进入文本挖掘阶段,例如进行检索、分类、聚类、过滤、话题检测与跟踪操作,这部分的操作都是面向用户界面的,用户可以直接浏览、检索以及获得结果。

概括起来,文本挖掘就是一种通过挖掘文本内部词语来获得该文本知识的一个过程。

9.4 文本挖掘的预处理

有效的文本挖掘操作取决于先进的数据预处理方法。事实上,为了从原始非结构化数据源给出或抽取结构化表示,文本挖掘非常依赖于各种预处理技术,甚至在某种程度上,文本挖掘可由这些预处理技术定义。当然,对文本挖掘来说,为了处理原始的非结构化数据,与针对结构化数据源的数据挖掘操作所采用的预处理方法相比较,需要不同的预处理技术。

文本挖掘预处理技术的类别繁多。所有方法都以某种方式试图使文本结构化,从而使文本集结构化。所以,同时使用不同的预处理技术从原始文本数据产生结构化的文本表示是很常见的。不同的任务所使用的算法通常是不同的,相同的算法也可用于不同的任务。例如,隐马尔可夫模型(Hidden Markov Model,HMM),既可用于词性(Part-of-Speech,POS)标注,也可用于命名实体(Named Entity,NE)抽取。

不同技术的结合并不是简单地将结果结合,而是通过词的语法作用解决词性标注歧义问题,使用特定领域信息解决结构模糊的问题。

此外,任何文本的大部分内容都不包含有价值的信息,但在最终被丢弃前必须通过所有的处理阶段。

9.5 文本模式挖掘

虽然文本挖掘预处理操作在将非结构化的原始文本集合的内容转换为更加容易处理的概念级数据表示中发挥了重要的作用,但文本挖掘系统的核心功能表现为分析一个文本集合中的各个文本之间概念共同出现的模式。实际上,文本挖掘系统依靠算法和启发式方法跨文本考虑概念分布、频繁项以及各种概念的关联,其目的是使用户发现概念的种类和关联,这种概念的种类和关联是文本集合作为一个整体所反映出来的。

例如,在一个新闻文本集合中,如果大量的新闻包含某明星/政治人物和丑闻,那么可以暗示公众对于该明星/政治人物的品质具有负面的印象,从而警示他(她)需要发起新的与公众联系的活动。再如,有关公司 Y 及其产品 Z 新闻的数量有所增长,则暗示着消费者对于 Y 公司兴趣的焦点有所转移,它的竞争者对于这种转移必须有所关注。

所以,信息不是任何单个文本提供的,而是文本集合作为一个整体所提供的。模式分析的文本挖掘方法致力于在整个语料库中发现概念之间的关联。

基于大规模和高维度特征集的文本挖掘方法,通常生成大量的模式。这将导致在识别模式时出现严重的问题,这个问题比目标是结构化的数据源的数据挖掘应用所面临的问题还要严重得多。

对于文本挖掘系统,一项主要的操作任务是通过提供求精功能使用户能够限制模式过剩,这种求精能力的关键是对搜索结果采取各种特殊的"兴趣度"措施,可以阻止用户得到过多无法理解的搜索结果。

模式过剩的问题可能存在于所有的知识发现活动中,这个问题在遇到巨大规模的文本集合的时候被简单地放大了。因此,文本挖掘系统必须为用户提供不仅相关而且容易处理的结果集。

9.6 挖掘结果可视化

挖掘结果可视化是文本挖掘系统的表示层,简称浏览,充当执行系统的核心知识发现算法的后处理,当今的大多数文本挖掘系统都支持浏览,这种浏览是动态的和基于内容的。浏览是通过特定文本集合对实际原文内容加以引导,而不是通过严格预先定义的结构。一般来说,以层次结构形式用图形来表示概念模式可以方便用户浏览,这种层次结构形式通过为科学研究有效地组织概念来改善交互性能。

文本挖掘系统将面对用户从潜在巨大的文本集合中获取的极其庞大的概念集。因此，文本挖掘系统必须能够使用户跨越这些概念，随时可以选择以"图"的方式浏览文本集概貌或局部细节。

文本挖掘系统使用可视化工具能方便导航和概念模式的搜寻。这些工具使用各种图形化的方法来表达复杂的数据关联。过去，文本挖掘的可视化工具或者产生静态的图形和图表，它们是模式的重要且严格的快照，或者在屏幕上显示或打印机上打印产生的报告。现在的文本挖掘系统越来越依赖于查询结果的高度交互式图形表示方法，这些方法允许用户拖拉、单击或者和概念模式的图形进行交互，许多文本挖掘系统的设计人员不再限制用户仅仅能运行一定数量的、固定的、交互预先程序化的搜索问题，用户可以使用开放性的问题进行文本搜索。实际上，对用户开放查询语言可以使用户能够直接使用更多的搜索功能。这种开放可以通过语言接口查询或命令行查询的方式来实现。

此外，对一些特殊的应用或任务，文本挖掘的前端可以通过一套聚类工具提供给用户聚簇的能力。文本挖掘系统允许用户为概念或概念之间的关联自定义概念配置文件，从而为交互式的搜索提供更加丰富的知识环境。

最后，某些文本挖掘系统提供用户操作、创建和关联等求精约束的能力，以辅助浏览更易处理的文本，得到更有用的结果集。就像其他有关创建、修正和参数化查询一样，在使用这些求精约束的同时，可以通过操作界面上的下拉列表、单选按钮、文本框和选项列表之类的图形元素来使用户界面变得更加友好。

预处理任务和核心挖掘操作是所有文本挖掘流程中最关键的两个步骤。

9.7 文本特征和表示

文本在挖掘之前，需要将文本转化为更易让计算机识别的信息，即对文本进行形式化的处理。这一形式化的结果称为文本表示。不同的文本表示模型有不同的特点，所以根据文本的特点和文本处理的要求来选择合适的文本表示模型是非常重要的。

9.7.1 向量空间模型

向量空间模型的基本思想是把文本表示成向量空间中的向量，采用向量之间的夹角余弦作为本文间的相似性度量。向量维上的值就对应于特征在文档集中的权值。为了将文本向量化，首先需要把文本的内容简短地看成是它含有的基本语言单位（字、词、词组或短语）所组成的集合，这些基本的语言单位统称为特征项。即文本可以用特征项集表示为 $d=(t_1,t_2,\cdots,t_n)$，其中 t_k 是项，$1 \leq k \leq n$。然后根据各个项在文本中的重要性给其赋予一定的权重 w，这时文本 d 就可以被记作 $(t_1w_1, t_2w_2, \cdots, t_nw_n)$。

权重值 w_k 可以为 0 或 1，表示第 k 个特征项在文本中是否出现；该特征是否对文本的内容是否有贡献。该种权值计算法为布尔权值。匹配函数遵循布尔逻辑的规则。布尔规则的优点是速度快，易于表示同义关系和词组；其缺点是不能表示特征相对文本的重要性，缺乏定量分析和量获悉，并且不能表示模糊匹配。

通过计算特征词在文档中的出现频率来确定其重要程度的一种加权方法,即 $w_k = f_k$,其中 f_k 为特征项 t_k 在文档 d 中的词频。

向量空间模型的优点在于将上下文表示为特征项和权值集合的向量,从而将分类操作变换为向量空间中的向量运算,向量的权重可以通过简单的统计来完成,即通过定量的分析对上下文之间进行比较。它的缺点在于特征项之间的"两两正交"的假设。因为在自然语言中,词或短语之间存在着十分密切的联系,所以这种假设会对计算结果的可靠性造成一定的影响。

9.7.2 概念模型

基于概念的文本表示模型是建立在许多自然语言处理相关理论与技术基础之上的,特别是其中的概念和概念距离,在该模型中有较多的应用和体现。

概念是事务本质特征的概括和抽象,且概念不受词汇语种、多义性和歧义性影响。概念与词语有着密切的联系,概念的产生和存在必须依附于词语。词语之所以能够表示其他事物,就是由于人们头脑中相应的概念。所以,词语是概念的语言形式,概念是词语的思想内容。

在概念词典中,词被划分为词形、词性和概念定义。词形指词的物理形态;词性说明该词的语法功能;概念定义由一个或多个基本属性(自然语言中最基本的、不可再分的概念)以及它们与主干词之间的语义关系描述组成。表 9-1 所示为概念模型表。

表 9-1 概念模型表

词形	词性	概念定义
大学	名词	场所、教、学、教育

通过这条记录可以看出,大学,这个词具有名词词性,其"概念定义"更是说明"大学"是一种场所,可以是"教"与"学"的空间,和"教育"相关。

在概念词典中,同义词都有完全相同的概念定义,而多义词则有至少两个不同的概念定义。

构建基于概念的文本表示模型的初衷是为了弥补向量空间模型在语言知识和领域知识的不足,特别是解决其中存在的同义词和多义词问题。

9.8 文本挖掘的应用

9.8.1 基于关键字的关联分析

基于关键字的关联分析就是首先收集一些频繁出现的项或者关键字的集合,然后发现其中所存在的关联性。关联分析对文本数据库进行语法分析、抽取词根等预处理,生成关键字向量,根据关键字查询向量与文档向量之间的相关度比较结果,输出文本结果,然后调用关联挖掘算法。与关系数据库中关联规则的挖掘方法类似,基于关键字的关联规则产生包括两个阶段:关联挖掘阶段,该阶段产生所有支持度大于或者等于最小支持度阈值的关键字集合,即频繁项集;规则生成阶段,利用前一阶段产生的频繁项集构造满足最小置信度约束的关联规则。根据不同的挖掘需要,可以利用关联挖掘或者最大模式挖掘算法来完成相应的文本分析任务。

9.8.2 文本自动聚类

文本聚类是根据文本数据的不同特征,将其划分为不同数据类的过程。其目的是要使同一类别的文本间的距离尽可能小,而不同类别的文本间的距离尽可能大。主要的聚类方法有统计方法、机器学习方法、神经网络方法和面向数据库的方法。

聚类学习和分类学习的不同主要在于：分类学习的训练文本或对象具有类标号,而用于聚类的传统的聚类方法在处理高维和海量文本数据时效果不太理想,原因在于传统的聚类方法对样本空间的搜索具有一定的盲目性,这是由聚类算法的特点造成的,它主要就是区分无标签文本,而无标签文本在文档挖掘中是不确定性质的。同时,聚类算法在高维度上需要进行大量的计算,所以也很难找到适宜的相似度度量标准。

虽然文本聚类用户大量文本数据时存在不足,但是与文本分类比较,文本聚类本身就可以用于不带标签的文本集,避免了为获得训练文本的类标签所花费的代价。根据聚类可以对无标签类文本进行区分的特点,Ngam 等人提出了从带有和不带有类标号的混合文本中学习分类模型的方法,其思想是利用聚类技术减少分类方法对有标号训练样本的需求,减轻手工标记样本类别所需的工作量,这种方法也称为半监督学习。

9.8.3 自动文本分类

自动文本分类是一个很重要的文本挖掘任务,是指根据文档的内容或者属性,将大量的文档归到一个或多个类别的过程。自动文档分类是指利用计算机将一篇文章自动地分派到两个或多个预定义的类别中,由于大量文档的存在,有必要对这些文档进行自动文档分类,虽然这个工作比较烦琐,但是能方便文档的检索和之后的分析。文档分类的关键问题是获得一个分类模式,利用此分类模式也可以对其他文档进行分类。

自动文档分类的过程通常包括如下两步。

（1）将一组预先分类好的文档作为训练集,并利用一定的分类挖掘算法对训练集中的对象进行分析以导出分类模式。分类模式常用的表现形式有分类规则、判定树或数学公式。

（2）利用获得的分类模式对类别未知的文档进行分类。可以看出,自动文档分类的本质是利用训练文本找出某一类文档中共有的特征,从而将出现某些相同特征的未知文档归入相应的类别下。

9.8.4 自动摘要

文档的自动摘要就是利用计算机对文档进行处理,从中挑选出最能代表文档中心思想的句子或段落,经过修饰重组形成一段最能反映文档内容的文字;或者通过对文档的理解,重新生成一段能够表达文档主要内容的文字。

一般来说,自动摘要系统由信息理解、主题信息提取和摘要生成三部分构成。因为这三部分所用的方法不同,摘要系统也可以划分成不同的类型。若从摘要的内容进行分类,可分为如下几类。

(1) 主题摘要。在摘要过程中需要理解全文,抽取文章中的主题(概念、句),组织成文构成摘要,内容摘要大致如此,这也是自动摘要系统的最高境界。

(2) 信息摘要。根据用户特定信息要求抽取有关信息,按用户喜闻乐见的格式组织成有关信息的摘要(有人称其为理解型摘要)。

(3) 纲目摘要。在阅读并理解全文的基础上,识别文章的结构信息,给出全文目录纲要。

(4) 摘录型摘要。大部分文摘都是直接或间接选自原文,只有少数句子经过加工整理而成,手工文摘员的摘要大多如此。

(5) 评论型摘要。在阅读大量同类文献的基础上,文摘人员对这些文献进行分析比较,在综合评价后形成文摘。这类文摘需要文摘人员有较深的专业知识,对某一领域非常熟悉。

其中,上述(1)~(3)类摘要也常被称为报道型摘要。

使用计算机自动生成文档摘要,生成的摘要是表明文档主题的一个摘要内容,它可以明确地表达出文章撰写的主要目的。自动摘要生成的步骤如下。

(1) 对文档预处理。对文档的章节、段落和句子等进行划分,主要以标点符号为划分依据,符号对于语法或者语义的影响可能比较大,但是对于文本预处理而言,符号就是句子间隔,将输入的原文本按照其所属章节、段落和句子等信息进行标记。

(2) 过滤。去掉文档中不相关的句子。

(3) 分词。利用给定的中文词表,对文档进行分词;对于不能处理的词语,作单字处理,不必进行词性的判断;根据停用词表剔除无效的实义词。在分词时可以采用双向最大匹配法与基于统计法相结合的方法。

9.8.5 中文分词

视频讲解

按照是否与词性标注过程相结合这一标准来进行分类,可以将中文分词方法分为单纯分词方法和分词与标注相结合的一体化方法这两大类。按照分词算法来进行分类,又可以将中文分词方法分为以下三类:基于字符串匹配的分词方法(字符匹配法)、基于理解的分词方法(理解法)和基于统计的分词方法(统计法)。

1. 字符匹配法

字符匹配法又称为机械分词方法。这种方法以一个"极其大的"机器词典为基准,将需要分析的汉字串与其进行匹配,若在词典中有某一字符串与之相对应,就可以说是成功匹配(识别出一个词)。这种匹配法也分为多种不同类别,以字符长度作为匹配方向,可以将字符匹配法分为最大(最长)匹配法、最小(最短)匹配法;以在字典当中扫描的不同方向,可以将字符匹配法分为正向匹配法和逆向匹配法两类。常用的字符匹配法如下。

(1) 正向最大匹配法(由左到右的方向)。

(2) 逆向最大匹配法(由右到左的方向)。

(3) 最少切分法(使每句中切出的词数最小)。

(4) 双向最大匹配法(进行由左到右、由右到左两次扫描)。

2. 理解法

理解法,顾名思义,就是人们通常所说的对某一类事物的认知。在文本分析中,也就是指对句子的认知与理解,从而识别词,但是这里指的是计算机对人的模拟。其基本思想就是在分词的同时进行句法、语义分析,利用句法信息和语义信息来处理歧义现象。基于这种方法开发的分词系统由三部分构成,即总控部分、分词子系统和句法语义子系统。计算机模拟了人类对句子的理解过程,总控部分主要起到了协调的作用,分词子系统和句法语义子系统则是通过对词和句子的句法或者语义进行分析,判断词的歧义。这种方法存在一定的局限性,因为它需要存储巨大的语言知识和信息,而汉语的语言知识又具有笼统性与复杂性,在语言信息的组成上,很难达到机器可以直接读取的效果。因此,目前这种方法还处于试验阶段,并未得到广泛运用。

3. 统计法

从概率的角度出发,两个字出现在词组中的联合概率非常大,也就是说,两个相邻的字同时出现的频率越高,成为词组的概率就越大。字与字相邻出现的频率或概率可以较好地反映成词的可信度。也就是说,通过统计语料库中相邻的字出现的频率,并计算其关联度,可以计算出两个不同字相邻出现的概率。

利用统计法分词的具体步骤如下。

(1) 根据中文的语言规范和特点,先制定一个停用词表,表中存放那些明显不能构成词的单虚字、助词等。

(2) 分词时首先(第一遍扫描)将文档中含有的停用词表中的字、词去掉,以减少不必要的资源浪费并且提高分词速度。

(3) 去除停用词后,文档将被分成许多较小的字符串,针对这些字符串可采用双向最大匹配法进行第二遍扫描。双向最大匹配法就是将正向与逆向最大匹配法结合起来进行双向扫描匹配的一种方法。将字符串与一个常用词词典中的词进行匹配,若在词典中找到某个字符串,则匹配成功,识别出一个词。匹配完成后,文档分词基本完成。

(4) 由于匹配法会遗漏一些生词,因此对匹配后的短字符串采用统计的方法进行处理,识别一些词典中不含有的新词。基于统计的分词法是将统计学的知识应用到语言处理的一种方法。从形式上看,词是稳定字的组合,因此在上下文中,相邻的字同时出现的次数越多,就越有可能构成一个词。因此,字与字相邻出现的频率或概率能够较好地反映成词的可信度。当紧密程度高于某一个值时,便可认为此字组可能构成一个词。因此,对文档匹配后的短字符串进行统计分词后,一些生词就可被识别出来,大大提高了分词的准确性。

9.9 习题

1. 简述文本挖掘的含义及其处理流程。
2. 阅读文献"吴柳.基于文本挖掘的论坛热点问题时变分析[J].软件,2017,138(4)."，讨论文本挖掘技术在挖掘论坛热点文章时的应用。
3. 讨论什么是结构化文本、半结构化文本和非结构化文本，并举例说明。
4. 根据文本挖掘的处理过程，讨论聚类算法在该过程中的应用。
5. 试分析为什么文本挖掘要做预处理，并举例说明。
6. 简述文本特征中向量空间模型和概念模型的异同点。

第 10 章

大数据分析

视频讲解

【学习目标】

- 了解大数据与云计算；
- 掌握大数据存储特点；
- 掌握 Hadoop 开源框架的基本原理；
- 掌握 Spark 开源框架。

互联网技术的快速发展使数据快速膨胀，谷歌公司每天会处理超过 25PB 的数据，包括卫星图片、航拍照片和 360 度街景图片等。Facebook 每天也会处理数以亿计的图片、信息，早在 2012 年就存储了超过 100PB 的数据。那么，1PB 是什么概念呢？举个例子，人类身体细胞数据各不相同，但是数量最多的接近 100 万亿个，如果用 1 位(bit)来表示 1 个细胞，那么 1PB 足够记录 90 个人的身体细胞。

麦肯锡表示："大数据指的是所涉及的数据集规模已经超过了传统数据库软件获取、存储、管理和分析的能力。"

IBM 则指出：如果数据集具有数量大、种类多样、速度极快这三种特性，称之为 3V (Volume，Variety，Velocity，容量、多样性、速度)，那么这些数据就称为大数据。

10.1 云计算与大数据

随着海量数据的产生，IT 基础设施也因此高速发展，特别是存储和网络速度两方面。为了对海量数据进行有效的计算，必须最大限度地利用计算和网络资源。计算虚拟化和网络虚拟化对分布式计算、存储和网络资源都提出了很高的要求。

从科学研究到零售业，从保险、医疗到互联网，每个行业都在爆发式地产生数据，这种增长甚至超过了人类创造存储器的速度。

例如,江苏省宿迁市公安局以民意为导向,用大数据思维牵引整体工作布局,强力推进"智慧警务"建设落地见效,探寻出一条"强度整合、高度共享、深度运用"的"智慧警务"新路径。2018年10月13日17时21分,宿迁市洋河新区酒家路北一商铺附近,涉嫌故意伤害致人轻伤的犯罪嫌疑人张某还没来得及反应,就被身边的一群巡防民警制伏。原来"智慧警务"从发现嫌疑人的第一个身影开始,他的影像就接连不断地在城市停车诱导系统(Parking Guidance Information System,PGIS)平台上标注。短短几十分钟就锁定了嫌疑人的活动区域,并最终确定了准确位置。2018年3月13日,泗洪县局指挥中心根据人像对比系统的预警指令,迅速锁定在逃嫌疑人位置。街面巡防警力立即开展围捕工作,仅用4分钟就在汽车站附近将潜逃13年的命案在逃嫌疑人张某抓获。

又例如,在贵阳市修文县的猕猴桃如今也插上了科技的翅膀,形成了新的产销业态。猕猴桃已实施二维码追溯体系,手机一扫,就能了解猕猴桃的身份信息。借助二维码防伪标识,每个果园都有一个二维码身份证。消费者只要用手机扫描一下猕猴桃上的二维码,就可以显示出产地在哪儿、园主是谁、田间管理详情、采摘时间、出库时间等信息,全程跟踪,全程溯源。与此同时,每次扫描之后,后台都可以进行流向监测。通过分析挖掘扫描数据,可以获得中国南北方市场口感偏好、各大城市的销售情况等信息。据此,可以在种植中进行甜度干预,并进行精准的市场投放。

云计算(Cloud Computing),是一种基于互联网的计算方式,通过这种方式,共享的软硬件资源和信息可以按照需求提供给计算机和其他设备。云计算为我们提供了跨地域、高可靠性、按需付费、快速部署的能力。随着云计算的发展,大数据正成为云计算面临的一个重大挑战。

用户不需要了解"云"中基础设施的细节,不必具有相应的专业知识。云计算是一种虚拟化的资源,并且意味着计算能力也可作为一种商品通过互联网进行流通。

云计算按照服务的组织、交付方式的不同,有公有云和私有云之分。公有云向所有人提供服务,典型的公有云提供商有腾讯云 CVM、阿里云 ECS、华为云 ECS 等。这些提供商都以较为低廉的价格提供了弹性云的服务,这是一种新型的安全可靠、弹性可伸缩的云计算服务。图 10-1 描述了使用腾讯云 CVM 服务的服务器的各项配置。

私有云往往只针对特定客户群提供服务。例如,一个企业内部可以在自己的数据中心搭建私有云;或者是个人以家庭为单位提供家庭成员的云服务。

云计算一般包括三个层次的服务:基础设施即服务(Infrastructure as a Service,IaaS)、平台即服务(Platform as a Service,PaaS)和软件即服务(Software as a Service,SaaS)。这里的分层指的是在基础设施、系统平台、软件应用上来实现。

信息技术的发展主要解决的是云计算中结构化数据的存储、处理和应用。结构化数据的特征是"逻辑性强"。然而,现实社会中的大量数据事实上没有"显著"的逻辑关系。如某个时态的交通状况、人流状况等,它们的特征是随时、海量与弹性的,如一个图片天气分析会有几百拍字节的数据;一个社会事件的爆发也是突然的,并且可以产生大量的相关数据(微博、视频、文章)等。

图 10-1 腾讯云账户界面

传统的计算机设计与软件都是以解决结构化数据为主,对"非结构化"数据的解决有些力不从心。所以,以社会网络、电子商务和移动通信为主的社会将会以处理大量的非结构化数据为主。这在很大程度上,需要依赖云计算。

云计算和大数据是相互依存的。以云计算为基础的信息存储、挖掘手段为知识生产提供了工具,而通过对大数据分析、预测会使得决策更加精准和及时。从另一方面说,云计算是一种理论、技术架构,以处理大数据为主。大数据技术是云计算技术的扩展。

大数据为云计算大规模与分布式的计算能力提供了广泛的资源,解决了传统计算机和数据库无法完成的任务。

海量的数据需要有足够的存储来容纳,因此计算快速、价格低廉、处理高效的数据中心部署成为关键。谷歌、阿里、腾讯纷纷建立了能处理海量数据的新一代数据中心,用于大数据存储、挖掘和计算。

10.2 大数据存储

如何高效地保存和管理这些海量数据是存储面临的第一个严峻问题。

相对于传统的存储系统,大数据存储一般与上层的应用系统结合得更加紧密。很多新兴的大数据存储平台都是专门为特定的大数据应用设计和开发的,例如专门用来处理和存储大量图片或者小文件的在线存储,或者支持实时事务的高性能云计算等它们所具有的一些基本特点如下。

1. 大容量及高可扩展性

大数据存储的主要计算来源包括社交网站、个人信息、科学研究数据、在线事务、系统日志,以及传感和遥控数据等。各种应用系统源源不断地产生着大量的数据,尤其是社交网站的兴起,更加快了数据增长的速度。大数据一般可达到几个拍字节的信息量,传统的网络附属存储(Network Attached Storage,NAS)一般很难达到这个级别的存储容量。

因此除了巨大的存储容量外,大数据存储还必须拥有一定的可扩容能力。

2. 高可用性

对于大数据应用和服务来说,数据是其价值所在。因此,存储系统的可用性至关重要。平均无故障时间(Mean Time Between Failures,MTTF)和平均维修时间(Mean Time Between Repair,MTTR)是衡量存储系统可用性的两个主要指标。传统存储系统一般采用磁盘阵列(Redundant Arrays of Independent Disks,RAID)、数据通道冗余等方式保证数据的高可用性和高可靠性。除了这些传统的技术手段外,大数据存储还会采用其他一些技术。例如,分布式存储系统中多采用简单明了的多副本来实现数据冗余;针对 RAID 导致的数据冗余率过高或者大容量磁盘的修复时间过长等问题,近年来学术界和工业界研究或采用了其他的编码方式。

3. 高性能

在考量大数据存储性能时,吞吐率、延时和每秒进行读写操作的次数(Input/Output Operations Per Second,IOPS)是其中几个较为重要的指标。对于一些实时事务分析系统,存储的响应速度至关重要;而在其他一些大数据应用场景中,每秒处理的事务数则可能是最重要的影响因素。大数据存储系统的设计往往需要在大容量、高可扩展性、高可用性和高性能等特性间做出一个权衡。

4. 安全性

大数据具有巨大的潜在商业价值,这也是大数据分析和数据挖掘兴起的重要原因之一。因此,数据安全对于企业来说至关重要。数据的安全性体现在如何保证存储数据的完整性和持久化等方面。在云计算、云存储行业风生水起的大背景下,如何在多租户环境中保护好用户隐私和数据安全成了大数据存储面临的一个亟待解决的新挑战。

5. 自管理和自修复

随着数据量的增加和数据结构的多样化,大数据存储的系统架构也变得更加复杂,管理和维护便成了一大难题。这个问题在分布式存储中尤其突出,因此,能够实现自我管理、监测及自我修复将成为大数据存储系统的重要特性之一。

6. 成本

大数据存储系统的成本包括存储成本、使用成本和维护成本等。如何有效降低单位存储给企业带来的成本问题,在大数据背景下显得极为重要。如果大数据存储的成本降不下来,PB级的数据量将会让很多中小型企业在管理上有非常大的成本支出。

7. 访问接口的多样性

同一份数据可能会被多个部门、用户或者应用来访问、处理和分析。不同的应用系统由于业务不同可能会采用不同的数据访问方式。因此,大数据存储系统需要提供多种接口来支持不同的应用系统。

10.3 大数据的应用

大数据正在向我国实体经济各领域渗透融合,进入全方位、广渗透的新阶段,融合范围日益宽广。大数据与实体经济的融合正在从部分先导领域,如零售、医疗保健、安防等生活服务和公共服务领域向农业、制造业生产、供应领域拓展。目前,金融、汽车、餐饮、物流等各行各业都融入了大数据,应用领域日益丰富全面,融合深度逐步加深。中国信息通信研究院调查数据显示,有 50% 的受访企业 2017 年对大数据的投入比 2016 年提升 6.7%,其中,25.5% 的企业对大数据投入增加超过 50%,32.7% 的企业在数据方面的投入增加在 50% 以内。

10.3.1 制造业

在使用大数据的传统企业中,制造业的智能化发展成效显著,主要受到以下两个方面的影响。

1. 制造业智能化水平普遍提升

随着大数据对生产现场多方要素覆盖愈发全面,生产制造过程智能化效果明显提升,以石化为代表的流程行业普遍部署了企业数据解决方案,通过炼化工艺知识实现基于监督式学习的推理机建模,实现装置运行的全流程智能化。以武汉石化为例,在部署实施了大数据方案后,全量数据的采集和分析效率显著提升,企业业务系统数据分析效率提升 40%,实现"亿条数据、秒级响应",降低 60% 的人力成本,炼化产品收益率提升 1%。

2. 制造业价值链各环节加速优化

大数据对价值链各环节的驱动效果明显,制造企业对生产组织过程的管理能力显著提升。以汽车行业为例,行业领军企业纷纷建设基于车联网+互联网的大数据分析平台,结合车辆产品舆情分析技术,实现用户画像和车辆画像,形成了以围绕用户体验为中心的产品敏捷规划和全生命周期精准运维。2017 年,东风、长城、海马等汽车企业在部署应用了联想集团提供的大数据解决方案后,市场需求探索周期平均缩短了 30%,产品仿真精度超过了 99%,存货周转率提升 5%。又如,海尔、美的等家电企业在 2018 年先后搭建了以用户需求数据为驱动的产品制造体系,让不懂技术的用户和不了解需求的设计师、供应商通过数据流在互联网平台上互动协作,并通过柔性制造生产线将用户的个性化定制需求转换成最终产品。在这种模式下,空调、热水器、洗衣机等的颜色、外观、结构等参数可由用户定制,让用户在生产中拥有更大的自主权。

10.3.2 农业

大数据推动生产模式优化升级,精细化农业生产全面展开。在种植领域,基于土壤、气象、病虫害等多维数据推动精准化种植的生产模式,正在全国各地积极开展,有效促进我国农业生产提质增效。例如，在2018年，黑龙江现代农业示范区建立了"东北大田规模化种植数字农业试验示范区"，利用卫星、无人机和地面物联网构建"天空地"一体化的农业信息采集方式，实现对农业数据的多维度感知与分析，并在此基础上实现精准化种植；2017年，甘肃张掖市围绕蔬菜、食用菌等特色优势产业，积极部署应用物联网、大数据等技术，实现了空气温湿度、土壤温湿度及养分等关键数据的精准采集与动态管理，依托这些数据达到了节水节肥、增产增效的目标。

在养殖领域，互联网巨头纷纷加快布局，与农业企业合作推进基于大数据的智能化养殖，推动养殖业增产提质。例如，2018年阿里云推出的ET农业大脑，已应用于四川特驱集团的猪场，通过采集、分析猪的体型、体温、进食、运动等多种数据，精准识别和控制各头猪的健康状况及运动强度，从而保障猪肉品质并及时预警疫情；2019年，京东农牧与中国农业大学、中国农科院等深入合作，利用物联网、大数据等技术实时、准确记录生产各环节的数据，实现了智能化、自动化、精细化养殖，显著降低了养殖成本并提升了生产效能。大数据促进了农业信息广泛的共享，加速推广了科学化经营决策的应用。

近年来，浙江、江苏、江西、河南、河北等省份已陆续建立了以大数据、物联网等技术为支撑的农产品质量安全追溯平台，形成了"用数据说话、用数据管理、用数据决策"的管理机制，实现了对农产品产地、农药使用情况、产品质量等信息的精准追溯。国家层面，国家农产品质量安全追溯平台已在2017年正式上线，实现了对追溯、监管、监测、执法等各类信息的集中管理，为公众快捷、实时查询农产品追溯信息提供了统一查询入口。国家农产品质量安全追溯平台一方面与省级平台对接，获取农产品生产过程追溯信息，实现追溯管理到"田头"；另一方面与食药、商务等部门探索建立入市索取追溯凭证制度和系统对接模式，实现追溯管理到"餐桌"；通过开放与兼容，实现了农产品全程可追溯，有效助力农产品质量安全监管效率提升。

10.3.3 金融业

大数据推动金融体系建设更加完善，金融业态日益丰富。

(1) 金融投资决策更加智能。金融机构利用大数据、云计算技术系统分析借款人的各种精细解析数据，为投资者创建专属的投资组合。例如，中信证券、国泰君安等券商在2018年相继布局大数据智能投顾领域，帮助用户获得更高的投资理财收益。而早在2016年的通联支付发行的"浙商大数据智选消费"偏股混合型基金，即利用大数据将资金更多地配置在景气度向好的行业上，实现了较高的年化收益率。

(2) 金融风险管控能力显著增强。金融机构通过对数据挖掘建立大数据风控模型，及时发现交易风险，减少大量经济损失。例如，光大银行在2017年推出的"滤镜"项目，该项目运用大数据技术对企业客户进行过滤，经过大数据预警信号过滤的企业在预警后6个月内发生违约的平均概率为27%，比传统基于专家规则模型的概率有明显提升。

(3) 金融产品定价趋于合理，金融产品和金融衍生品通过对顾客进行精准画像和大数据分析，价格制定更科学。例如，2017年，蚂蚁金服"车险分"服务借助大数据等技术，将车主潜在风险量化为"车险分"。保险公司在获得用户授权的情况下，依据"车险分"进行更为公平的车险定价，使长期安全驾驶的车主买车险更便宜。

(4) 普惠金融服务覆盖更广。在大数据等金融科技手段的帮助下,对小微企业进行授信评估,帮助没有征信记录的小微企业享受到普惠金融服务。例如,2019年,人民银行宁波市中心支行建成了普惠金融信用信息服务平台,成为64家银行、小额贷款公司、保险公司重要的授信审批和风险管理工具,目前日均查询逾7000笔。2018年,网商银行利用大数据等技术,解决了无抵押、无信用记录、无财务报表的电商平台小微商家的融资难题,已经服务了约1100万的小微商家。

10.3.4 零售业

在零售行业,大数据使供需对接日益精准,零售行业优质供给不断增加。

1. 零售业门店运营管理优化

零售企业充分利用零售大数据对经营管理进行调整并对门店及时指导,增加了门店销售额。例如,2018年,上蔬永辉利用观远数据的大数据AI+BI分析平台,把从研发采购到供应链再到会员等所有版块业务数据融合打通,让员工通过大数据了解门店,提升了各门店的精准化营销水平。2018年苏猫超市利用大数据进行智能选址和智能选品,最大限度地提高了商品销量。

2. 大型电商精准营销效果显著

京东通过海量用户消费行为进行大数据建模,把来自消费者的真实需求挖掘出来提供给制造商,帮助制造商生产出更符合消费者预期的产品。2015年,苏宁在"双十一"期间开放1.98亿会员数据资源与各大品牌商共享,驱动众多定制"爆款"家电诞生。

3. 零售供应链效率大幅提高

零售企业通过大数据对供应链进行翔实的了解,促进供应链各个环节协同优化。例如,百果园利用大数据赋能供应链各个环节,优化供应链运转效率,极大地缩短了水果的上市周期。盒马鲜生通过大数据技术实现从供应链、仓储到配送的最优化匹配,成功将门店配送的时间降低到30分钟之内。

10.3.5 物流行业

大数据能大幅提升物流效率,使物流成本有效降低。通过大数据,物流行业企业可以实现以下智能商务活动。

1. 货源与运力之间实现精准匹配

货运O2O平台基于大数据技术实现智能配货和智能找车,使运输资源的利用率得到提升。例如,运满满、货车帮通过大数据实现车货精准匹配,有效减少物流车辆的空载率,仅2017年一年就节省了860亿元的燃油损耗,减少碳排放量达千万吨级。

2. 物流路线调度更加智能

物流公司通过大数据与人工智能技术实现智能车辆路径规划,实现物流运输路径最优化。例如,顺丰速运的智能路由分单服务可以为每个快递包裹找到最合适的路由规划,2018 年降低客服调度量 32% 以上,降低中转快件人工审核量 60% 以上,实现快递服务全程时效排名第一。

3. 物流储运由被动响应走向主动感知

电商平台根据消费趋势大数据预知需求提前分仓布货,使消费者的订单在最短的距离和时间内送货上门。例如,阿里天猫运用大数据算法提前将产品配送到消费者集中的地区附近储存待售,在 2019 年使运输成本降低了 40%,当日达与次日达比例超过 80%。

4. 物流行业协同能力提升

互联网科技公司开展物流网络的平台服务,推动物流高效协同。例如,菜鸟网络利用大数据对全国包裹运输的拥堵情况进行预测,在 2018 年"双 11"网购高峰时期起到了核心的协调枢纽作用,在全行业单日快递业务量突破十亿件大关的物流洪峰下,基本解决了快递爆仓的现象。

10.3.6 医疗行业

医疗数据加速汇聚,大数据技术成为优化医疗服务质量的利器。

1. 健康医疗大数据实现重大疾病监测预警

国家医疗健康信息平台正加快推进全员人口信息、电子健康档案、电子病历等数据库的建设。全国已有 27 个省(区、市)建成省级人口健康信息平台,初步建立了涵盖医疗机构、医师、护士等的专业注册数据库,健康服务信息系统实现对艾滋病、结核病等 22 个重大疾病的长效化监测和大数据预警。

2. 医疗大数据平台为精准医疗奠定基础

贵州医科大学附属医院远程医学中心的"贵州远程医疗大数据监管平台"接入省内 199 家县级医院和 1543 家乡镇卫生院,实现远程收集/更新今日分诊量、完成量、会诊量排名等医疗数据,并将未在规定时限(4 小时急会诊、48 小时普通会诊)内受理的申请纳入"超期预警区",迈出了精准医疗的第一步。

3. 医疗大数据技术助力辅助诊断加快进步

腾讯推出了人工智能医学影像筛查平台(腾讯觅影),助力癌症等重大疾病患者的早期筛查和临床辅助诊断,提高早期癌症诊断的准确率及检出率。健培科技推出了医疗影像机器人和智能影像云,为基层医疗机构提供远程阅片、智能筛查等服务。

10.4 Hadoop 开源框架

随着时代的发展,很多不同行业的企业都需要一个处理大数据的存储和计算架构。而 Hadoop 就是一款非常具有代表性的大数据处理框架。

10.4.1 Hadoop 简介

Hadoop 是一个由 Apache 基金会所开发的可靠的、可扩展的用户分布式计算的分布式系统基础架构和开发开源软件。Apache Hadoop 软件是一个框架,允许使用简单的模型在计算机集群中对大规模数据集进行分布式处理。它的目的就是从单一的服务器扩展到成千上万的机器,将集群部署在多台机器中,每台机器提供本地计算和存储,并且将存储的数据备份在多个节点,由此提升集群的可用性,而不是通过硬件提升。当一台机器出现故障的时候,其他节点依然可以提供备份数据和计算服务。而且,Hadoop 采用了一种让用户能够快速开发并行的应用程序,从而专注于业务逻辑,而无须承担分发数据、分发用于并行处理的代码及故障等繁重的工作中。

Hadoop 框架最核心的设计主要包含四项:Hadoop Common、YARN(Yet Another Resource Negotiator,另一种资源协调者)、HDFS、MapReduce。HDFS 是可扩展、高容错、高性能的分布式文件系统,负责数据的分布式存储和备份,文件写入后只能读取,不能修改。MapReduce 是分布式计算框架,包含 Map(映射)和 Reduce(规约)两个过程。

10.4.2 HDFS 架构及简介

HDFS 是以分布式进行存储的文件系统,主要负责集群数据的存储与读取。它能够在低价通用的硬件上搭建大型的集群,并在此集群上提供很高的可扩展性和可靠性。

HDFS 文件会将数据划分为大区块分布在集群中,每个区块的大小一般为 128MB,并且每个区块都会被复制 3 份,以便当系统故障或者硬件故障时能够保持数据稳定。在每个集群中都有一个管理节点来体现区块的布局,如图 10-2 所示,当存储文件 1 时,由于其大小为 100MB,小于系统的 128MB,所以它被分在单个区块 B1 中,并且复制在三个节点中。File 文件 2 其大小为 180MB,明显大于 128MB 的容量,所以,文件 2 被分成两个区块,然后 B2 和 B3 都会在三个节点中进行复制,区块的元数据(文件名、区块、位置、创建的日期和大小)会存储在管理节点中。

像图 10-2 这样创建出的某个文件对用户来说似乎是单个文件。不过,它是作为区块存储在数据节点上的,还有元数据存储在管理节点中。如果系统由于各种原因丢失了管理节点,存储在数据节点上的区块就会变得没有意义,因为没有办法识别属于该文件名的区块。因此管理节点的有效性和高可用性,以及元数据的备份在任何时候都显得非常重要了。

HDFS 是一个主/从体系结构的分布式文件系统,从某个角度看,它就和传统的文件系统一样。HDFS 支持传统的层次型文件组织结构,用户或者应用程序可以创建目录,然后将文件保存在这些目录里。文件系统名字空间的层次结构和大多数现有的文件系统类似，可以通过文件路径对文件执行创建、读取、更新和删除的操作。但是由于分布式存储的性质，它又和传统的文件系统有如下几点明显的区别。

（1）HDFS 不是一个单机文件系统，它是分布在多个集群节点上的文件系统。节点之间通过网络通信进行协作，提供多个节点的文件信息，让每个用户都可以看到文件系统的文件，并且可以让多个机器上的多用户分享文件和存储空间。

（2）文件存储是被分布在多个节点上的。数据存储不是按一个文件存储，而是把文件分成一个或多个数据块存储，数据块并不是都存储在一个节点上，而是被分布存储在各个节点中，并且数据库会在其他节点存储副本。

（3）数据是从多个节点读取的。读取一个文件时，从多个节点中找到该文件的数据块，分布读取所有数据块，直到最后一个数据块读取完毕。

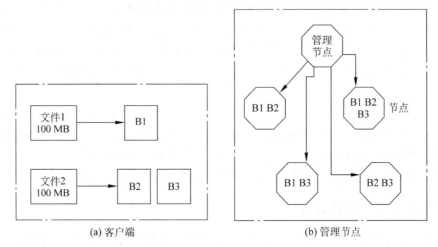

图 10-2　HDFS 文件系统

HDFS 主要包括一个 NameNode(管理者)，一个 Secondary NameNode(备用管理者)和多个 DataNode(生产者)。

（1）NameNode 用于存储源数据以及处理客户端发出的请求。在 NameNode 中存放元信息的文件是 fsimage(元数据镜像文件)。在系统运行期间，所有对源数据的操作都保存在内存中，并被持久化到另一个文件中。当 NameNode 启动的时候，fsimage 会被加载到内存，即将最新的元数据装载到系统中然后对内存里的数据执行日志所记录的操作，以确保内存所保留的数据处于最新的状态。

（2）Secondary NameNode 用于备份 NameNode 的数据，周期性将文件合并到 fsimage 文件并在本地备份，将新的 fsimage 文件存储到 NameNode，取代原来的 fsimage。

（3）DataNode 是真正存储数据的地方。在 DataNode 中，文件以数据库的形式进行存储。当文件传到 HDFS 端的时候，以 128MB 的数据库将文件进行切割，将每个数据库存到不同的或相同的 DataNode 并进行备份，一般默认备份 3 个。NameNode 会负责记录文件的分块信息，确保在读取该文件时可以找到并整合所有块。

需要注意的是，Hadoop 系统默认 128MB 作为一个数据块，如果是 129MB 的文件，则被分成 2 块来存储。数据块会被存储到各个节点，每个数据库都会备份副本。

10.4.3 MapReduce 简介

MapReduce 是 Hadoop 的核心计算框架，是用于大规模数据集并行运算的编程模型，主要包括 Map 和 Reduce 两部分。当启动一个 MapReduce 任务时，Map 端会读取 HDFS 上的数据，将数据映射成所需要的键值对类型并传到 Reduce 端。Reduce 端接收 Map 端传过来的键值对类型的数据，根据不同键进行分组，对每组键相同的数据进行处理，得到新的键值对并输出到 HDFS，这就是 MapReduce 的核心思想。

图 10-3 清晰地展示了 MapReduce 的数据作业的执行流程。

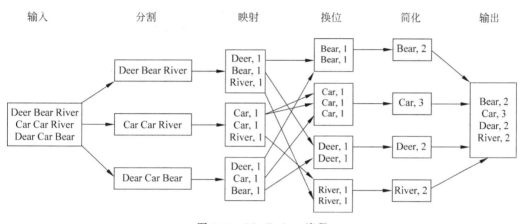

图 10-3　MapReduce 流程

1. 读取输入数据（输入）

数据是从分布式文件系统（HDFS）中读取的。按照 128MB 分成了几个数据块，所以在运行 MapReduce 程序时，每个数据块都会生成一个 Map，但是也可以通过重新设置分片大小调整 Map 的个数，在运行 MapReduce 时会根据所设置的分片大小对文件重新分割（Splitting），一个分片大小的数据块就会对应一个 Map。

2. Map 阶段（分割）

程序有多个 Map，由默认存储或分片个数决定。针对 Map 阶段，数据以键值对的形式读入。根据需求对键值对进行处理，映射成新的键值对，将新的键值传到 Reduce 端。

3. Shuffle/Sort 阶段（映射、换位）

Shuffle/Sort 阶段是指从 Map 输出开始，传送 Map 输出到 Reduce 作为输入的过程。该过程会将同一个 Map 中输出的键相同的数据先进行一步整合，减少传输的数据量，并且在整合后将数据按照键排序。

4. Reduce 阶段（简化）

Reduce 阶段中的分区数据被 Reduce 处理，针对所有键相同的数据，对数据进行规约。

5. Output 阶段（输出）

Output 阶段以新的链值对输出到 HDFS。

10.4.4 YARN

YARN 是一套资源管理框架，它让企业能够同时以多种方式处理数据，对共享的数据集进行批处理、交互式分析或实时分析。HDFS 为大数据提供了可扩展、具备容错能力且经济实惠的存储，而 YARN 为集群提供了资源的管理。如图 10-4 所示，YARN 就像一个用户 Hadoop 的操作系统，它可以高效地管理集群中的资源（CPU 和内存）。像 MapReduce 和 Spark 这样的应用程序也会请求 YARN 为它的任务分配资源。YARN 会在节点可用的资源总量中按照所请求的内存和虚拟 CPU 数量，在节点上分配容器。

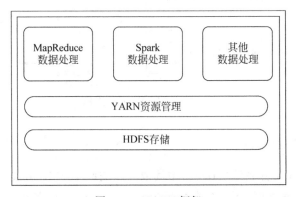

图 10-4　YARN 框架

YARN 主要用资源管理器来追踪整个集群的资源可用性，并在应用管理器发出请求时向应用程序提供资源。

每个应用都有一个应用管理器来负责协商应用程序运行其任务所需的资源。应用管理器还会跟踪并监控应用程序的进度。

节点管理器负责启动由资源管理器提供的容器，监控节点上的资源使用情况，并向资源管理器报告。

应用程序容器复制运行应用程序的任务。YARN 还具有可插拔的调度器用来控制不同应用程序的资源分配。

10.4.5 Hadoop 存储格式

当使用 Hadoop 存储数据和构建应用程序时，会遇到一些基本问题：什么样的存储格式对我的应用程序有用？哪种压缩编码解码器（Codec）适合我的应用程序？Hadoop

提供了为不同用例而构建的各种文件格式。选择正确的文件格式和压缩编码、解码器可以为处理的用例提供最佳的性能。

在 Hadoop 文件系统中,文件系统可以划分为两类。Hadoop 可以存储所有的数据,无论数据存储的格式是怎样的。数据可以使用标准文件格式以原始形式存储,或存储为特殊的 Hadoop 容器文件格式,这些容器文件格式在某些特定用例的场景中具有优势,因为当数据被压缩时,它们仍然是可以拆分的。下列为各种文件格式的说明。

1．标准文件格式

(1) 结构化的文本数据：XLS、CSV、XML、Json 等文件；
(2) 非结构化的文本数据：日志文件和文档；
(3) 非结构化的二进制数据：图像、视频和音频文件。

2．Hadoop 文件格式：支持可拆分的压缩

(1) 基于文件结构的顺序文件；
(2) 基于序列化的格式：协议缓冲区和 Avro 序列文件。

3．列格式文件

(1) RCFile：FaceBook 开源的一种的文件存储格式,主要存储表结构数据；
(2) ORCFile：一种列式存储格式,具有很高的压缩比；
(3) Parquet：一种支持嵌套结构的列式存储格式,是 Hadoop 系统中最常用的文件格式。

4．压缩数据格式

Hadoop 将数据存储,可以使用各种压缩格式,原因如下。
(1) 压缩的数据可以加速 I/O 操作；
(2) 压缩的数据可以节约存储空间；
(3) 压缩的数据可以加快通过网络传输数据的速度。

虽然压缩数据和解压缩的过程会增加 CPU 时间。但是,了解和优化在 Hadoop 上运行作业的性能非常重要。表 10-1 列出了 Hadoop 上可用的标准压缩格式。

表 10-1　Hadoop 上可用的标准压缩格式

压缩格式	工具	算法	文件扩展名	是否可拆分
gzip	Gzip	DEFALATE	.gz	否
bzip2	bzip2	bzip2	.bz2	是
LZO	Lzop	LZO	.lzo	是
Snappy	/	Snappy	.snappy	否

视频讲解

10.5 Spark 开源框架

Hadoop 及所用的 MapReduce 技术已经被证明是高性能处理海量数据的最佳解决方案,然而,单个 MR(MapReduce)作业中,会有性能不足和计算工作效率低的情况发生,这是高昂的计算成本造成的。

一个分布式系统的计算,需要由网络通信成本、存储成本、计算成本三部分组成。而随着互联网信息技术的发展,网络通信成本、存储成本、计算成本在飞速降低。例如存储成本,随着技术的发展,每存储 1MB 数据的成本在降低,同时,通过网络传输 1MB 的成本也在不断下降。

当前的趋势是把数据缓存在内存中,因为磁盘到 CPU 的传输速率为 100MB/s,SSD 到 CPU 的传输速率可以达到 600MB/s,网络传输速率可以达到 1GB/s。然而,从内存到 CPU 的传输速度可以到达惊人的 10GB/s。所以,理想的思路是把所有或者部分数据缓存到内存里,以便实现更高的性能。

10.5.1 Spark 简述

Spark 是一个快速的企业级大规模数据处理引擎,可以运行在 Hadoop 的集群管理器中,并且可以与 Hadoop 进行相互操作。Spark 是由 Scala 语言编写的,在 JVM 中运行,并且能够让应用程序在处理过程中可靠地在内存中分发数据,从根本上避免了低效率的磁盘访问。

通过 Scala、Python 等交互式语言,开发在 Spark 上运行的程序较为容易,并且需要的代码量比 Java 大幅减少。

Spark 提供了一系列的库,包括用于交互式的 Spark SQL 和 DataFrame,用于机器学习的 MLlib,以及用于实时分析的 Spark Streaming。

但是需要注意的是,与 Hadoop 提供了用于存储的 HDFS 和用于计算的 MR 不同,Spark 不提供任何特定的存储介质。Spark 就是一个计算引擎,可以把数据存储在内存里进行处理。

Spark 具有从存储在 HDFS 或 Hadoop API 支持的其他存储系统(包括本地文件系统、亚马逊 S3、Hive 等)中的任何文件创建分布式数据集的能力。

最重要的是,Spark 不需要 Hadoop 来运行它。但是 Spark 可以运行基于 Hadoop 文件系统的数据。

Spark 由 4 个架构组件构成,分别为:Spark SQL、Spark Streaming、Spark MLlib、Spark GraphX,如图 10-5 所示。

Spark 组件是一个统一的技术架构,为使用者整合了 SQL、流和机器学习的强大功能。这种统一性的优点如下:

- 无须在系统之间对数据进行复制或 ETL 处理
- 可把多种处理类型组合到一个程序中
- 代码复用

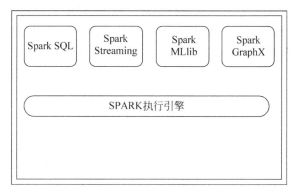

图 10-5　Spark 组件

- 只需学习一套系统
- 只需维护一套系统

10.5.2　Spark SQL

　　Spark SQL 是在 Spark 核心执行引擎上的一个库,它借助 JDBC/ODBC 开放 SQL 接口,用于数据仓库应用程序,或通过命令行控制台进行交互式的查询。因此,任何商务智能工具都可以连接到 Spark SQL,以内存的数据进行分析。不仅如此,Spark SQL 还提供了 Java、Scala、Python 支持的 Dataset API 和 DataFrame API。Spark SQL 使用者可以从各种数据源读取和写入数据,从而创建 DataFrame 或 DataSet。Spark SQL 的架构图如图 10-6 所示。

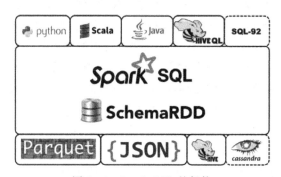

图 10-6　Spark SQL 的架构

10.5.3　Spark Streaming

　　Spark Streaming 通过将数据流分为所谓离散流的微量批处理,从而处理连续的数据流。DStream 是由 Spark Streaming 提供的 API,用于创建和处理微量批处理。DStream 就是一个在 Spark 的核心执行引擎上处理的 RDD 序列,像任何其他 RDD 一样。DStream 可以从任何流数据源创建,例如 Flume 或 Kafuka。图 10-7 将 Spark Streaming 的运行原理进行了简单的描述。

　　Spark Streaming 应用程序接受来自流数据源的输入数据,从而创建 1 秒以内的

DStreams,再由Spark核心引擎对它进行处理。然后,每个输出的批次都会被发送到各种输出接收器。输入数据由接收器接收并在集群中分发,从而形成微量批处理。一旦时间间隔结束,就通过各种操作命令来处理这些微量批处理数据。

Spark Streaming 就像一个普通的 Spark 作业。但是每个执行进程都会运行一个接收器,它从输入数据源接收流数据。Spark Streaming 接收器在把数据存储到集群之前会将其划分为块。每个块都会成为一个 Spark 要处理的 RDD 分区。

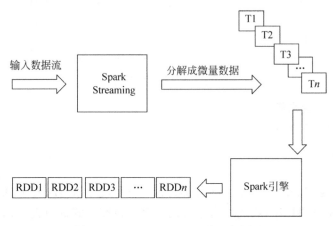

图 10-7　Spark Streaming 的运行原理

10.5.4　Spark MLlib

MLlib 是 Spark 的机器学习方法,目的是简化机器学习的工程实践工作,并方便扩展到更大规模,同时利用 Spark 分布式处理来实现模型,处理大数据全量数据的迭代计算。MLlib 由一些通用的学习算法和工具组成,其中,通用的学习算法类型包括监督学习和无监督学习,算法类型包括分类、回归、聚类、协同过滤、降维等,如表 10-2 所示。除了学习算法,MLlib 同时还包括底层的优化模块和高层的管道 API,以及实用数学工具等。

具体来说,MLlib 主要包括以下几方面的内容。

(1) 算法工具:常用的学习算法,如分类、回归、聚类和协同过滤。

(2) 特征化工具:特征提取、转化、降维和选择工具。

(3) 管道:用于构建、评估和调整机器学习管道的工具。

(4) 持久性:保存和加载算法、模型和管道。

(5) 实用工具:线性代数、统计、数据处理等工具。

表 10-2　MLlib 支持的算法清单

机器学习类型	算法类型	算法名称
监督学习	分类	朴素贝叶斯 决策树 随机森林 梯度增强树

续表

机器学习类型	算法类型	算法名称
监督学习	回归	线性回归 逻辑回归 支持向量机
无监督学习	聚类	K-均值 高斯混合 幂迭代聚类
	降维	奇异值分解 主成分分析

10.6 习题

1. 简述大数据存储和数据库存储的异同点。

2. 注册腾讯云、阿里云、亚马逊云平台账号，详细描述操作过程及不同点。

3. 有四个字符串，分别为 Hadoop spark sql、spark sql MachineLearning、Hadoop sql、MachineLearning spark，请描述用 MapReduce 方式计算各个单词出现的次数。

4. 简述 Hadoop 的 HDFS 架构。

5. 简述 Spark 的四个核心组件。

第 11 章

社会网络

【学习目标】
- 了解社会网络的基本理论;
- 掌握社会网络的基本原则;
- 了解商务智能与社会网络的整合。

商务智能可以处理企业的各种类型信息,并将这些信息进行加工处理后形成知识。而社会网络是处理另外一种信息,即社会活动信息,当今社会中的信息有类似的网络结构,它们的复杂性也在不断增加。在这样的环境中要理解任何一条信息,不仅要看其内容本身,还需要理解这条信息在社会网络中的连接关系以及它在该社会网络中所处的位置,因为它们都会对这条信息产生影响。

我们的技术系统和经济系统也日益依赖复杂的网络。这使得人们越来越难以推理信息背后的行为,并且对它们进行调整的风险也越来越大。复杂的网络使我们的技术系统和经济系统容易受到破坏,并通过网络结构传播开来,有时局部出现问题会导致"多米诺骨牌式"的崩溃或金融危机。

所以,分析和理解社会网络有助于理解商务智能在当今数字社会中的地位。

11.1 社会网络的基本问题

应该如何在一种比较准确的层次考虑社会网络,才能抓住上述所有问题的要点?在最基本的意义上,任何事物(对象)的集合,其中某些"事物对"之间由"连接"(Link)关联起来,就是网络。我们可以在许多场合看到这种不同形式的关系或者联系,它们都可以用来定义网络。

由于这种多样性和灵活性,许多领域都可以发现网络的存在。而人们讨论网络,往往在讨论与网络相关的两个问题:一个是在结构层面的连通性,即谁和谁相连;另一个是行为层面的连通性,即每个个体的行动对于系统中每个其他个体的隐含的后果。

网络的结构很复杂,在网络中的参与者(节点)行为之间的关系同样也是很复杂的。如果每个个体有很强的动机去获取好的结果,那么他们就不仅要懂得自己将得到的结果会取决于其他人的行为,而且还需要在计划自己行动的时候将这种因素考虑进来。这样,网络个体的行为模型必须包含策略性行为和策略性推理。

所以,在网络的环境下,评估一个人行为的结果,或者一个事件的起因不应该是孤立的,而应该预计且综合考虑网络环境对一个人、一个事件的反作用的影响。所以说,我们在一个产品、一个计划中设计某些变化的时候,不能假设所有方面保持不变。因为网络中的变化,可能会为某些方面带来动机导致一些变化而使得整个网络上的行为朝着有违初衷的方向改变。

另外,如果有一大群人,他们之间相互关系紧密,那么他们对事物响应的方式常常是很复杂的。尽管个体的行为可能受到隐含的、无法直接看到的网络的影响,但是效果却是在整个群体层次才有明显的体现。

11.2 社会网络的基本理论

社会网络是一个高度连接的系统,如果想要了解社会网络就必须了解社会网络的结构以及该结构下的行为。图论即研究网络结构,博弈论则是一种提供了关于个体行为的模型。所以,图论和博弈论是研究社会网络的两个最基本的理论。

11.2.1 图论

如图 11-1 所示,我们可以看到在公司电子沟通软件中,沟通分为两种情形:一是在小圈子单位内部的通信;二是跨部门、跨单位的通信。这就明显显示出社会网络中的两个普遍的联系:强联系(Strong Ties),表示频繁和紧密的接触联系;弱联系(Weak Ties),表示比较偶然和少有的社会接触,倾向于跨越区域的边界。

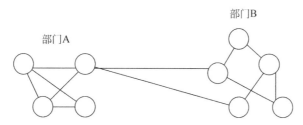

图 11-1 单位内部沟通联系示意图

这样的两分法提供了一种考察社会网络的方式,即一方面考察那些体现强联系的稠密区域,同时也考察它们通过弱联系的相互作用方式。

而在全局的尺度上,弱连接可以作为一种便道的方式将不同部分的网络连接起来,出现俗称为"六度分隔"的理论现象。

1967年,美国哈佛大学社会心理学教授斯坦利·米尔格兰姆对这个问题做了一个著名的实验,他从内布拉斯加州和堪萨斯州招募到一批志愿者,并随机选择出其中的三百多名,请他们分别邮寄一封信函。信函的最终接收目标是米尔格兰姆指定的一名住在波士顿的股票经纪人。由于几乎可以肯定信函不会直接寄到目标,米尔格兰姆就让志愿者把信函发送给他们认为最有可能与目标建立联系的亲友,并要求每个转寄信函的人都发送一封信件给米尔格兰姆本人。

出人意料的是,这其中有六十多封信最终到达了目标——股票经济人手中,并且这些信函经过的中间人的数目平均只有5个。也就是说,陌生人之间建立联系的最远距离是6个人。1967年5月,米尔格兰姆在《今日心理学》杂志上发表了实验结果,并提出了著名的"六度分隔"假说。

社会网络也会反映出一个群组内部斗争和矛盾的现象。图11-2所示的公司员工社会网络即反映出了一种潜在的矛盾。

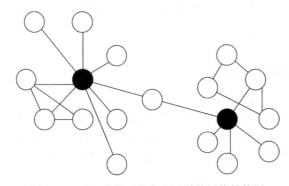

图11-2 群组内部可能产生矛盾的网络结构图

从黑色标识的两个人与其他人的连接线可以看出,他们在好友网络中都具有特别中心的位置。一方面,他们不是朋友,如图11-2所示,黑色标识的两个人之间有一个空心标识;另外一方面,多数人只与他们其中的一人为朋友。如果黑色标识的两个人是一家企业的两个创始人,那么,这种没什么相互联系的群集模式是他们这家企业内部之间产生矛盾的最明显的原因。

11.2.2 博弈论

视频讲解

在某种情形下,人们必须同时选择如何行动,并且行动的结果取决于所有人分别做出的决定,这就是关于博弈论的讨论。例如,在交通高峰期一个司机如何在一个高速公路网络选择行车路线的问题。那么,对于司机来说,本人体验到的行车快慢取决于交通拥堵的状况。但是这种情况不仅与他选择的路线有关,而且与所有其他司机的选择也有关系。所以,在此例子中,公路网络是一个共享资源,其用户的综合行为既可以使它拥堵,也可能使对它的利用效率提高。在一些情况下,人们之间行为的互相作用可能导致某些违反直觉的结果。例如,对一段拥堵的道路进行拓宽,增加网络通行的能力,但可能更多的司机知道此事而吸引了更多的车辆通行,从而导致拥堵状况的发生。想想假日高速免费通行的情况,是不是有点熟悉呢?

博弈论有以下几种经典模型。

1. 囚徒困境

两个囚徒一起做坏事,结果被警察发现并被抓到了警察局,分别关在两个独立的不能互通信息的牢房里进行审讯。在这种情形下,两个囚犯必须做出以下选择:

(1) 供出他的同伙(即与警察合作,从而背叛他的同伙);

(2) 保持沉默(也就是与他的同伙合作,而不是与警察合作)。

而且,由于犯罪现场被破坏,如果两个囚犯都能保持沉默,由于证据不足,则 A、B 都会被判处轻罪,即各一年徒刑。而且囚犯知道这个现状,所以只要他们都拒不承认犯罪,警方无法给他们定罪,只能轻判。但警方也明白这一点,所以他们利用博弈论对这两个囚犯说:"即如果你们中的一个人背叛,即告发你的同伙,那么你就可以被无罪释放,而你的同伙就会被判处重罪,即十年徒刑。当然,如果你们两个互相背叛,那么两人都将被判处八年徒刑。"

那么,这两个囚犯该怎么办呢?是选择互相合作还是互相背叛?

理论上来说,他们应该互相合作,都保持沉默,因为这样他们俩都能得到最好的结果:只被判处一年徒刑。但他们不得不仔细考虑对方可能采取什么选择。两个罪犯所采取的选择如表 11-1 所示。

表 11-1 囚徒困境表

A 罪犯	B 罪犯	判 处 规 则
沉默	沉默	A、B 判处一年
告发	沉默	A 无罪释放、B 判处十年
告发	告发	A、B 判处八年
沉默	告发	B 无罪释放、A 判处十年

从表 11-1 来看,A、B 独自保持沉默的代价太大(对方无罪+奖金,自己重罪)。而告发的话,最坏的情况是正常判罪。告发比保持沉默显然是更加合算的一种做法,所以其结果就是,这两个囚犯按照逻辑都进行了对对方的告发,最终得到了应有的惩罚:坐牢。

2. 枪手博弈

有三个枪手,第一个枪手 A 的命中率是 80%,B 是 60%,C 是 40%。他们同时举枪瞄准、同时射击另两个人中的一个,要尽可能消灭对手,每个人一次机会,一颗子弹,目标是努力使自己活下来。谁活下来的可能性最大?如果你认为枪法最准的 A 胜出,那么你就错了。

我们来看,如果你是 A,你毫无疑问地会瞄准对你威胁最大的 B,而 B 也会瞄准对他威胁最大的 A,而 C 则也可能瞄准 A,那么三个人存活的概率都是多少呢?

$A = 100\% - 60\% - (1-60\%) \times 40\% = 24\%$

$B = 100\% - 80\% = 20\%$(因为命中率为 80% 的 A 在瞄准他)

C＝100％（因为没有人瞄准他）

原来，枪法最不准的 C 竟然活了下来。

那么，换一种玩法呢？

如果三个人轮流开枪，谁会生存下来？

如果 A 先开枪的话，A 还是会先打 B，如果 B 被打死了，则下一个开枪的就是 C，那么此时 A 生存的概率为 60％，而 C 依然是 100％（他开过枪后 A 没有子弹了，游戏结束）；如果打不死 B，则下一轮在 B 开枪的时候一定会全力回击，A 的生存率为 40％，不管是否打死 A，第三轮 A,B 的命运都掌握在 C 的手里了。

如果 B 先开枪，和 A 先开枪的情况类似。B 会先打 A，如果 A 被打死了，则下一个开枪的就是 C，那么此时 B 生存的概率为 60％，而 C 依然是 100％（他开过枪后 A 没有子弹了，游戏结束）；如果打不死 A，则下一轮在 A 开枪的时候一定会全力回击，B 的生存率为 20％，不管是否打死 B，第三轮 A,B 的命运都掌握在 C 的手里了。

那么，如果游戏规则规定必须由 C 先开枪，如果你是 C，如何才能让自己活下来呢？

答案是胡乱开一枪，只要不针对 A,B 任何一人即可。因为针对任何一方开枪，都有 40％的概率打中对方。

当 C 开枪完毕，A,B 还是会陷入互相攻击的困境。因为 C 开好枪之后已经没有威胁。

企业在商务智能系统实施过程中需要与咨询企业、软件供应商打交道。在与这些企业沟通的过程中，可能就会遇到类似的两难境地，这个时候需要相互之间有足够的了解与信任，没有起码的信任做基础，切不可贸然合作。在对对方有了足够的信任之后，诚意也是必不可少的，如果没有诚意或者太过贪婪，就可能闹到双方都没有好处的糟糕情况，造成企业之间的双输。

所以，博弈论基本上是一个共同框架下的相互依赖的行为，其中有一个个体的集合，每个个体必须认定一种策略，从而得到一个回报，而回报的多少取决于集合中每个人分别选择的策略。

通过这个框架，使我们能在许多这样的情形中预测人们的行为。而这个框架的基本要求是均衡。也就是说，任何人都不可能从单方面改变策略而得到好处，即便他知道其他人会怎么行动。

11.3 社会网络的基本原则

11.3.1 三元闭包

在社会网络中，网络如何随着时间的推移而演变？我们可以通过一条基本原则："在一个社交圈内，如果两个人有共同的朋友，则这两人在未来成为朋友的可能性就会提高"，这条原则称之为"三元闭包"原则。这条原则从直观上也很好理解，几乎所有人都能从自己的生活经历中找到相关的例子。例如，当 B 和 C 有一个共同的朋友 A，那么他们成为朋友的概率就会增加。原因之一在于，他们和 A 的关系，直接导致他们彼此见面的概率增加：如果 A 花时间同时与 B 和 C 在一起，则 B 和 C 很可能因此认识彼此，并成为朋友；

另一个相关的原因是,在友谊形成的过程中,B、C 都和 A 是朋友的事实(假定他们都知道这一点)为他们提供了陌生人之间所缺乏的基本信任;第三个原因是基于 A 有将 B 和 C 撮合成朋友的动机;如果 A 同时和 B、C 都是朋友,则如果 B 和 C 不是朋友的事实可能成为 A 与 B 和 C 友谊的潜在压力。而三元闭包的意思,就是当有 A-C、A-B 的两条边,社会网络会通过实践的推移而产生 B-C 的这条边,从而形成 A-B-C 的闭包形态,如图 11-3 所示。

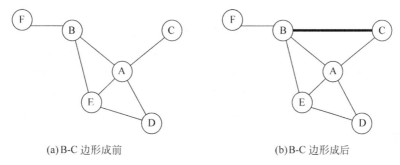

(a) B-C 边形成前　　　　　　(b) B-C 边形成后

图 11-3　形成三元闭包形态的示例

如果我们长时间观察该社会网络,则该网络很可能形成该种情况,D、C 通过共同的朋友 A 形成了新的边 D-C;E、F 通过共同朋友 B 形成一条边 E-F;之后,在可能的情况下,F、D 通过共同的朋友 E 而形成新的边 F-D,如图 11-4 所示。

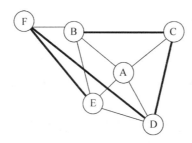

图 11-4　长时间演化的社会网络可能的一种形式

三元闭包现象对人们形成社会网络中的一些测度具有启发性,尤其是那些体现趋势的简单测度,其中之一就是聚集系数(Clustering Coefficient)。某节点的聚集系数为与该节点相邻的节点之间边的实际数与该节点相邻节点对的个数之比。例如,计算图 11-3(a) 中 A 的聚集系数,首先计算 A 相邻的节点为 B、C、D、E,理论上能形成的节点对为:B-C、B-D、B-E、C-D、C-E、D-E,共 6 对,而实际上的边为:B-E、D-E,则 A 点的聚集系数为 2/6。根据时间的推移,在图 11-4 中,边为 B-C、C-D、D-E、B-E,共 4 条边,所以 A 点的聚集系数增加到 4/6。通常,聚集系数的值介于 0~1。所以说,聚集系数是针对在社会网络中的节点,发现该节点的三元闭包过程的强度,在社会网络中,聚集系数可以用来发现某节点的任意两个朋友彼此也是朋友的概率。这在研究社会网络的某些现象,发现某些趋势有特别的帮助,例如可以发现在社会网络中聚集系数较低的用户相比于该系数较高的人更容易出现孤僻、自闭的性格等。

11.3.2 桥和捷径

在社会网络中,每个人都可以认为是这个网络中的节点,如图 11-5 所示,在这样一个简单的社会网络中,A 有 4 个朋友,特殊的是 A 和 B 从图中看起来,如果切断他们之间的连线,则 A 和 B 分属于不同的社会网络中,则我们可以推断,A 与 B 的结构特点将给 A 和 B 带来不同以往的体验。因为 A、B 通过连线,可以有机会接触到完全不同的观点和信息。

通过图 11-5 我们知道,如果 A 和 B 相连,若去掉连接 A 和 B 的边或导致 A 和 B 分属于不同的网络,则这条边为桥。换句话说,桥是连接两个端点的唯一路径。

我们可以了解,桥在实际社会网络中是极其罕见的。你可能有一个背景与自己完全不同的朋友,不知道你们两人会联系在一起。但是事实是,现实世界中,除了说不清,道不明的"冥冥之中",总还有其他难于发现的潜在关联存在。如果将图 11-5 延伸到图 11-6,则可能更加实际。

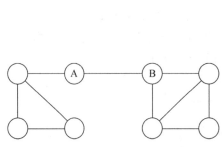

图 11-5　A-B 桥的说明

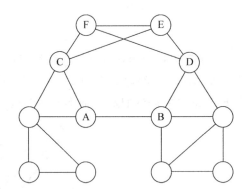

图 11-6　A-B 边可能出现的情况

图 11-6 中,A-B 边不是连接两个端点的唯一路径,可能 A,B 两个端点都没有意识到,他们之间有多条更长的路径,例如其中一条为:A-C-F-E-D-B。

类似这样的结构在真实的社会网络中较之桥更为普遍,我们可以给出下列定义:若边 A-B 的端点 A 和 B 没有共同的朋友,则称边 A-B 为捷径。换句话说,若删除 A-B 边,增加端点 A,B 的距离到 2(不包括 2)以上,则称该边为捷径。因此,图 11-6 中 A-B 边为跨度 4 的捷径。

捷径与三元闭包在概念上存在对立关系,一条边若是捷径,则不可能是三元闭包关系中的任意一边。

11.3.3 小世界与无标度

社会网络中人与人之间的关系、网络现象的测定主要是通过计算网络中的路径及长度等度量来完成的。如果网络中随机选择的两个节点之间的距离,即访问彼此所需要的步数,与网络中节点数量的对数成比例增长,且网络的集聚系数不小,那么,这样的网络就是小世界网络。这种网络属性意味着一些彼此并不相识的人,可以通过一条很短的熟人链条被联系在一起,这也就是小世界现象。

此外,在社会网络中,其各节点之间的连接状况(度数)具有严重的不均匀分布性,网络中少数称之为集合点的节点拥有极其多的连接,而大多数节点只有很少量的连接。少数集合点对社会网络的运行起着主导作用。这种特性也称为无标度特性,无标度特性对于社会网络中度分布呈现幂律分布的规律。同时,社会网络还具有网络的同配性与互惠性的特点。

通过对许多在线社会网络的实际测量表明,个体间的差异很大,大多数节点有少量连接边,而少数节点存在大量连接边,这种严重不均匀分布的网络我们称之为无标度网络。而在线社会网络具有无标度特性,即绝大多数用户拥有较少的社会关系,而很少部分用户存在较多的社会关系,其度分布近似满足幂律分布。无标度网络中,度大的节点具有较小的聚集系数,而度较小的节点具有较大的聚集系数。

而同配性反映了网络中度相近顶点间相互关联的程度。其中,度相关性表示一个节点的度与其邻居节点度之间的相关性。在一个正相关的网络中,度大的节点倾向于连接度大的节点,叫同配;反之,该网络是负相关的。

互惠性一般被用在有向网络中,用来衡量网络中两个节点形成互相双向连接的程度。网络互惠性的研究有很好的指导意义,一方面,互惠性可以提现网络中个体之间交互的密切程度;另外一方面,在实际操作中为了简便起见,人们经常忽略有向边的方向,而互惠性则可以解释出忽略有边的方向所可能产生的误差。

11.4 社会网络与商务智能

11.4.1 用户行为分析

用户行为是在线社会网络研究的重要内容。由于在线社会网络结构的复杂性、群体的大规模性以及信息产生的海量性、快速性、难以追溯性等特点,在线社会网络的用户采纳与使用、群体互动与信息传播、内容创建等行为所产生的效用,对国家政治、经济、信息安全和社会稳定、组织的管理模式以及人们的日常工作和生活产生着深刻的影响。表 11-2 就说明了用户行为分析的切入点。

表 11-2 用户行为分析表

用户行为		
用户群体互动行为	用户个体使用行为	
关系选择	一般使用行为	内容创建行为
内容选择	时间序列的行为	动机预测和模拟
时间规律	地理位置的行为	行为主题的分类和聚合

在用户行为分析中,可以将行为分为群体行为和个体行为,由于群体行为有个体之间的互动性,所以我们主要分析用户群体之间的关系以及维系他们关系的内容,包括他们之间互动的时间规律,从而分析出属于该群体互动的特定规律。

对于个体行为的分析有更高的复杂性和不确定性,我们可以分析该名用户在时间、地理位置上的活动;更加复杂的是分析该用户在网络中产生何种内容,即通过内容来预测和模拟该名用户生产内容背后的动机,继而,我们可以将该名用户的行为主体进行分类和聚合,分析该名用户在网络中的行为。

社会网络中个体影响力分析主要包括用户之间的影响强度,以及有影响力个体的发现等的分析。

影响强度及社交影响力的定量大小,表示社会网络个体之间相互影响的程度,也称为社会网络中关系的强度或者关系强度。

社会网络个体之间的影响强度,通常由节点(个体)之间的网络距离、时序行为模式等属性决定,即表示社会网络中边的定量大小。影响强度大的节点,就可以在虚拟社区、网络群体以及信息传播中发挥着巨大的作用,能够快速扩散、放大舆论。所以个体影响力大的节点,在推动议题讨论、激发舆论上扮演着越来越重要的角色,逐渐代替了传统媒体,形成了一种新的自媒体模式,即通过增强网络影响力来达到目的。这些影响强度大的节点与普通节点、传统媒体之间形成互动,其观点往往能够影响大批粉丝和舆论走向,而自媒体模式的形成,使广大普通节点(网民)也能够通过自媒体来增强个体的影响强度。

而用户通过社会网络,很可能受到其他人行为和决定的影响。例如他人的意见、购买的产品、政治立场、参与的活动以及使用的技术、行为规范等,在很多情况下,由于社会网络的存在,人们会放弃自己的选择而去跟随其他人的选择。

例如,当我们到达一个陌生的城市或餐馆,往往会选择人多的餐馆、好评多的旅馆和旅游景点。因为潜意识里,我们认为和当地的人建立了网络(因为都是去就餐和住宿),认为他们会和我们的口味差不多,和我们的品位习惯差不多,而且他们肯定是做了一番了解才选择这个餐馆或旅馆,我们往往会自认为很合理地加入了他们的选择,而可能放弃原来的计划。这种情况,我们通常叫作"随大流"现象。因为其他人的选择提供给你的信息可能要比你自己通过其他途径了解到的信息更加有说服力。因此忽略自己的信息而加入这些人群是合情合理的事情。这种情况,我们称发生了群集效应。

群集效应,就是人们可以在不同时刻依次做出决定,而后面的人可以观察到前面人的决策行为,并通过这些行为推断出他们所了解的一些信息。例如选择餐馆的例子,第一个进入餐馆的用户建立起来的信息就会传递给后来者。当人们放弃自己拥有的信息,转而以之前人们的行为为基础做出推断,便产生了级联效应。

有趣的是,级联效应中,个体模仿他人的行为是随着他人的人数增多而增强的。当然,模仿行为也可能是个体在社会压力下出现的顺从,与所谓的信息没什么关系,有时并不容易分辨这两种情况。例如,当有一个人停下脚步,仰望天空时,很少有路人会有模仿行为;当随着人数的增加,到 10～15 人时,就会有近一半的路人会停下来,开始盯着天空。

所以,级联效应的强度是随着一致性群体活动规模的扩大而增强的。当群体规模达到一定量的时候,自然而然会有人不断进行模仿和采取一致性行为。所以说,级联效应在一定程度上解释了一些社会的模仿现象。

而通过数据挖掘相关算法,就能根据级联效应群体的规模和特性,对例如时尚潮流、候选人的表决、畅销书、新技术的推广,来理解背后的规律,使企业管理人员做出相应决定。

11.4.2 利用贝叶斯规则验证群集效应

假设有一个装有3个小球的盒子,让一群学生知道的条件有:盒子中有两个红色球和一个蓝色球的可能性是50%,有两个蓝色球和一个红色球的可能性也是50%。我们称前一种为"多数红色",后一种情况为"多数蓝色"。游戏规则是不能做损人不利己的猜测(即多数红色情况下宣布多数蓝色,多数蓝色的情况宣布多数红色)。

现在,每个同学依次背着大家拿出一个球看清颜色后,再放回去。然后,让这个学生猜测盒子中的球是"多数红色"还是"多数蓝色",并向在座的所有学生公布他的猜测。也就是说,还没有轮到的学生看不到前面学生拿到球的颜色,但是能够听到这些学生宣布的猜测结果。这个与我们之前的例子很像,我们可以看到餐厅里的人做的选择,但是没有机会直接得到别人对餐馆的评估。

按照顺序,每个学生的情况大致如下:

第一名学生。这名同学应该遵循一个简单的推测规则,就是如果他拿到红色,那么就推测该盒子为"多数红色"。如果拿到蓝色,那么就推测该盒子为"多数蓝色"。那么接下来,后面的同学就能够知道,这名同学传递了一个完整的信息,即他宣布的就是他抓到球的颜色。

第二名学生。如果第二个学生抓到的颜色和第一名学生抓到的颜色一样,那么他很简单,就直接也应该猜相同的颜色。

如果第二个学生拿到的是不同的颜色,相当于这名学生一次性拿出两个球,分别是一个红球、一个篮球。这两个球在这名学生眼里机会相等。因此,无论这名同学宣布什么颜色,统一是向大家宣布完整的信息,其他同学认为这名同学宣布的颜色,即他所拿到球的颜色。

第三名学生。如果前两个学生猜测了不同的颜色,第三个学生就应该猜测所其看到的颜色。但是,如果前两名学生的猜测一致,例如都是蓝色,而第三个学生拿到的是一个红色球。基于这些信息,他应该也猜测这个盒子是属于"多数蓝色",而忽略他自己掌握的信息(根据他自己抓到的一个红色球,他应该猜测小盒子里的球为"多数红色")。

总之,上述推论的关键是如果前两个猜测是相同的,第三个学生也会猜这个颜色,不管他从盒子里拿到什么颜色的球。其他学生只能听到他的宣布结果,没有机会看到他拿球的颜色。这种情况下,就形成了信息级联。第三个学生做了和前两个学生相同的猜测,无论他自己拿到什么颜色的球,也就意味着他此时忽略了他自己的个人信息。

第四名及以后的学生。如果前三名同学都猜测蓝色时,该名同学知道前两个猜测传递了完整的信息,就是这两名同学所看到小球的颜色。也知道第三名同学不管看到什么都会猜测"多数蓝色",也就是说第三名同学没有传递任何有效信息。

结果是,第四名及以后的学生会进入与第三名学生相同的状态。无论他看到什么颜色,都会倾向于前两个学生的猜测,所以第四个学生也应该猜测"多数蓝色",而忽略自己所看到的。

这个过程将在所有的学生中持续进行,如果前两个猜测都是"多数蓝色",那么后面每个人都会同样猜测"多数蓝色"。一个信息级联的特征就是,人们并没有觉得每个人都会拿到蓝色球,但是一旦前两个猜测都是"多数蓝色",后面所有人宣布的猜测就没有什么参考价值了,因此每个人的最佳策略就是依靠那些少量的参考价值来做决定。

级联过程非常容易发生,首先,只要满足适当的结构条件。它还展示了一种另类的决策行为,一个群体中每个学生都会做出完全一致的推测,而且所有人都是在很理性地做出决定。

其次,它表明信息级联可能会导致非优化结果。例如,假如盒子是"多数红色",那么,有1/3的概率第一个学生抓到的是蓝色,1/3的概率第二个学生抓到的也是蓝色。因为两次抓球是相互独立的,因此前两个学生抓到蓝色球的概率为1/9。如果是这样,前两个学生都会猜测"多数蓝色";如之前讨论的,其余所有的学生也会跟着猜测"多数蓝色",但这些猜测都是错误的,因为这个盒子是"多数红色"。这个1/9的概率不会因更多人参加而得到修正,因为在理性决策的引导下,如果前两个人猜测"多数蓝色",后面每个人都会跟着猜测"多数蓝色",无论这个群体有多大。

第三,这个实验还说明尽管级联可能形成最终的一致,但是从根本上来讲,这种级联是很脆弱的。假设教室里有50名学生,前两个都猜测"多数蓝色",则后面的人就会跟着猜测"多数蓝色",但是传递当中20,21号学生都拿到了红色球,并违反规定,展示手中的红球给大家看。这个时候,22号同学做抉择时,就会有四种真实的情况,即1,2号的蓝色,20,21号的红色,那么22号同学很有可能会根据自己拿到小球的颜色进行抉择。

那么,利用贝叶斯规则来验证群集实验中学生们采用的推理行为也是好理解的。因为每个学生的选择本质上是取决于一个条件概率:当听到别人的猜测后,每个学生都估算出盒子里是"多数蓝色"还是"多数红色"的条件概率。为了最大限度猜中,如果以下表达式成立,就应该猜测"多数蓝色":

$$P[多数蓝色|看到或听到的颜色]>1/2$$

否则,学生应该猜"多数红色"。如果两个条件概率都正好是1/2,则可以任意猜测颜色。

首先,我们知道如下:

$$P[多数蓝色]=P[多数红色]=1/2$$

而且,基于两种颜色小球的组合情况:

$$P[蓝色|多数蓝色]=P[红色|多数红色]=2/3$$

现在,按照之前的流程,假设第一个学生拿到的是蓝色球。他因此需要确定概率 $P[多数蓝色|蓝色]$,则利用贝叶斯规则:

$$P[多数蓝色|蓝色]=P[多数蓝色] \cdot P[蓝色|多数蓝色]/P[蓝色] \quad (11-1)$$

而 $P[蓝色]$ 表示拿到一个蓝色球的概率是当盒子是"多数蓝色"球或者"多数红色"球时的概率总和。所以:

$$P[蓝色]=P[多数蓝色] \cdot P[蓝色|多数蓝色]+P[多数红色] \cdot P[蓝色|多数红色]$$
$$=1/2 \times 2/3+1/2 \times 1/3=1/2 \quad (11-2)$$

$$P[多数蓝色] \cdot P[蓝色|多数蓝色]=1/2 \times 2/3=1/3 \quad (11-3)$$

分别将式(11-2),(11-3)式带入式(11-1),则为2/3。

因为这个条件概率大于1/2,直观看这个结果,当第一个学生拿到蓝色球时,应该猜测是"多数蓝色",其准确的概率为2/3。

第二个学生和第一个学生相类似,这时级联效应开始形成。

假设,当前两个学生都猜测蓝色时,第三个学生拿到一个红色球。这时,前两个学生传递了真实的信息,因此第三个学生实际上掌握了三次抓球的颜色,分别是蓝色、蓝色、红色。如果他猜测为"多数蓝色",则概率为

$$P[多数蓝色 | 蓝色,蓝色,红色]$$
$$= P[多数蓝色] \cdot P[蓝色,蓝色,红色 | 多数蓝色]/P[蓝色,蓝色,红色] \quad (11\text{-}4)$$

其中

$$P[蓝色,蓝色,红色 | 多数蓝色] = 2/3 \times 2/3 \times 1/3 = 4/27 \quad (11\text{-}5)$$

$$P[蓝色,蓝色,红色] = P[多数蓝色] \cdot P[蓝色,蓝色,红色 | 多数蓝色] + $$
$$P[多数红色] \cdot P[蓝色,蓝色,红色 | 多数红色]$$
$$= 1/2 \times 2/3 \times 2/3 \times 1/3 + 1/2 \times 1/3 \times 1/3 \times 2/3 = 6/54 \quad (11\text{-}6)$$

将式(11-5)和(11-6)带入式(11-4)得到:

$$P[多数蓝色 | 蓝色,蓝色,红色] = 2/3$$

因此,第三个学生应该也猜"多数蓝色",有 2/3 的机会。这就证实了我们在之前凭直觉的推断。

最后,一旦这三次抓球活动已经发生,那么所有接下来的学生将拥有和第三个学生统一的信息,因此运行相同的计算过程,最终形成一个选择蓝色的信息级联。

11.5 习题

1. 简述社会网络的基本问题。
2. 简述三元闭包原则。
3. 请根据学校及班级情况,测试"六度分隔理论",并描绘符合该理论的网络图。
4. 某街道新开一家奶茶店,请根据级联效应来阐述如何提高客户的访问量和下单量。

第 12 章

商务智能开发工具——RapidMiner

【学习目标】

- 了解 RapidMiner 软件的基本操作；
- 掌握使用 RapidMiner 进行数据挖掘操作。

12.1　RapidMiner 简介

　　RapidMiner 是一款专门用于数据挖掘分析的软件，常用于解决各种商业关键问题，如营销响应率、客户细分、客户忠诚度及终身价值、资产维护、资源规划、预测性维修、质量管理、社交媒体监测和情感分析等典型商业案例。RapidMiner 包含了多种数据挖掘的程序包，使用图形化的方式构建模型，使用复杂的数据挖掘算法对数据进行分析与挖掘。本书所用的 RapidMiner 版本为 6.1。

　　RapidMiner 的功能特点如下所示。

　　(1) 可免费提供数据挖掘技术和库。

　　(2) 100% 使用 Java 代码(可运行在操作系统)。

　　(3) 数据挖掘过程简单、强大和直观。

　　(4) 内部 XML 保证了以标准化的格式来表示交换数据挖掘过程。

　　(5) 可以用简单脚本语言自动进行大规模进程。

　　(6) 多层次的数据视图，确保有效和透明的数据。

　　(7) 采用图形用户界面的互动原型。

　　(8) 命令行(批处理模式)自动大规模应用。

　　(9) 具备 Java API(应用编程接口)，可以方便地与第三方 Java 程序整合。

(10) 简单的插件和推广机制。
(11) 强大的可视化引擎,许多尖端的高维数据可视化建模。
(12) 有四百多个数据挖掘运营商支持。

12.2 连接数据

RapidMiner 可以连接多种格式的数据,本节以连接.xls 文档为例。

启动软件后,就进入软件的主界面,如图 12-1 所示,主要分为如下四个部分。
- 区域1:数据挖掘模块,使用者可以在该列表中选取所需要的计算模块;
- 区域2:原始数据菜单,保存着数据源的数据;
- 区域3:编辑部分,在该部分主要操作数据源与数据挖掘模块的关联设计;
- 区域4:设计与计算结果菜单,用户可以随时切换设计界面与计算结果界面。

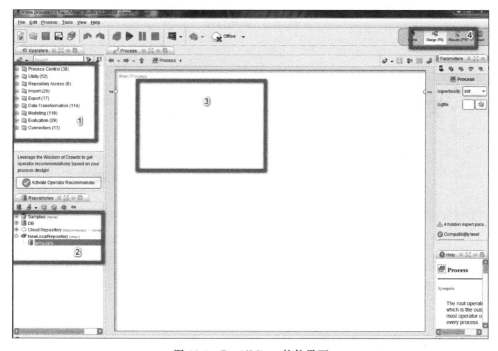

图 12-1 RapidMiner 软件界面

RapidMiner 正常启动,进入该软件的初始界面。执行 File1|New Process 命令,如图 12-2 所示。

此时该软件会创建一个新的进程,在该进程创建一个本地仓库后(New Local Repository)。就可以导入数据文件了。

在该进程中的左下角,单击如图 12-3 中所示的图标,则可以显示导入的数据格式。在该版本中,可以导入 CSV 文件、Excel 表格、XML 文件、数据库表与二进制文件。若选择导入 Excel 表,则经过数据格式化的步骤后,会在新建的本地仓库中生成如下文件,如图 12-4 所示。现在,用户可以将数据与数据挖掘模块拖放到编辑区域,进行数据挖掘分析。

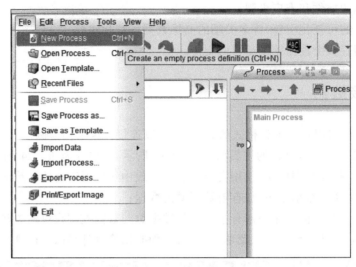

图 12-2 新建进程

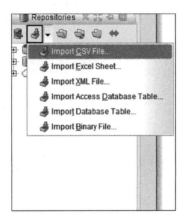 

图 12-3 选择导入文件　　　　　图 12-4 选择本地仓库

12.3 关联分析实验

1. 背景和概要说明

了解影响国内市场对热燃油需求的行为及其他因素的类型。哪些因素与热燃油用量有关？知道这些因素之后就可以知道市场需求并更好地管理库存并预测需求，利用关联分析完成此实验。

2. 业务理解

有许多因素会影响热燃油消费，并相信通过调查其中一些因素之间的关系，能够更好地监控并应对热燃油需求。这次实验选择使用相关分析来对希望调查的因素之间的关系进行建模。相关性是一种统计指标,用于衡量数据集中属性之间的关联强度。

3. 数据理解

数据集包含以下属性。

(1) Insulation:密度等级,介于1~10,用于表示每个家庭的保温层的厚度。密度等级为1的家庭的保温状况非常糟,而密度等级为10的家庭的保温状况非常好。

(2) Temperature:每个家庭最近一年的户外环境平均温度,单位为华氏度(1华氏度≈-17.22摄氏度)。

(3) Heating_Oil:最近一年来每个家庭购买的热燃油总量。

(4) Num_Occupants:每个家庭中居住的总人数。

(5) Avg_Age:每个家庭中成员的平均年龄。

(6) Home_Size:家庭住房总面积的等级,介于1~8。该数字越高,家庭住房面积越大。

4. 数据准备

(1) 将"RapidMiner.03.关联分析.csv"数据集导入RapidMiner数据存储库中,保存为"//Local Repository/data/第三节.关联分析"。

(2) 导入所有属性,并接受默认数据类型,接着我们可以在导入结果的metadata视图中看到导入的6个属性。

(3) 数据集中共有1218户家庭。我们的数据集看起来非常"干净",在6个属性中没有任何缺失的值,并且没有任何明显不一致的数据。如果读者有兴趣,可以花一些时间切换到Data View,熟悉一下这些数据。我们认为这些数据的情况非常好,不再需要使用数据准备操作符,因此可以前往下一步。

5. 建模

从资源存储库中选择并拖入数据"第三节.关联分析"到设计视图,使用Correlation Matrix(校正矩阵)操作符,建立相关关联分析是一种比较简单的统计分析工具,因此要修改的参数很少。我们将接受默认值。单击【运行】按钮运行模型,结果如图12-5所示。

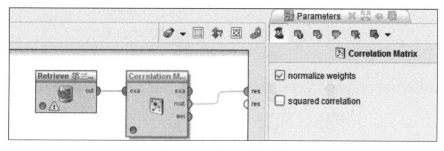

图12-5 相关分析流程图

相关系数位于矩阵中。相关系数比较容易解读。它们只是一种指标,用于衡量数据集中每个可能的属性集之间的关联强度。因为此数据集中有 6 个属性,所以我们的矩阵有 6 个列、6 个行。在属性与自身相交的位置,相关系数为 1,这是因为任何事物在与自身进行比较时都具有完全匹配的关系。所有其他属性对的相关系数都小于 1。更复杂一些的话,相关系数实际上还可以为负值,因此所有相关系数都将介于 −1~1。我们可以看到本实验的相关分析结果中就是这种情况,如图 12-6 所示。

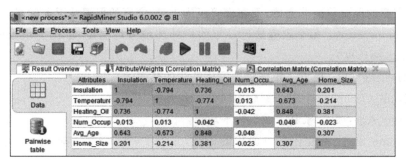

图 12-6　相关分析结果

6. 评估

所有介于 0~1 的相关系数都表示正相关,所有介于 0~−1 的相关系数都表示负相关。尽管这可能看起来非常简单,但在解读矩阵的值时,要进行一个重要的区分。此项区分与要分析的两个属性之间的移动方向有关。让我们想一想 Heating_Oil(热燃油)属性和 Insulation(保温等级)属性之间的关系。由图 12-6 可知,它们之间的相关系数为 0.736,这是一个正值,因此是一个正相关。但这意味着什么？正相关意味着当一个属性的值上升时,另一个属性的值也会上升;正相关还意味着当一个属性的值下降时,另一个属性的值也会下降,如图 12-7 所示。如果当一个属性的值上升的同时另外一个属性的值朝相反方向变化,那么这两个属性就是负相关,如图 12-8 所示。如 Temperature(温度)属性和 Insulation(保温等级)属性之间的关系。在矩阵中,我们看到它们之间的相关系数为 −0.794 因此为负相关。

图 12-7　正相关示例

图 12-8　负相关示例

相关性与相关系数之间的关系如图 12-9 所示。

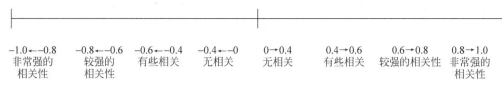

图 12-9　相关系数与相关性之间的关系

因此相关系数会告诉我们属性之间的一些东西,这非常有帮助,此外,它们还会告诉我们与相关强度有关的一些东西。如上文所述,所有相关系数都将介于 0～1 或 0～-1。相关系数越接近 1 或 -1,相关强度就越高。

7. 部署

在数据挖掘中,部署是指利用我们通过模型了解到的内容进行流程化处理的行为,即根据模型得出的结果采取一些措施。在本节的示例中,我们为虚拟人物 Sarah 进行了一些基本的探索性分析。通过此项调查可以获得几种可能的结果。

通过调查我们了解到,数据集中关联强度最高的两个属性是 Heating_Oil(热燃油)和 Av_Age(平均年龄),相关系数为 0.848。因此,我们知道在此数据集中,随着家庭居住人员平均年龄的增加,家庭中的热燃油用量也会增加。我们不知道的是为什么会发生这种情况。数据分析人员常常会将相关性错误地解读为因果关系。如果认为数据之间有相关性,就证实它们有因果关系的想法是非常危险并且常常是错误的。

由图 12-6 可知,Av_Age 和 Temperature 之间的相关系数为 -0.673,这是比较强的负相关。说明家庭居住人员平均年龄增加时,户外环境平均温度下降;并且户外环境平均温度上升时,家庭居住人员平均年龄下降。但家庭居住人员的平均年龄会对家庭年均户外温度有影响吗？当然不会。如果会有影响,我们只要让不同年龄的人搬入或搬出家庭,即可控制温度,这当然非常愚笨。尽管统计表明,在我们的数据集中,这两个属性之间存在一定的相关性,但没有合理的理由表明为什么一个属性的变动会导致另一个属性的变动。这一关系可能纯属巧合,但如果不是,肯定会有一些我们的模型无法提供的其他解释。在进行所有数据挖掘部署决策时,必须认识到并接受此类局限。

对相关性的另一种错误解读为:相关性是百分比,即如果两个属性之间的相关系数为 0.776,就表示这两个属性之间的变化相似性为 77.6%,这是不正确的。尽管相关系数确实能够表明属性之间的变化相似性,但用于计算相关系数的基本数学公式只是用于衡量属性之间的相关强度(按与 1 或 -1 的接近程度来表示),未计算也未打算计算任何百分比。

了解了这些解读参数后,可以根据情况进行数据集的更新,可能包括如下的一些选项。

(1) 去掉 Num_Occupants 属性。尽管从逻辑上看家庭中的居住人数可能是一个会影响能源用量的变量,但在我们的模型中,它与其他任何属性均没有任何重大相关。有时会有一些属性最终表明不是非常相关。

(2) 调查家庭保温层的作用。Insulation rating 属性与一些其他属性之间存在非常强的相关。这可能会有一些与专门为现有家庭加厚保温层的公司合作(或成立一个此类公司)的机会。如果希望对节能做出贡献,则通过开展促销活动来展示为家庭加厚保温层的好处可能会是一个不错的做法,但如果希望继续销售尽可能多的热燃油,则可能会抵触参加此类活动。

(3) 在数据集中添加更多细节内容。此数据集已经产生了一些相关的结果,但坦白说,这些结果都非常普通。我们在此模型中使用了年均温度和热燃油年总用量。但我们还知道,在全球的大多数地区,温度在全年内会不断波动,因此每月甚至每周的指标不仅可能会显示需求和用量随时间变化方面的更详细的结果,而且属性之间的相关强度可能会更高。

(4) 为数据集添加其他属性。虽然结果表明家庭中的居住人数与其他属性之间没有多大相关性,但这并不意味着其他属性将同样不相关。例如,如果能够了解每个家庭中的火炉和/或锅炉数量,会怎样?Home_size 与 Heating_Oil 用量之间存在细微的相关性,因此每个家庭中消费热燃油的设备数量或许将能提供一些相关信息,或至少会了解更多情况。

12.4 线性回归实验

1. 背景和概要说明

某能源公司希望我们可以帮其再做一些预测。他们已经知道数据集中的属性(例如温度、保温层和居住人员年龄)之间存在一些关联,现在想知道是否可以通过数据集预测新客户的热燃油用量。因为新客户的数量非常大(准确地说为 42 650 个),并且这些新客户还没有开始消费热燃油,因此他们希望知道需要拥有多少库存,才能满足这些新客户的需求。是否可以使用数据挖掘技术来查看家庭属性和已知的过往消费量,以便预测并满足新客户的需求?

2. 线性回归原理

线性回归是利用数理统计中的回归分析,来确定两种或两种以上变量间相互依赖的定量关系的一种统计分析方法,运用十分广泛。分析按照自变量和因变量之间的关系类型,可分为线性回归分析和非线性回归分析。

回归分析中只包括一个自变量和一个因变量,且二者的关系可用一条直线近似表示,这种回归分析称为一元线性回归分析。如果回归分析中包括两个或两个以上的自变量,且因变量和自变量之间是线性关系,则称为多元线性回归分析。

3. 业务理解

预测对某种消耗品的需求,我们将使用线性回归模型来实现。我们知道这些新客户的家庭在性质上与现有客户群非常类似,因此现有客户的使用行为应该可用作预测新客户未来用量的可靠基准。根据已拥有的数据,即 12.3 节实验中的数据集,提供了每个家庭的属性概况,共包含 1218 个观察项,以及这些家庭的热燃油年消费量作为训练数据来预测 42 650 个新客户的热燃油用量。

4. 数据理解

数据集包含以下属性:

(1) Insulation:保温层密度等级,介于 1~10,用于表示每个家庭的保温层的厚度。密度等级为 1 的家庭的保温状况非常糟,而密度等级为 10 的家庭的保温状况非常好。

(2) Temperature:每个家庭最近一年的平均户外环境温度,单位为华氏度。

(3) Heating_Oil:最近一年来每个家庭购买的热燃油总量。

(4) Num_Occupants:每个家庭中居住的总人数。

(5) Avg_Age:每个家庭中居住者的平均年龄。

(6) Home_Size:家庭总面积的等级,介于 1~8。该数字越大,家庭面积越大。

其中为 42 650 个新客户包含了所有这些相同的属性。并已将该数据集提供给我们,以便用作模型中的检验数据集。

5. 数据准备

(1) 将"RapidMiner.05.线性回归_Training.csv"数据集导入 RapidMiner 数据存储库中,保存为"//Local Repository/data/线性回归_Training"。

(2) 将"RapidMiner.05.线性回归_Scoring.csv"数据集导入 RapidMiner 数据存储库中,保存为"//Local Repository/data/线性回归_Scoring"。

(3) 导入所有属性,并接受默认数据类型。

(4) 使用线性回归作为预测模型时,务必要检验数据中所有属性的范围必须在训练数据中对应属性的范围之内。这是因为我们不能依赖训练数据集为值,在训练数据集的值范围之外的观察项预测目标属性。

6. 流程设计

线性回归流程设计图如图 12-10 所示。

其中 Set Role 操作符是将 Heating Oil 设置为 labal 属性。

7. 运行结果

运行以上模型得到结果如图 12-11 和图 12-12 所示。

图 12-12 是线性回归参数表,在此表中可以看到各个变量的系数估计值和对应 t 检验值。图 12-13 是测试数据输入后得到的预测值。

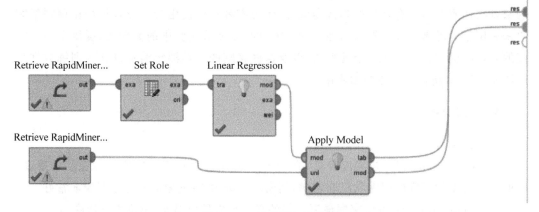

图 12-10 线性回归流程图

Attribute	Coefficient	Std. Error	Std. Coeffici...	Tolerance	t-Stat	p-Value	Code
Insulation	3.323	0.413	0.164	0.431	8.048	0	****
Temperature	-0.869	0.068	-0.262	0.405	-12.734	0	****
Avg_Age	1.968	0.064	0.059	0.491	30.565	0	****
Home_Size	3.173	0.310	0.849	0.914	10.230	0	****
(Intercept)	134.511	7.257	?	?	18.535	0	****

图 12-11 线性回归参数表

Row No.	prediction(...	Insulation	Temperature	Num_Occu...	Avg_Age	Home_Size
1	251.321	5	69	10	70.100	7
2	216.028	5	80	1	66.700	1
3	226.087	4	89	9	67.800	7
4	209.529	7	81	9	52.400	6
5	164.669	4	58	8	22.900	7
6	180.512	4	58	6	37.400	3
7	221.188	6	51	2	51.600	3
8	164.001	2	73	5	37.400	4
9	264.712	9	39	1	56.900	7
10	221.364	8	84	5	64.500	2
11	221.328	10	74	6	58.300	1
12	262.580	5	49	6	68.600	6
13	214.082	8	45	2	33.900	8
14	212.392	3	49	4	49.700	4
15	253.199	9	66	6	66.200	5
16	275.043	9	57	10	70.100	7
17	190.837	9	66	10	32.900	6
18	234.624	4	47	3	55.200	6
19	166.237	5	53	1	19.800	7
20	231.723	5	77	3	66.900	5

图 12-12 线性回归预测

12.5 聚类分析实验

1. 背景和概要说明

在许多人的印象中,体重、性别和胆固醇这三个因素对患冠心病有着很大的影响。尽管人们无法改变自己的性别,但无疑可以通过选择合理的生活方式来改变胆固醇水平和体重。我们希望了解是否存在发生高体重和高胆固醇风险最高的自然群体,如果存在,这些群体之间的自然分界线在哪里?

2. 业务理解

该实验的目标是确定由公司提供保险服务,且因体重和/或高胆固醇导致患冠心病的风险非常高的人员,并试图联络这些人员,制定相关且对这些不同的群体有吸引力的项目和沟通方式。

3. 数据理解

共获取 547 名随机挑选人员的 3 个属性,即受保人最近的体检表上记录的体重(单位:磅(1 磅≈0.453))、最近一次验血时测得的胆固醇水平,以及性别。和在许多数据集中的典型做法一样,性别属性使用 0 来表示女性,并使用 1 来表示男性。根据这些样本数据来构建一个聚类模型。我们应切记在构建模型时,均值尤其容易受到极端离群点的不当影响,因此在使用 K-均值聚类数据挖掘方法时查看是否存在不一致的数据至关重要。

4. 数据准备

(1) 将"RapidMiner.04.K-Means 聚类.csv"数据集导入 RapidMiner 数据存储库中,保存为"//Local Repository/data/ K-Means 聚类"。
(2) 导入所有属性,并接受默认数据类型。
(3) 此时我们可以看到 3 个属性中的每个属性的平均值,以及对应的标准差和范围。共有 547 个观察项,其中没有看起来不一致的值。由于没有缺失的值要处理,因此数据看起来非常"干净",并可直接进行挖掘。

5. 流程设计

图 12-13 是 K-均值聚类流程设计图,包括导入数据和聚类两个操作符。注意,在该实验中,导入数据的操作符显示的是导入文件的文件名。聚类操作符的参数设置有 k 和 max runs 两个参数,一般来讲 k 为聚类的个数,max runs 为迭代的次数。

6. 结果

单击运行按钮,得到如图 12-14 所示的结果。可以看到表格中增加了一列 cluster,每个记录给出了聚类结果。

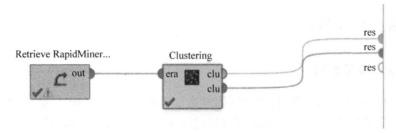

图 12-13　K-均值聚类流程

ExampleSet (547 examples, 2 special attributes, 3 regular attributes)

Row No.	id	cluster	Weight	Cholesterol	Gender
1	1	cluster_0	102	111	1
2	2	cluster_0	115	135	1
3	3	cluster_0	115	136	1
4	4	cluster_0	140	167	0
5	5	cluster_0	130	158	1
6	6	cluster_1	198	227	1
7	7	cluster_0	114	131	1
8	8	cluster_1	145	176	0
9	9	cluster_1	191	223	0
10	10	cluster_1	186	221	1
11	11	cluster_0	104	116	0
12	12	cluster_1	188	222	1

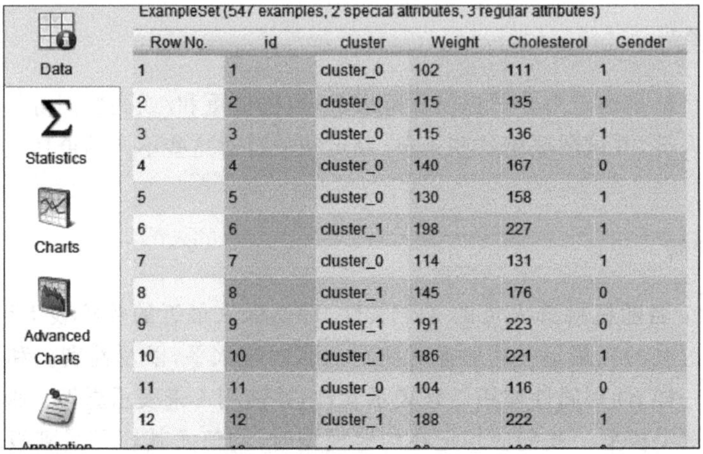

图 12-14　聚类结果

12.6　逻辑回归实验

1. 背景和概要说明

一家健康用品公司希望帮助某社区的居民改善生活方式，包括控制体重和压力，以便降低心脏病二次发作的概率。这家公司想知道，如果使用适当的训练数据，是否可以预测该社区出现心脏病二次发作的概率。他们认为通过提供体重、胆固醇和压力控制培训班或援助组织，肯定能够为一些有心脏病发作史的居民提供帮助。通过降低这些关键的心脏病发作风险因素，该社区的居民将过上更健康的生活，从而该公司就可以提高健康用品销售量。

2. 业务理解

一些风险因素(例如体重、高胆固醇和压力)会增加心脏病发作的概率，尤其是对于有心脏病发作史的人更是如此。所以该公司希望能够根据数据挖掘提供一些指导，以便确定哪些患者是参加这些项目的合适人选。逻辑回归是一种绝佳的工具，它能够帮助预测某件事情发生或不会发生的概率。

3. 数据理解

通过访问社区的健康数据库能够生成两个数据集：第一个数据集是由有心脏病发作史的人员组成的列表，其中一个属性用于表示他们是否有多次心脏病发作史；第二个数据集是由只有一次心脏病发作史的人员组成的列表。第一个数据集（包含138个观察项）将用作训练数据，第二个数据集（包含690个观察项）将用于检验。数据集定义了以下属性：

（1）Age：相应人员的年龄（按四舍五入的方式精确到整数）。

（2）Marital_Status：相应人员当前的婚姻状况——0 表示一直单身、1 表示已婚、2 表示离异、3 表示丧偶。

（3）Gender：相应人员的性别——0 表示女性、1 表示男性。

（4）Weight_Category：将相应人员的体重按以下三个级别分类——0 表示正常、1 表示超重、2 表示肥胖。

（5）Cholesterol：相应人员的胆固醇水平，是在治疗最近一次心脏病发作时记录下来的（对于检验数据集中的人员，是在治疗仅有的一次心脏病发作时记录下来的）。

（6）Stress_Management：一个二元属性，用于表示相应人员是否曾参加过"压力控制"课程：0 表示没有参加过；1 表示参加过。

（7）Trait_Anxiety：一个介于0～100 的评分，用于衡量每个人的自然压力水平和应对压力的能力。两个数据集中的每个人在第一次心脏病发作恢复后没一会儿，都接受了一项标准的自然焦虑水平测试。他们的得分被编制成表，并按5 分的增量记录在此属性中。0 分表示相应人员在任何情况下都从未感到焦虑、压力或紧张；100 分则表示相应人员生活在持续高度焦虑的状况下，并且无法处理自己所面临的情况。

（8）2nd_Heart_Attack：该属性仅在训练数据集中存在。它将是我们的标签，即预测或目标属性。在训练数据集中，该属性被设置为 Yes（有二次心脏病发作史的人员）和 No（没有二次心脏病发作史的人员）。

4. 数据准备

首先导入训练数据集"RapidMincr.05.逻辑回归_Training.csv"。该流程的大部分内容将与前面章节中进行的操作相同，但对于逻辑回归，则存在一些细微的差异。请务必将第一行设置为属性名称。在设置数据类型和属性角色时，需要进行至少一项更改。请务必将 2nd_Heart_Attack 的数据类型设置为 nominal 而非 binominal。虽然它是一个内容为 yes/no 的字段，并且 RapidMiner 会因此将其默认为 binominal 类型，但在建模阶段将使用的 Logistic Regression 操作符需要标签为 nominal 类型。RapidMiner 未提供 binominal 转换为 nominal 或 integer 转换为 nominal 的操作符，因此我们需要在导入时将此目标属性设置为所需的数据类型 nominal。

现在请导入检验数据集。"RapidMiner.05.逻辑回归_Scoring.csv"。请务必确保所有属性的数据类型均为 integer。这应该是默认类型，但也可能不是，因此请仔细检查。

5. 流程设计

如图 12-15 所示是逻辑回归流程图,两个文件 Retrieve RapidMiner 分别为训练集数据(上方)和检验集数据(下方)。在 Set Role 将相关数据的属性进行相应的转换,并将转换好后的数据放入逻辑回归训练出一个合适的回归模型,最后,将该模型导入 ApplyModel 中,训练好的回归模型就能对检验数据集进行预测计算了。

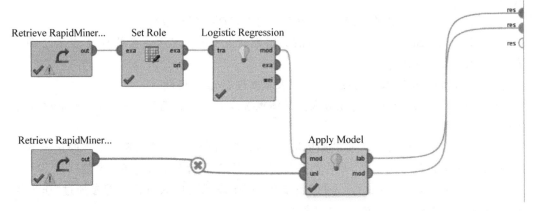

图 12-15　逻辑回归流程图

6. 运行结果

如图 12-16 所示是逻辑回归预测结果。在表格中,对每个人二次心脏病发作的可能性进行了预测。

Row No.	prediction(2...	confidence(...	confidence(...	Age	Marital_Stat...	Gender	Weight_Cat...	Cholesterol	Stress_Man...	Trait_Anxiety
1	No	0.139	0.861	61	0	1	1	139	1	50
2	Yes	0.937	0.063	55	2	1	2	163	0	40
3	No	0.275	0.725	53	1	1	1	172	0	55
4	Yes	0.952	0.048	58	1	1	2	206	0	70
5	No	0.367	0.633	62	2	1	1	148	1	50
6	No	0.026	0.974	70	1	0	0	172	0	60
7	No	0.002	0.998	52	1	0	0	171	1	35
8	No	0.211	0.789	50	1	1	1	172	0	55
9	Yes	0.756	0.244	67	2	1	1	172	0	60
10	No	0.326	0.674	62	1	1	1	166	1	50
11	Yes	0.992	0.008	66	2	1	2	220	0	60
12	No	0.030	0.970	56	2	1	0	141	0	45
13	Yes	0.988	0.012	77	2	1	2	181	1	80
14	Yes	0.693	0.307	64	2	1	1	174	0	60
15	Yes	0.502	0.498	67	2	1	1	146	1	50
16	Yes	0.747	0.253	62	1	1	1	171	0	55

图 12-16　逻辑回归预测结果

12.7 朴素贝叶斯实验

1. 背景和概要说明

Iris Data Set(鸢尾属植物数据集)是历史较为悠久的数据集,它首次出现在著名的英国统计学家和生物学家 Ronald Fisher 于 1936 年发表的论文"The Use of Multiple Measurements in Taxonomic Problems"中,被用来介绍线性判别式分析。在这个数据集中,包括了三类不同的鸢尾属植物:Iris Setosa(山鸢尾)、Iris Versicolor(变色鸢尾)、Iris Virginica(维吉尼亚鸢尾)。每类收集了 50 个样本,因此这个数据集共包含了 150 个样本数据。

2. 业务理解

为了更好识别出一朵鸢尾花属于哪种类别,有一种方法,就是根据鸢尾花的花萼及花瓣的不同来汇总区分,这样就可以直接根据观察获得的数据进行分类处理。这对帮助生物学家提高分辨鸢尾花的效率,使其在野外就能快速分辨鸢尾花的类型具有重大的参考价值。

3. 数据理解

该数据集记录了 150 个样本的 4 个特征,分别是:
(1) Sepal Length(花萼长度)。
(2) Sepal Width(花萼宽度)。
(3) Petal Length(花瓣长度)。
(4) Petal Width(花瓣宽度)。

4. 数据准备

使用 RapidMiner 导入 Sample Data(样本数据)中的 Iris(鸢尾属植物),共 150 个样本数据。

5. 流程设计

(1) 导入 Iris 数据。
(2) 分割数据,70%作为输入数据,剩下的 30%作为测试数据。
(3) 导入 Naive Bayes(朴素贝叶斯)模块。
(4) 导入 Apply Model(应用模型)模块。
(5) 导入 PerFormance(性能)模块作为模型评估。
导入后的模块视图如图 12-17 所示。

6. 运行结果

执行之后,我们发现作为测试数据集,该贝叶斯模型的预测准确率达到 35%以上,如图 12-18 所示。

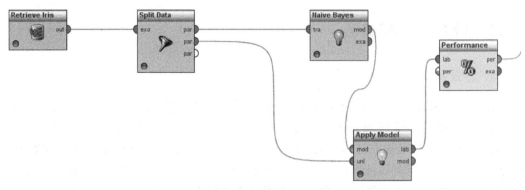

图 12-17 朴素贝叶斯流程

accuracy: 93.33%	true Iris-setosa	true Iris-versicolor	true Iris-virginica	class precision
pred. Iris-setosa	15	0	0	100.00%
pred. Iris-versicolor	0	14	2	87.50%
pred. Iris-virginica	0	1	13	92.86%
class recall	100.00%	93.33%	86.67%	

图 12-18 贝叶斯预测率

12.8 关联规则及购物篮分析实验

1. 背景和概要说明

某社区主任感觉到社区内的居民都非常热衷于参加各种社区组织，并相信他能够让一些团体通过合作，来满足社区内的某些需求。他知道社区中有教会、社会俱乐部、兴趣爱好协会以及其他类型的团体。他不知道的是团体之间是否存在相应的联系，从而让两个或多个团体之间可以很自然地就社区或街道中的项目开展合作。他决定在可以开始让社区组织开展合作并负责相应项目之前，找出该区域内不同类型的团体之间是否存在任何关联。

2. 业务理解

社区主任的目标是确定并试图充分利用当地社区内现有的关联，从而开展一些有利于整个社区的工作。他知道城市中的许多组织，并且拥有这些组织的联络信息，甚至还亲自加入了其中的一些组织。如果不首先将组织进行分组并寻找各组之间的关联，则确定在每个教会、社会俱乐部或兴趣爱好协会中合作的人员将是一项艰巨的工作。他认为只有在确定现有关联之后，才可以开始联络相应人员，并借此邀请他们充分利用跨组织关系网，开展相应项目。他首先需要找到何处存在此类关联。

3. 数据理解

关联规则是一种数据挖掘方法，旨在寻找数据集内各属性之间存在的频繁关联。在进行购物篮分析时,关联规则非常常见。许多领域的营销人员和供应商都使用此数据挖掘方法来确定哪些产品最常被一起购买。如果读者们曾在电子商务零售网站(例如Amazon.com)上购买过商品,则可能看到过关联规则数据挖掘的结果。这些结果一般位于此类网站的推荐部分。大家可能会注意到,当搜索智能手机时,网站常常会向我们推荐屏幕保护膜、保护壳,以及充电线或数据线等其他配件。这些推荐的商品是通过挖掘先前客户与我们搜索的商品一起买的商品来确定的。换言之,这些商品被发现与搜索的商品之间存在关联,并且此项关联在该网站的数据集中出现得如此频繁,以至于可能会被视为一条规则。因此,这种数据挖掘方式被称为关联规则。尽管关联规则在购物篮分析中最为常见,但这种建模技术可用于解答众多问题。我们将通过创建关联规则模型,借此找出各种社区组织之间的关联。

我们获得一个包含以下属性的数据集:

(1) Elapsed_Time:每个调查对象完成调查所用的时间。精确到 0.1 分钟(例如,4.5 表示 4 分 30 秒)。

(2) Time_in_Community:用于询问调查对象在该区域居住的时间是 0~2 年、3~9 年,还是 10 年以上;并在数据集中分别记录为 Short、Medium 或 Long。

(3) Gender:性别。

(4) Working:一个内容为 yes/no 的列,用于表示调查对象目前是否从事有薪工作。

(5) Age:调查对象的年龄。

(6) Family:一个内容为 yes/no 的列,用于表示调查对象目前是否为家庭导向型社区组织的成员,例如 Big Brothers/Big Sisters、儿童娱乐城或运动联盟、民族团体等。

(7) Hobbies:一个内容为 yes/no 的列,用于表示调查对象目前是否为兴趣爱好导向型社区组织的成员,例如无线电、户外娱乐、摩托车或自行车骑行活动业余爱好者组织等。

(8) Social_Club:一个内容为 yes/no 的列,用于表示调查对象目前是否为社区社会组织的成员,例如扶轮国际、狮子会等。

(9) Political:一个内容为 yes/no 的列,用于表示调查对象目前是否为定期在社区内举行会议的政治组织的成员,例如基层行动组、游说团等。

(10) Professional:一个内容为 yes/no 的列,用于表示调查对象目前是否为在当地具有分会的专业组织的成员,例如法律或医学学会、小企业主团体等的分会。

(11) Religious:一个内容为 yes/no 的列,用于表示调查对象目前是否为社区教会的成员。

(12) Support_Group:一个内容为 yes/no 的列,用于表示调查对象目前是否为援助导向型社区组织的成员,例如戒酒匿名会、情绪管理团体等。

4. 数据准备

(1) 将"RapidMiner.03.关联规则.csv"数据集导入 RapidMiner 数据存储库中,保存为"//Local Repository/data/第八节.关联规则"。

(2) 导入所有属性,并接受默认数据类型。

(3)将关联规则数据集拖动到 RapidMiner 内的 Process(新流程)窗口中,并运行模型以便检查数据。检查数据缺失值、异常值情况,约简数据集中的属性数量,将 Select Attributes 操作符添加到流中,并选择包含以下属性:Family、Hobbies、Social_Club、Political、Professional、Religious、Support_Group。

(4)该数据集中 yes/no 的属性需要修改为 0 或 1,并被导入为 integer 数据类型。RapidMiner 中使用的关联规则操作符需要属性为 binominal 数据类型,需要使用 Numerical to Binominal 操作符修改相关列的类型为 binominal。

5. 流程设计

流程中加入 FP-Growth(频繁模式增长的)的操作符。频繁模式分析对于许多种数据挖掘而言都可以非常方便地进行,并且是关联规则挖掘的必要组成部分。如果不知道属性组合的频率,就无法确定数据中的任何模式是否发生得频繁到足以被视为规则,如图 12-19 所示。

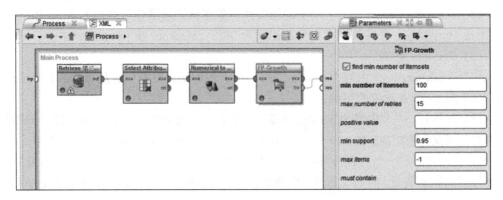

图 12-19　FP-Growth 流程图

在 Results 视图中,我们看到其中的一些属性好像存在一些频繁模式,事实上,我们开始看到三个属性看起来好像彼此之间存在一些关联。图 12-20 中 Religious 组织似乎可能与 Family 和 Hobby 组织之间存在一些自然的关联。通过在模型中添加最后一个操作符,我们可以进一步调查这种可能的关联。

查找 Create Association Rules(创建关联规则,注意同样不带引号)。拖动 Create Association Rules 操作符,并将其放入将 fre 端口连接至 res 端口的曲线中。该操作符会提取频繁模式矩阵数据,并找出发生得频繁到足以被视为规则的任何模式。

6. 运行结果

我们对模型运行了评估,如图 12-20 所示,并且发现了一些社团之间的规则。

例如 Religious(宗教)和 Family(家庭),Religious(宗教)和 Hobbies(兴趣爱好),如图 12-19 所示,支持度都超过 0.2。那么让我们切换回 Design 视图,看一下我们在前面的步骤中简要提到的参数。有两个主要系数用于表示是否要将频繁模式转化为关联规则,即:置信度和支持度。置信度用于衡量我们有多大的信心在一个属性被标记为 true 时,关联属性也被标记为 true，如图 12-21 所示。

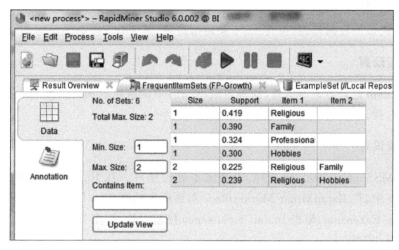

图 12-20　频繁项集

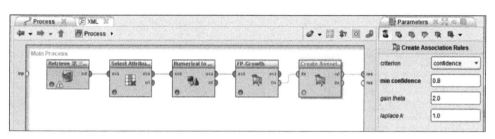

图 12-21　创建规则参数设置参考

12.9　文本挖掘实验

1. 背景和概要说明

文本分挖掘应用场景包括垃圾短信、邮件检测、文本分类、语言种类检测、客户反馈分析、微博评论情感分析等。这次我们需要帮助一家手机运营商来测试垃圾短信的检测及分类功能。

2. 业务理解

对于移动运营商来说，能够高效过滤垃圾短信是非常重要的。对于根据短信记录来进行垃圾短信的拦截好坏，是评价移动运营商好坏的重要依据。因为移动用户对于垃圾短信的忍耐程度是非常低的，如果经常收到垃圾短信的打扰，移动用户除了对垃圾短信的发送方有意见外，对移动运营商也会产生极大的抱怨，甚至会产生更换运营商的想法。移动运营商显然不想失去用户，通过文本挖掘的方式，可以大大提高垃圾短信的筛选效率。

3. 数据准备

一个手机短信数据集，共包含 5574 条短信记录，其中有 747 条垃圾短信。

4. 数据理解

将一条短信记录为文本格式，理解为由不同的单词所组成的短语或者句子。单词是随机出现的，并且系统并不会知道单词的意思。

5. 流程设计

导入 SMSSpamCollection 文件，安装文本处理插件。在 RapidMiner 中执行 Help|Marketplace 中，在 RapidMiner Marketplace 对话框中选择 Top Downloads 标签，并选中 Text Mining Extension，单击 Install 1 packages 按钮安装，如图 12-22 所示。安装完毕后重新启动 RapidMiner。

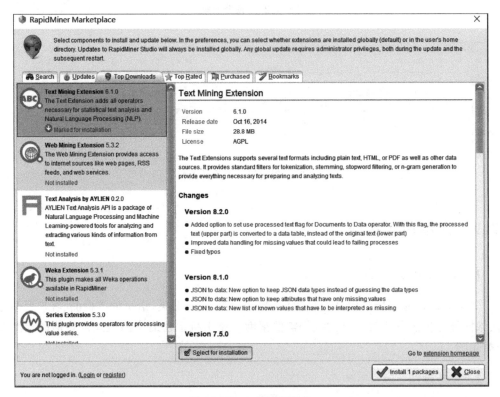

图 12-22　文本挖掘组件

（1）重启 RapidMiner 后选中导入的数据，改变 att1 的属性为 label，这样 RapidMiner 就会使用此属性做预测。

（2）改变 att2 的属性，即将 polynomial 改为 text。

（3）导入 Processing Document 模块。

（4）双击 Processing Document 模块，插入 Tokenize 模块，进行分词。

（5）单击【执行】▶按钮。

6．运行结果

我们可以看到输出如图 12-23 所示，包括单词的词频、排序等都显示出来了。

Word	Attribute Name	Total Occurences	Document Occurences
to	to	2052	1576
I	I	1942	1470
you	you	1820	1323
a	a	1280	1065
the	the	1142	923
i	i	960	735
and	and	818	679
in	in	797	717
u	u	777	564
is	is	742	629
me	me	725	620
for	for	620	553
my	my	612	507
it	it	579	485
your	your	541	474
of	of	538	490
s	s	505	451
on	on	490	443
have	have	467	431
that	that	467	414
call	call	413	388

图 12-23　文本挖掘结果

根据上述文本分析，我们可以对单词词频的计算来得出这篇文章高频词语与低频词语进而可以进一步理解该篇文章的主要内容，如除了 to、I、you 等在所有文章中都会是高频词之外，在这篇文章中出现 call 这个单词。

第13章

商务智能开发工具——Logis PMT 大数据挖掘平台

【学习目标】

- 了解 Logis PMT 平台的基本操作;
- 掌握使用 Logis PMT 平台进行综合性数据挖掘的操作。

13.1 Logis PMT 简介

Logis PMT 使用智能数据可视化方式来执行简单的数据分析。可以用来探索统计分布、箱线图和散点图,或者深入研究决策树、层次聚类、关联规则、时间序列、热图、MDS 和线性投影等。即使是多维数据也可以在 2D 平面中变得有意义,特别是在属性排名和选择方面。Logis PMT 是一个强大的数据可视化工具,可以帮助发现海量数据中隐藏的规律,挖掘数据分析过程中背后的秘密,促进数据科学家和领域专家之间的交流。可视化的组件包含散点图、框图和直方图,以及树形图、地理地图、轮廓图和树可视化等特定于模型的可视化图等。

13.2 快运客户群识别综合实验

1. 业务场景

聚类是将数据集划分为若干相似对象组成的多个组或簇的过程,使得同一组中对象间的相似度最大化,不同组中对象间的相似度最小化。在商业上,聚类分析是细分市场的有效工具,可基于消费者行为来区分不同类型的客户群,并刻画不同客户群的特征,以更好地提供个性化服务,提高客户满意度,减少高价值客户的流失。

某国内大型快运企业,服务客户对象主要是国内第三方电商卖家,集快运、仓储服务为一体,主营公路运输业务,覆盖城市多达300多个,细分为同城快运、省内异地快运、省际快运等。该快运企业由于客户关系管理方面失当,出现业务效率低下、客户投诉率居高不下、营销受阻等一系列问题,尤其是高价值客户的持续流失给企业带来难以估量的损失。因此希望通过利用聚类分析思想,精准识别特定客户群,提出具体解决方案。

目标:通过对快运客户的历史运单、业务量等数据集,挖掘出对企业产生不同价值的客户群,进而为企业的客户关系差异化服务和营销决策提供支撑。

2. 数据理解

快运客户历史交易数据的时间跨度为2015年7月—2016年1月。每条记录表征客户在某个月份的业务数据,数据特征包括客户账号(表示快运客户的唯一标识)、运单数、业务量、体积、计费重量、收益等数值型业务属性,还包括重货标识、结算方式、是否流失、主要始发站及主要终点站等分类型业务属性。

3. 流程设计

使用Logis PMT新建一个工程,如图13-1所示。

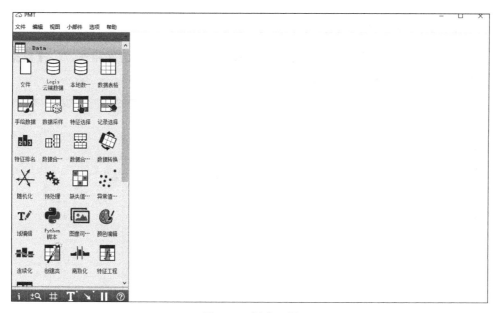

图13-1 新建工程

4. 数据载入

由于本案例涉及的数据体量庞大,因此放置云端更便于统一存储管理,用户只需相关组件(节点)即可实现调用。在Data区域中选择【Logis 云端数据】组件,双击该组件打开【Logis 云端数据】对话框,在Server下拉列表框中选择【快运企业客户数据】选项,如

图 13-2 所示,数据传输速度受用户当前网速影响。

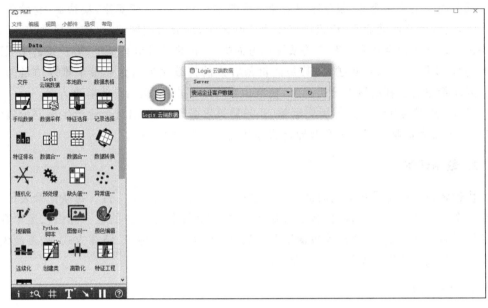

图 13-2 获取云端数据

5. 原始数据观测及数据清洗

在 Data 区域中选择【数据表格】组件,并与【Logis 云端数据】组件相连,双击【数据表格】组件打开【数据表格】对话框,如图 13-3 所示。

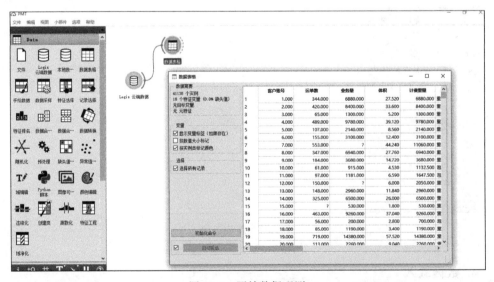

图 13-3 原始数据观测

对【数据表格】对话框的左上角【数据简要】区域展现原始数据的基本信息,包括数据的体量、特征维度以及缺失值比例、有无元变量等信息,对话框的右侧区域展现原始数据的二维列表。原始数据包含 41 138 个实例(记录)、18 个特征变量、零缺失值,但观测右侧二维数据列表,实际存在少量缺失值(缺失值体量占比极为微小,远未达到对话框显示最小粒度的 0.1%),为降低缺失值的存在对后期数据建模的影响,对原始数据进行相关清洗工作。

在 Data 区域中选择【缺失值处理】组件,并与【Logis 云端数据】组件相连,该组件对缺失值的处理包含【全局处理】以及【局部处理】两大模块,选择【全局处理】中的【方法】选项,算法将对所有的字段实行同一种方法的缺失值处理;选择【局部处理】中的【方法】选项,用户可以自定义不同字段的缺失值处理方法。

组件中集成的缺失值处理方法包括:

(1) 不作处理(Don't impute);
(2) 按字段所在列平均值/出现频次最高值补全(Average/Most frequent);
(3) 自定义值(As a distinct value);
(4) 基于简单树方法补全[Model-based imputer(simple tree)];
(5) 按随机值补全(Random values);
(6) 移除存在缺失值的实例(Remove instances with unknown values)。

本案例中由于缺失值比例极为微小,采用第(2)种方法进行全部缺失值补全,如图 13-4 所示。

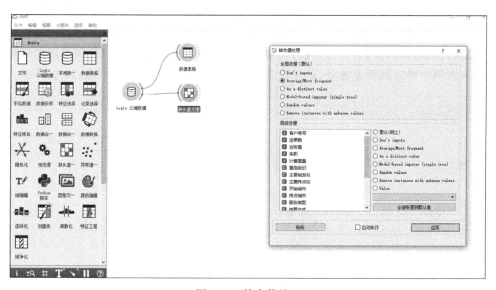

图 13-4 缺失值处理

6. 探索性数据分析

为了观察该快运企业客户的业务量、运单数以及收益等维度在时间上的变动情况,采用时间序列的手段进行深度探测。原始数据中包含近期合作月份和近期合作日期等两个时间字段,因此为了精准识别某个时间字段,引入时间【对象选择】组件,该组件位于 Time Series 区域中,将其与【缺失值处理】组件相连,双击【对象选择】组件打开【对象选择】对话框,在【序列特征】下拉列表中选择【近期合作日期】,单击【应用(自动)】按钮完成设置,如图 13-5 所示。

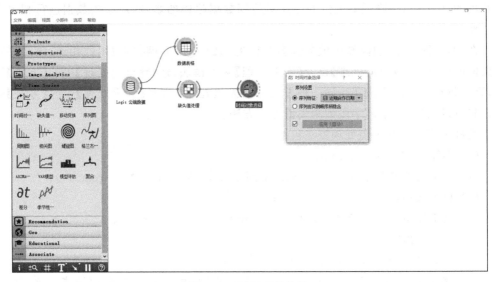

图 13-5　时间对象选择

为了直观展现快运客户在不同时间点上的业务量、运单量及收益等维度上的分布状况,引入【序列图】组件,该组件位于 Time Series 区域中,将其与【时间对象选择】组件相连,双击【时间对象选择】组件打开【时间对象选择】对话框,单击【增加】按钮可增加序列图数量,本案例中同时展现业务量、运单数和收益三个维度的分布状况,如图 13-6 所示。

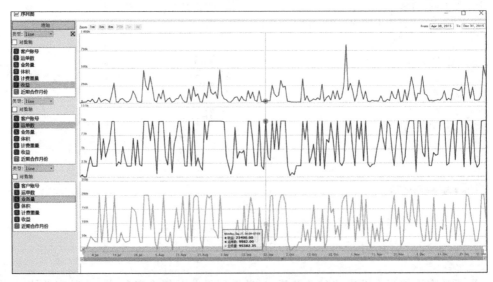

图 13-6　业务量、运单数和收益三个维度序列图

从图 13-6 的序列图中可以清晰地发现,该快运企业在收益这个维度上是一个随机的不平稳序列,在局部出现明显的、差异度较大的波峰与波谷,特别在 2015 年 10 月 28 号出

现全局最高峰值,达到828 922.63元,同时业务量及运单数量也达到全局最高峰值,分别达到10 000、200 000个单位。有趣的是,业务量及运单数两个维度在其他时间点上多次同时达到了全局最高峰值,但收益差异性却非常大,是什么原因导致快运企业出现这种情况有待更为深入探测。

为了从更大的粒度进行观测,例如快运企业月度业务量、月度运单数、月度收益等,引入【螺旋图】组件,该组件位于Time Series区域中,将其与【时间对象选择】组件相连,双击【螺旋图】组件打开【螺旋图】对话框,在【Y轴】下拉列表中选择years,【径向】下拉列表中选择months of year,【聚合函数】下拉列表中选择Sum。三个维度月度分布情况分别如图13-7～图13-9所示。

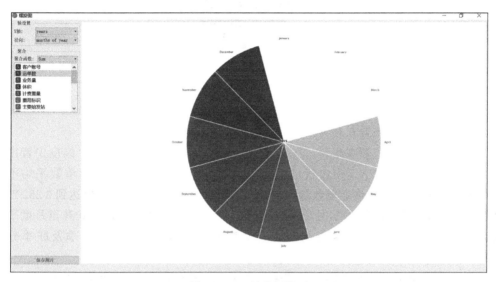

图13-7 运单数螺旋图

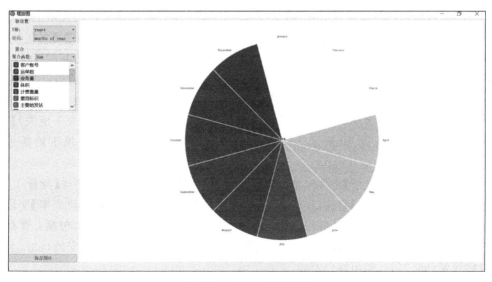

图13-8 【业务量】螺旋图

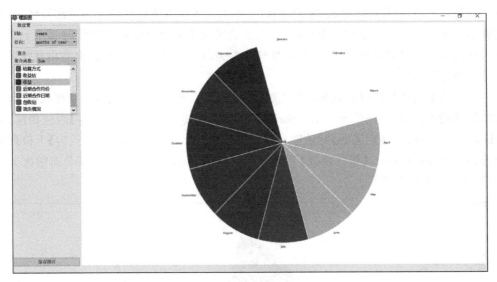

图 13-9 【收益】螺旋图

用户将鼠标光标放置在对应区域可观测对应的具体数值。

从以上螺旋图可清晰观测到,该快运企业在进入 2015 年 7 月后,三个维度中皆出现了巨大的增长幅度,图 13-9 中由浅色变为深色,2015 年 4~6 月,月度运单数平均不足 300,进入 7 月份以后,月度运单数量均在 2 000 000 以上,月度运单数峰值达到 3 252 251,业务量的峰值达到 43 417 911,月度平均收益从前三个月份的不足 15 000 升至月度平均收益均超过 30 000 000。这也能从侧面上反映了该快运企业的业务淡季及旺季分布状况。

客户流失,尤其是高价值客户的流失往往对企业的利润造成极大的影响,因此本案例关注的另外一个侧重点是客户流失分布情况。引入【列联表】组件,该组件位于 Prototypes 区域,将其与【缺失值处理】组件相连,不妨先关注客户流失在收益站上的分布情况,双击【列联表】组件在弹出【列联表】对话框的【行配置】中选择【收益站】,【列配置】中选择【流失情况】。由于不同收益站存在流失客户数量上的差异,因此,构造新的特征——客户流失率,并引入【特征工程】组件,该组件位于 Data 区域,并与【列联表】组件相连,双击【特征工程】组件,在弹出的【特征工程】对话框中进行变量定义。单击【创建】按钮,选择【连续型字段】,并定义字段名称为【客户流失率】,配置方法为【流失/(未流失+流失)】,并单击【发送】按钮,如图 13-10 所示。(注意:新添加的字段要使用英文环境下的括号与符号。)

接下来引入【数据表格】组件来观察客户流失率的分布情况,将该组件与【特征工程】组件相连,双击【数据表格】组件,在弹出的【数据表格】对话框中单击【客户流失率】字段降序排列,如图 13-11 所示,这时可以观测到客户流失率超过 30% 的收益站包括:青岛站(87.5%)、昆山站(80.3%)、滨城站(80%)、医药冷链事业站(76.3%)、林安站(63.5%)、综合物流站(39.7%)、郑州站(32%)。

第13章 商务智能开发工具——Logis PMT大数据挖掘平台

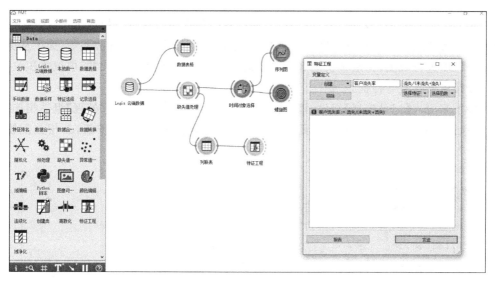

图 13-10 构造客户流失率特征

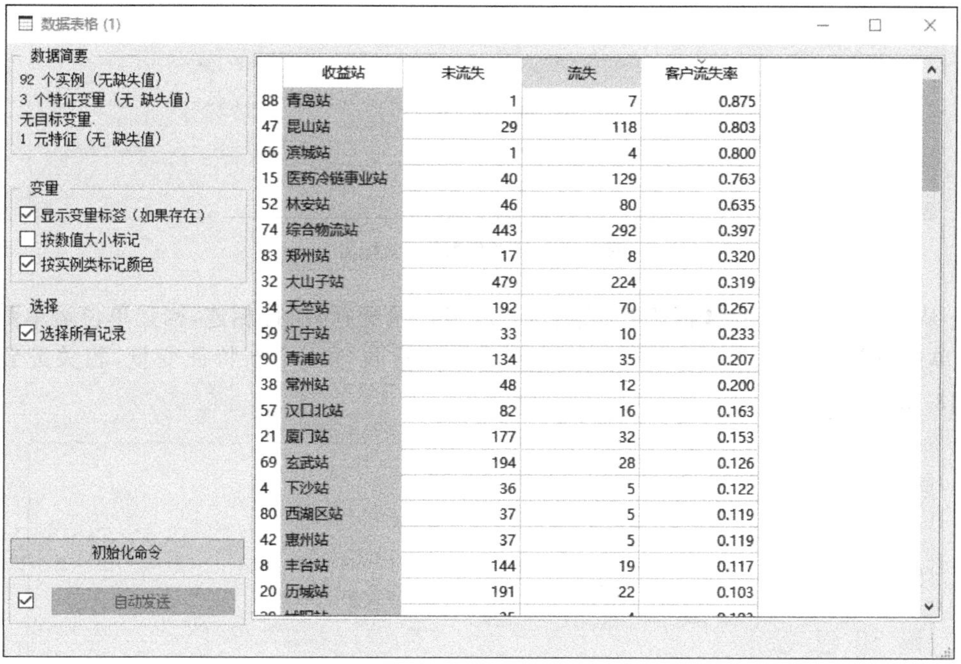

图 13-11 客户流失率

7. 特征选择及特征工程

经过数据清洗及缺失值处理后,接下来进行特征选择及创建特征工程。通过特征选择可以减少样本的维度和计算成本、降低时间和空间复杂度、简化训练模型;通过特征工程的创建更能准确刻画原始数据集信息的新特征,使得构建模型的精确度更高。例如,在本案例中,体积、计费重量和业务量的相关性很强,建模时可以认为存在冗余性,可删除一些相关程度过高的特征来简化训练模型。原始数据集中能直接反映快运客户对企业创收能力及业务特点的几个特征维度有运单数、业务量、体积、计费重量和收益等，为了从更为细致的粒度进行观测，构造了快运客户单位运单数收益、单位业务量收益、单位体积收益、单位计费重量收益等特征。

接下来引入【记录选择】组件，该组件位于 Data 区域，并与【缺失值处理】组件相连，双击【记录选择】组件，在弹出的【记录选择】对话框中单击【增加条件】按钮，其相关配置如图 13-12 所示。

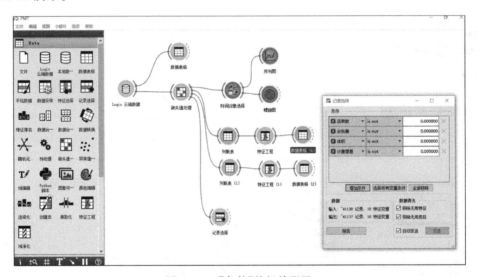

图 13-12 【条件】的相关配置

从 Data 区域中引入【特征工程】组件，并与【记录选择】组件相连，构建单位运单数收益、单位业务量收益、单位体积收益、单位计费重量收益 4 个新特征变量，相关配置如图 13-13 所示。

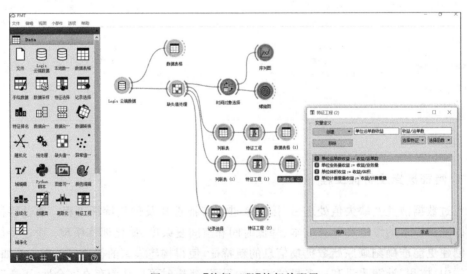

图 13-13 【特征工程】的相关配置

本案例建模目标为区分不同价值层次的客户,包含从客户对企业的创收(即收益)、业务特征两方面。经过筛选,适用的建模特征为:收益、业务量、运单数、单位运单数收益、单位业务量收益、单位体积收益、单位计费重量收益等。在 Data 区域中引入【特征选择】组件,并与【特征工程】组件相连,双击【特征选择】组件打开【特征选择】对话框,其相关配置如图 13-14 所示。

图 13-14 【特征选择】的相关配置

8. 模型构建

本案例采用 K-均值聚类算法,K-均值算法是典型的基于欧式距离的聚类算法,采用距离作为相似性的评价指标,即认为两个对象的距离越近,其相似度就越大。该算法认为簇是由距离靠近的对象组成的,因此把得到紧凑且独立的簇作为最终目标。该算法的过程如下。

(1)从 N 个对象中随机选取 K 个对象作为质心;
(2)测量剩余对象到每个质心的距离,并将其归到最近的质心的类;
(3)重新计算已经得到的各个类的质心;
(4)迭代(2)~(3)步直至新的质心与原质心相等或小于指定阈值,算法结束。

K-均值聚类算法能根据较少的已知聚类样本的类别对树进行剪枝确定部分样本的分类;其次,为克服少量样本聚类的不准确性,该算法本身具有优化迭代功能,在已经求得的聚类上再次进行迭代修正剪枝确定部分样本的聚类,优化了初始监督学习样本分类不合理的地方。然而,K-均值算法需要采用初始随机种子点,随机种子点往往非常重要,不同的随机种子点会得到完全不同的结果。因此,引入 K-Means++,用来有效地选择初始点。

从 Unsupervised 区域中引入【K-Means 聚类】组件,配置好参数,并与【特征选择】组件相连。本案例中假定聚类簇数为 4,相关配置如图 13-15 所示。

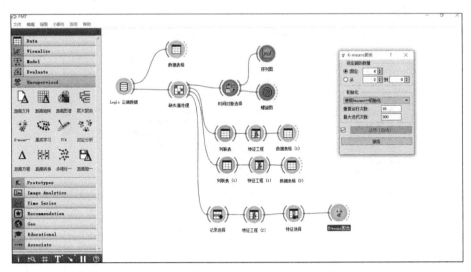

图 13-15 【K-Means 聚类】的相关配置

待模型训练完毕,为了探测聚类模型的效果(一般而言,我们希望聚类模型组内差异尽可能小,组间差异尽可能大)以及各个类别在不同维度上的分布情况,引入 box plot【箱线图】组件,从 Visualize 区域中选择 box plot 组件,并与【K-Means 聚类】组件相连,双击 box plot 组件打开 box plot 对话框,在 Subgroups 配置中选择 Cluster 选项,Display 配置中选择 Compare means,Variable 区域中用户可自由切换不同维度进行观测。快运客户在收益、业务量、运单数三个维度上的箱线图分布分别如图 13-16~图 13-18 所示。

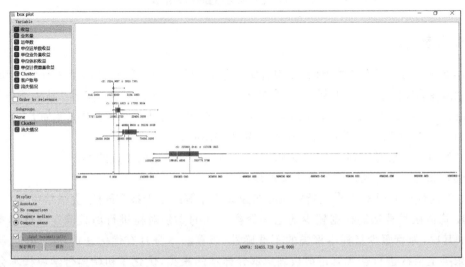

图 13-16 快运客户在收益维度上的箱线图分布

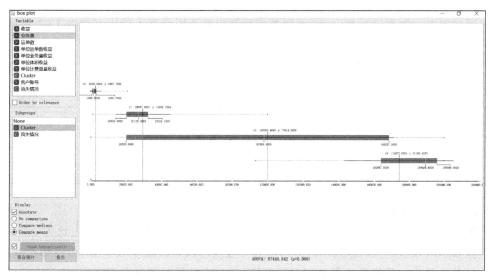

图 13-17　快运客户在业务量维度上的箱线图分布

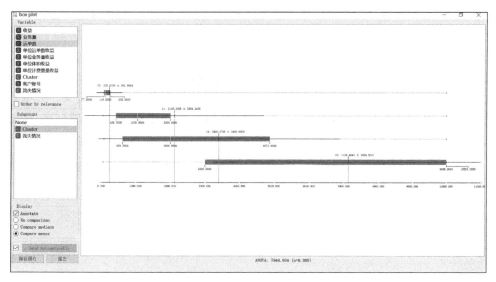

图 13-18　快运客户在运单数维度上的箱线图分布

从整体上观测，聚类模型性能大致符合预期。

从以上箱线图中可以观测到，四类快运客户在不同维度上的均值如表 13-1 所示。

表 13-1　客户在收益上的聚类

客户类别	客户数	收益/元	业务量/件	运单数/个	单位业务量收益率	单位运单数收益	单位体积收益	单位计费重量收益
C1	2500	18 032	29 298	2120	0.8931	43.4241	314.6591	0.6315
C2	38 251	2524	2558	233	2.1315	15.3756	478.2317	0.9072
C3	97	225 001	100 080	7128	424.7115	133.3991	5112.8098	20.372
C4	289	46 999	174 278	3400	0.2870	48.3212	144.1486	0.2800

通过对以上数据进行整合,获得四类快运客户在不同维度上的排名如表 13-2 所示。

表 13-2　四类快运客户收益排名

排名	收益	业务量	运单数	单位业务量收益	单位运单数收益	单位体积收益	单位计费重量收益
1	C3	C4	C3	C3	C3	C3	C3
2	C4	C3	C4	C2	C4	C2	C2
3	C1	C1	C1	C1	C1	C1	C1
4	C2	C2	C2	C4	C2	C4	C4

从聚类以后客户体量来看,C1:2500;C2:38251;C3:97;C4:289。

依据上述分析,可以得出如下结论:价值最大的 VIP 大客户群(C3,占比为 0.24%)为企业带来的收益最大,且在运单数、单位业务量收益、单位运单数收益、单位体积收益、单位计费重量收益等维度上都处于最高级别,从客户差异化服务角度来看,建议在设专人一对一跟踪服务的同时,及时了解客户具体需求并及时反馈;必要时可在各网点设立服务专区,让大客户在专区内办理快运手续和快运资费结算业务。能够为快运企业带来较高收益的主要客户群(C4,占比为 0.70%)在收益维度上排名第二,均值达到 46 999 元,且在其他维度上均有不俗的表现。消费额一般的潜在客户群(C1,占比为 6.08%)在收益维度上徘徊在 18 032 元,具有较大的提升空间。从精准营销的角度来看,对潜在客户采取积分制,当服务次数达到一定量时,给予价格优惠,能有效加强合作减少流失。且可提供多种结算方式:按季度支付或预存。数量庞大但价值很低的小客户群(C2,占比为 92.98%)可以考虑是否采取措施尽早将其改变类型到其他分类以提高收益。

为了观测不同类别客户的流失情况,在箱线图中切换 Variable(变量)至【流失情况】,如图 13-19 所示。

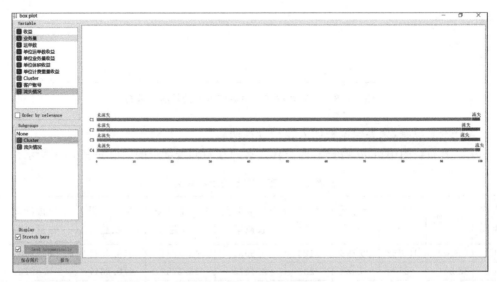

图 13-19　快运客户流失分布

从图 13-19 中可以看出，流失情况最为严重的类别为第 3 类客户(C3)和第 2 类客户(C2)，流失率分别达到了 5.15％和 4.83％。而 C3 作为 VIP 大客户，流失情况如此严重，需要管理层深入思考应对策略，高价值客户的流失对企业带来的损失是难以估量的。

此外，用户可以使用分布图可视化的方式进一步探测聚类结果，【分布图】组件位于 Visualize 区域，将其与【K-Means 聚类】组件相连，双击【分布图】组件打开【分布图】对话框，将【分组配置】设置为 Cluster，显示相对频率，用以消除不同类别客户数量上的差异，切换不同的变量进行观测。不同类别的客户在收益、业务量、运单数等维度上的分布图如图 13-20～图 13-22 所示。

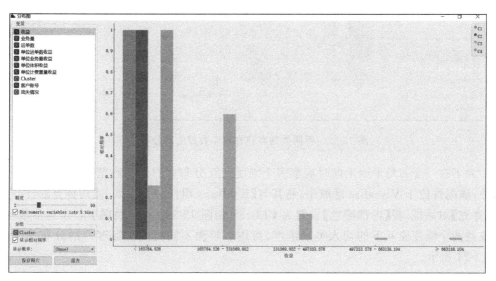

图 13-20 不同类别客户在收益上的分布图

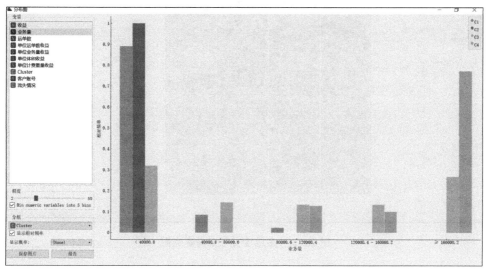

图 13-21 不同类别客户在业务量上的分布图

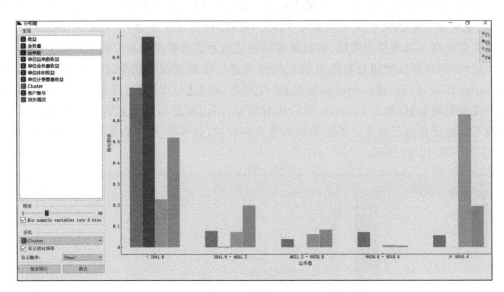

图 13-22　不同类别客户在运单数量上的分布图

为了在一个二维平面上同时观察多个维度交互分布客户的分布情况，引入【马赛克】组件，该组件位于 Visualize 区域中，将其与【K-Means 组件】相连，双击【马赛克】组件打开【马赛克】对话框，将【内部颜色】设置为 Cluster，如图 13-23 所示，展现了单位运单数收益与收益两个维度交互下的切入类别维度，可用以观测不同类别快运客户的分布情况，如图 13-24 所示。

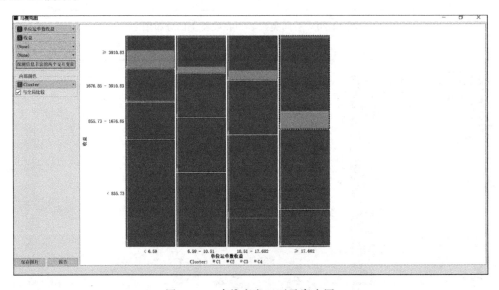

图 13-23　多维度交互下马赛克图

Row No.	id	cluster	Weight	Cholesterol	Gender
1	1	cluster_3	102	111	1
2	2	cluster_3	115	135	1
3	3	cluster_3	115	136	1
4	4	cluster_2	140	167	0
5	5	cluster_2	130	158	1
6	6	cluster_0	198	227	1
7	7	cluster_3	114	131	1
8	8	cluster_1	145	176	0
9	9	cluster_0	191	223	0
10	10	cluster_0	186	221	0
11	11	cluster_3	104	116	0
12	12	cluster_0	188	222	1
13	13	cluster_3	96	102	0
14	14	cluster_1	156	192	0
15	15	cluster_2	125	152	0
16	16	cluster_0	178	213	0
17	17	cluster_3	109	125	0

图 13-24　聚类结果

13.3　电信用户流失率分析综合实验

近年来，国内电信行业的竞争越来越激烈，三大电信运营商忙于开拓市场，抢夺更多的市场份额，反而对已有客户的流失管理得不到应有的重视。随着客户流失率的不断增加，特别是高价值客户的流失，电信企业出现"增量不增收"的局面。因此，如何准确有效地进行客户流失预测，并且制定科学合理的客户挽留策略进行客户挽留，从而最大限度地降低客户的流失率，已成为目前电信运营商急需解决的重要问题。

1. 目标

通过深入挖掘电信客户流失数据，运用决策树(C4.5)算法构建一个精准的电信客户流失预警模型，从而为企业的客户维护工作以及精准营销决策起到支撑作用。

2. 数据

电信客户流失数据。数据特征包括客户的所在地区、年龄、婚姻状况、住址、收入、学历、工龄、性别、家庭人口等静态维度，以及用时、互联网、语音、传真、长途_长期、长途_近期、无线_长期、无线_近期等动态业务维度。

3. 流程设计

使用 Logis PMT 新建一个工程，如图 13-25 所示。

4. 本地数据导入

在 Data 区域中选择【Logis 云端数据】组件，单击【Logis 云端数据】组件打开【Logis 云端数据】对话框，在 Server 下拉文本框中选择【train-电信客户流失】选项，如图 13-26 所示。

图 13-25　新建工程

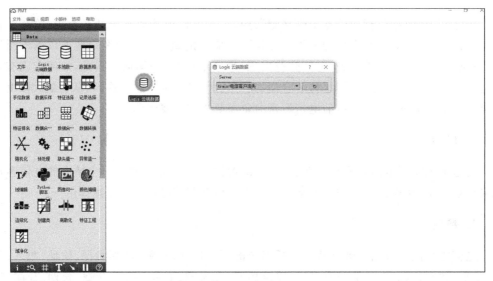

图 13-26　载入数据

5. 原始数据观测

在 Data 区域中选择【数据表格】组件,并与【Logis 云端数据】组件相连,单击【数据表格】组件打开【数据表格】对话框,如图 13-27 所示。

【数据表格】对话框的左上角【数据简要】区域展现原始数据的基本信息,包括数据的体量、特征维度缺失值比率(5.2%),以及有无元变量等信息。

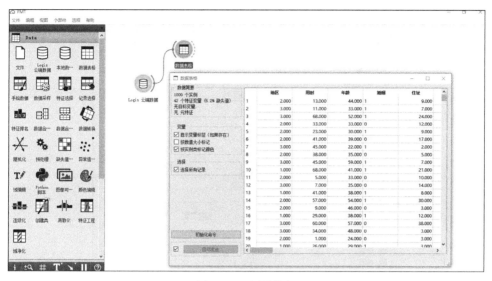

图 13-27　原始数据

6. 存在缺失值字段检测

观察原始数据可以发现，存在缺失值字段主要集中在免费服务日志、电话卡日志、无线日志、设备日志等字段，如图 13-28 所示。

免费服务日志	设备日志	电话卡日志	无线日志	收入
?	?	?	?	
3.102	?	3.157	3.300	
2.757	3.357	1.609	3.184	
?	3.170	?	?	
?	?	?	?	
?	3.401	?	?	
3.114	?	2.225	?	
?	3.534	2.420	?	
?	3.122	?	?	
2.803	3.584	3.631	3.077	
?	3.033	?	?	
?	2.991	?	?	
?	3.440	?	?	
?	?	3.157	?	
?	3.357	?	?	
?	3.532	3.367	?	
?	?	?	?	
?	?	2.485	?	
3.188	3.799	2.803	3.481	
2.691	3.214	?	?	

图 13-28　缺失值字段

在 Data 区域中选择【特征选择】组件，并与【Logis 云端数据】组件相连，再次选择【数据表格】组件，并与【特征选择】组件相连，逐一检测每个字段的缺失值比率，如图 13-29 和

图 13-30 所示。

图 13-29 特征选择

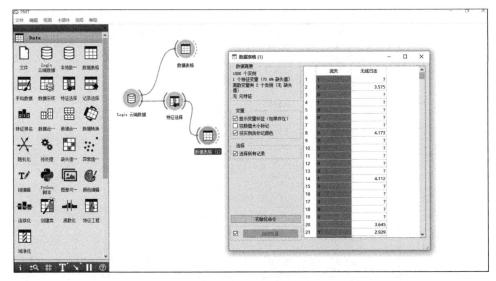

图 13-30 缺失值观测

双击【特征选择】组件打开【特征选择】对话框,主体包含四大区域:左侧的过滤字段区域、右侧的特征变量区域、目标变量区域、元变量区域,将需要检测的字段放入【特征变量】区域即可。双击图 13-30 中的【数据表格(1)】打开【数据表格】节点,在左上角的【数据简要】区域展现缺失值的比率,如图 13.30 所示,无线日志字段即无线变量的缺失值比率达到 70.4%。其他三个字段的缺失值检测类似,不再赘述。对话框的右侧区域展现原始数据的二维列表,目标变量处在灰色区域,采用 0,1 表征客户是否流失的信息,0=未流失,1=流失;其余特征变量均作量化处理,如采用数值化 1,2,3,…表征用户所在地区。在数据挖掘领域中,字段的缺失值比率若超过 70%,将会在很大程度上影响模型的构建,一般的处理方法是直接过滤掉,不再考虑该字段。

7. 字段过滤与缺失值弥补方法

在上述存在缺失值字段检测过程中可以发现,仅有无线日志字段的缺失值比率超过 70%。在 Data 区域中选择【特征选择】组件,可以右击重命名【特征选择】,改为【字段过滤】并与【Logis 云端数据】组件相连,将无线日志字段过滤,如图 13-31 所示。

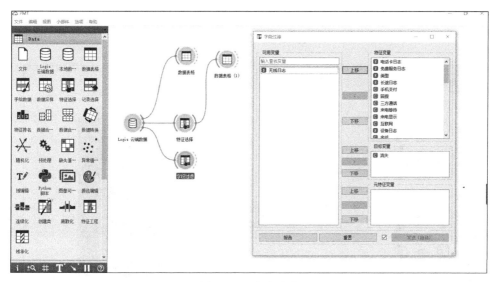

图 13-31　字段过滤

为了弥补缺失值,在 Data 区域中选择【缺失值处理】组件,并与【特征选择】组件相连,如图 13-32 所示。双击【缺失值处理】组件,打开【缺失值处理】对话框,数据弥补的范围包括全局弥补以及局部弥补,对应于对话框的左上角以及右下角区域,弥补的方法有:按所在特征列的均值/频繁项弥补、用特征值弥补、基于简单树方法弥补、随机值弥补等。本案例中采取全局弥补,选择按所在特征列的均值/频繁项弥补方法。

8. 相关性检测

为了更为深入地观测特征变量对目标变量的影响程度,采取信息增益以及信息增益率等指标对特征变量影响目标变量的程度进行排名。在 Data 区域中选择【特征排名】组件,并与【缺失值处理】组件相连,双击【特征排名】组件打开如图 13-33 所示的【特征排名】对话框。

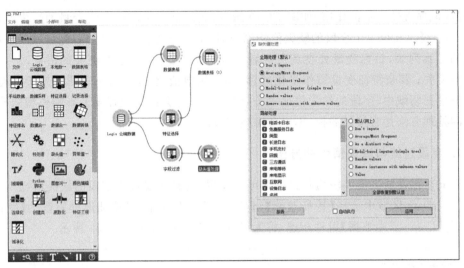

图 13-32　缺失值补全

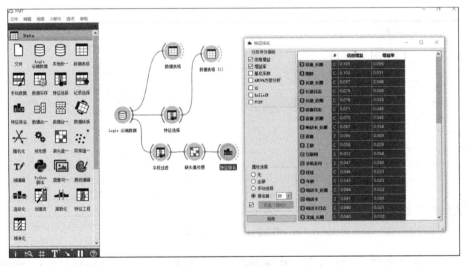

图 13-33　特征排名

9. 探索性数据分析

为了深入探测流失客户与非流失客户的静态特征与业务特征，采用不同的 Visualize 方式来更为直观地观察对比。在 Visualize 区域中选择【分布图】组件，并与【缺失值处理】组件相连，双击【分布图】组件打开【分布图】对话框打开，如图 13-34 所示。

在【分组】下拉列表框中选择【流失】字段，用两种不同的颜色标记流失客户以及非流失客户。为了消除流失客户与非流失客户数量上的对比差异，勾选【显示相对频率】单选按钮；为了观测流失客户在某一维度上的中位数分布情况，在【显示概率】下拉列表框中选择1。图 13-33 所展现的是在用时这一维度上电信客户流失与非流失相对分布图，读者可以自行选择其他维度进行观测。

第13章 商务智能开发工具——Logis PMT大数据挖掘平台

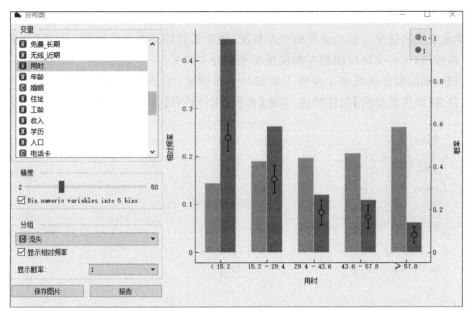

图 13-34 分布图

在实际的业务场景中往往考虑多维度交互的情况下去观察数据的分布体态特征。马赛克图为实现这一目标提供了全新的思路。在 Visualize 区域中选择【马赛克图】组件,并与【缺失值处理】组件相连,双击【马赛克图】组件打开【马赛克图】对话框,如图 13-35 所示。

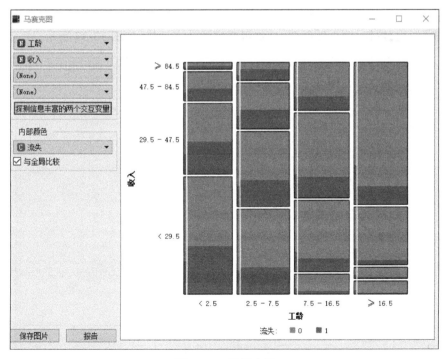

图 13-35 马赛克图

图 13-35 中在工龄和收入两个维度交互的情况下引入客户流失维度，进一步观测在两个维度交互的情况下客户流失的分布情况，便于不同特征客户的抽取。勾选【与全局比较】单选按钮，在各个区块图的左侧展现出全局分布情况。

当然，框图也能展现多个维度下数据的分布情况，在 Prototypes 区域中选择【框图】组件，并与【缺失值处理】组件相连，双击【框图】组件打开【框图】对话框，如图 13-36 所示。

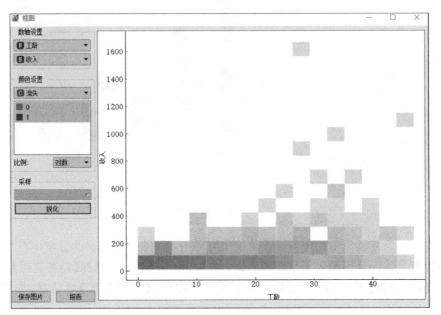

图 13-36　框图

单击【锐化】按钮，缩小散射图，增加可观察的分布区块，如图 13-37 所示。

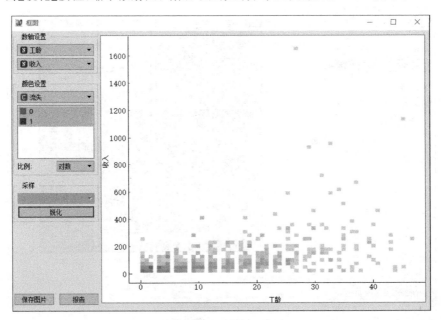

图 13-37　锐化之后

热图能从直观数值化的角度观测流失客户与非流失客户在各个维度上的分布情况，在 Visualize 区域中选择【热图】组件，并与【缺失值处理】组件相连，双击【热图】组件打开【热图】对话框，如图 13-38 所示。

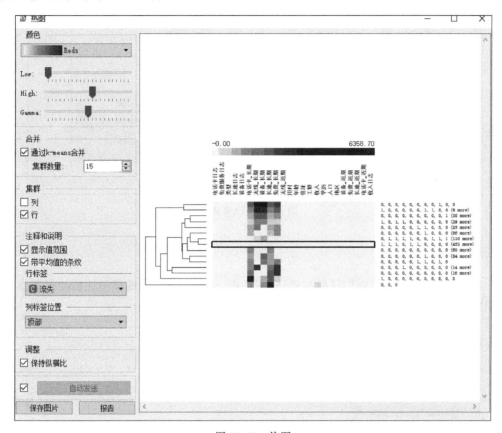

图 13-38　热图

10. 模型训练

电信客户流失预测是个典型的二分类问题，目标变量取值仅流失或者不流失。决策树算法具有适用性强、算法简单、模型结构易于理解等特点。因此采用决策树（C4.5）算法来训练模型。

（1）在 Evaluate 区域中选择【模型评估】组件，并与【缺失值处理】组件相连；

（2）在 Model 区域中选择【决策树】组件，并与【模型评估】组件相连。双击【决策树】组件打开【决策树】对话框，如图 13-39 所示。

在【决策树】对话框界面进行简单的参数配置，如图 13-38 所示在参数区域中，默认勾选【参数】的四个复选按钮，分别是【产生二叉树】、【叶子中的实例数量阈值】、【停止分割的子集阈值】、【将最大树深度限制为】。在 Clssification 区域中，默认勾选【参数】选项，可以设定树模型停止分裂的纯度最小阈值。本案例中数据体量不大，所有参数默认即可。

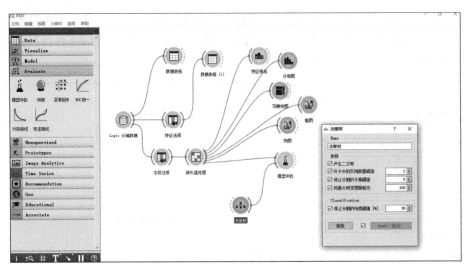

图 13-39　决策树

11. 模型评估

双击【模型评估】组件打开【模型评估】对话框,可观测衡量训练模型性能的各项指标,如图 13-40 所示。

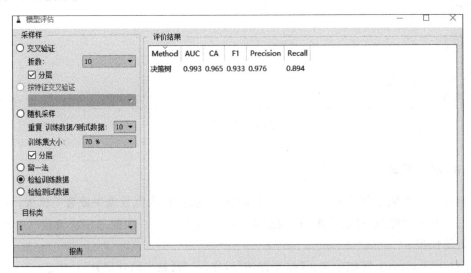

图 13-40　评价结果

由于本案例中未设置测试样本,在图 13-40 出现的【模型评估】对话框中,直接勾选【检验训练数据】单选按钮即可。该训练模型中,精准率和召回率分别达到 97.6%、89.4%,训练模型性能较好。可进一步通过 ROC 曲线分布进行观测,在 Evaluate 区域中选择【ROC 曲线分析】组件,并与【模型评估】组件相连,双击【ROC 曲线分析】组件打开【ROC 曲线分析】对话框,如图 13-41 所示。

混淆矩阵常用来观察训练模型中真阳性、假阳性、真阴性、假阴性上的分布情况,以便衡量训练模型的广度和精准度，在 Evaluate 区域中选择【混淆矩阵】组件，并与【模型评估】组件相连，双击【混淆矩阵】组件打开【混淆矩阵】对话框，如图 13-42 所示。

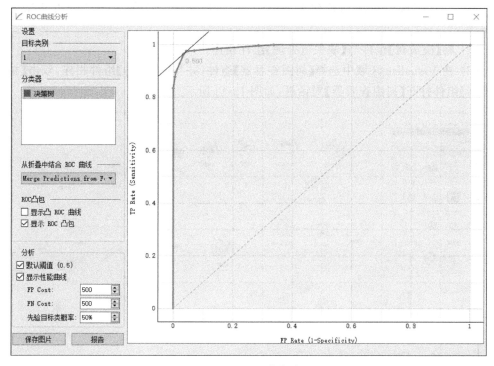

图 13-41　ROC 曲线分析

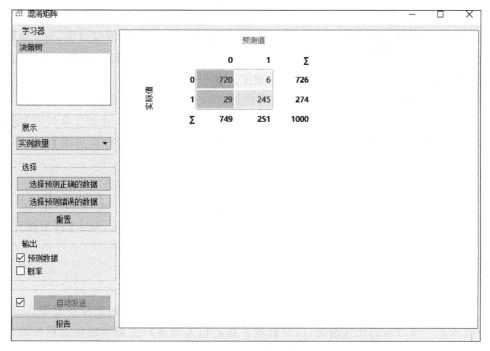

图 13-42　混淆矩阵

12. 训练模型 Visualize

为了更加直观地观测训练模型的内部结构,可采用一些的 Visualize 方式来生动展现。

(1)将【决策树】组件与【缺失值处理】组件相连。

(2)在 Visualize 区域中选择【树图查看器】组件,并与【决策树】组件相连,双击【树图查看器】组件打开【树图查看器】对话框,如图 13-43 所示。

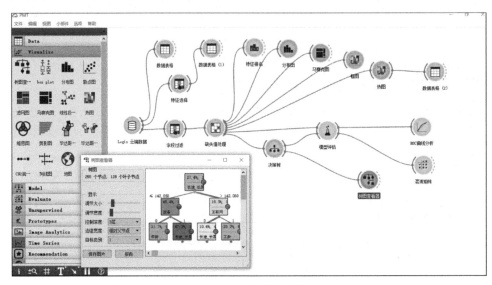

图 13-43　树图查看器

在【树图查看器】对话框中可以观测模型的内部结构,由于树的深度过深,为了更好地展现,可通过调整【控制深度】来选择树图展现的层数。读者可自行通过【调节大小】、【调节宽度】的进度条来调整树图的大小以及宽度。

(3)毕达哥拉斯树是 Visualize 树模型内部结构的另外一种思路,具有高度的交互特点,可以生动地展现树模型的生长历程,在 Visualize 区域中选择【毕达哥拉斯树图】组件,并与【决策树】组件相连,双击【毕达哥拉斯树图】组件打开【毕达哥拉斯树图】对话框,如图 13-44 所示。

13. 模型保存

在 Model 区域中选择【模型保存】组件,并与【决策树】组件相连,双击【模型保存】组件打开【模型保存】对话框,将模型保存至本地地址,如图 13-45 所示。

14. 模型部署及预测

训练模型的最终目的是希望能将性能较好的模型部署到真实的业务场景中,去预测客户在未来一段时间的流失情况,以便管理者制定相关的客户挽留措施以及精准的营销决策。

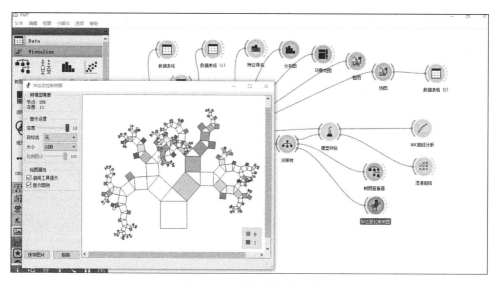

图 13-44　毕达哥拉斯树图

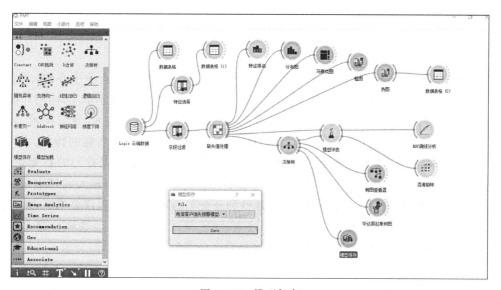

图 13-45　模型保存

(1) 在 Data 区域中选择【Logis 云端数据】组件,并载入预测电信客户流失数据。

(2) 在 Data 区域中选择【特征选择】组件,并与【Logis 云端数据】组件相连,过滤掉无线日志字段。

(3) 在 Evaluate 区域中选择【预测】组件,并与【特征选择】组件相连。

(4) 在 Model 区域中选择【预测】组件,并与【模型加载】组件相连。

双击【预测】组件,观察预测结果,如图 13-46 所示。

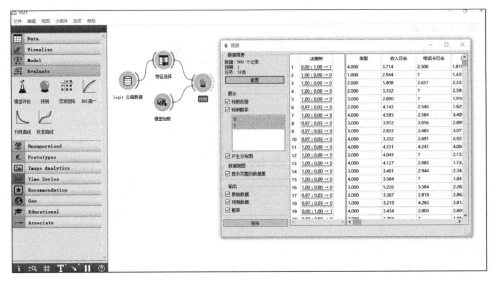

图 13-46 预测结果

13.4 共享单车需求预测综合实验

共享单车系统是近期兴起的一种共享交通系统，一般在居住区、商业中心、交通枢纽等人流集聚区域以及旅游景点附近设置密集站点，配备一定数量的共享单车，向用户提供通过手机 App 等方式，共享自行车使用权的服务，同时利用物联网技术、通信技术、计算机软件平台以及大数据分析等进行运营、调度、监控、管理，具有高效、智能的特点。

共享单车在城市交通中优势明显，可对现有的城市公交系统构成有力的补充完善。共享单车以外的其他城市公交系统，考虑到成本效益比，都有站间距较大的特点（500m以上），超过了舒适和快捷步行的距离；且地铁和公交车的站点较大，建设要求高，难以深入小街巷和居民区内部。而共享单车密度较高、间距较近，能够补充地铁和公交车的缺陷，其是市民实现从住宅到其他公交站点的"最后一公里"交通，以及不同交通工具间接换乘的理想交通方式。

共享单车系统是规模效应产品，其使用量受多重因素影响，主要包括：区域行人密度、区域单车密集度、租用押金、租金、工作日、假期、温度、天气、风速等。

1. 目标

通过深入挖掘历史共享单车区域需求数据，从多个维度刻画需求变动规律，构建精准的区域共享单车需求预测模型，为共享单车平台管理者制定更加科学化的管理方案提供重大战略支撑。

2. 数据

历史共享单车区域需求数据。数据体量为 10 000 条，每条记录表征某一城市中某一区域在特定时间段上的共享单车需求量，特征的详细信息如表 13-3 所示。

表 13-3 共享单车区域需求数据

特征	类型	示意
id	数值型	记录编号，无实际意义
y	数值型	一个小时内共享单车需求量
city	分类型	该记录发送的城市
hour	数值型	当前的时间，精确到小时
Is_workday	分类型	1 表示工作日，0 表示周末或节假日
temp_1	数值型	当时的气温，单位为摄氏度
temp_2	数值型	当时的体感温度，单位为摄氏度
weather	数值型	当时的天气状况，数值越大，天气状况越糟糕
wind	数值型	当时的风速，数值越大，风速越大

3. 流程设计

使用 Logis PMT 新建一个工程，如图 13-47 所示。

图 13-47 新建工程

4. 数据载入

通过 Data 区域中的【文件】组件载入本地数据，如图 13-48 所示。

在【文件】对话框中的【特征】区域，用户可以通过双击属性名称、属性数据类型来实现自定义编辑。用户也可以进一步观测到分类型属性的属性值，当然，用户也能通过【域编辑】组件来实现属性值的自定义，如图 13-49 所示。

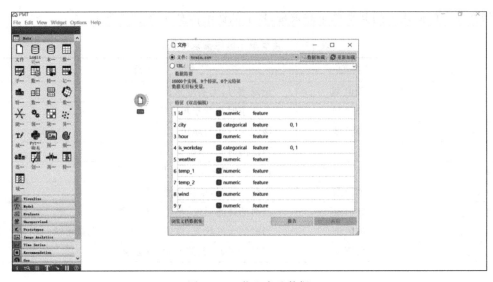

图 13-48　载入本地数据

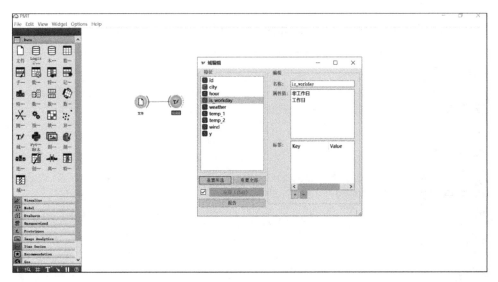

图 13-49　属性值编辑

5. 模型构建

由于本数据集中包含数值型以及分类型特征，BP 神经网络算法通常在非线性的场景中具有良好的拟合性以及泛化能力，因此构思采用 BP 神经网络算法构建共享单车需求预测模型。首先定义好目标变量以及特征变量，从 Data 区域中引入【特征选择】组件，并与【记录选择】组件相连，如图 13-50 所示。

本案例中采用 70% 的原始数据集作为训练集，剩余 30% 的原始数据作为验证集。对原始数据进行随机采样，从 Data 区域中引入【数据采样】组件，双击该组件打开【数据采样】对话框，【数据采样方法】选择【固定采样比例】单选按钮，并设置为 70%，参数配置完成后与上一个【特征选择】组件相连,如图 13-51 所示。

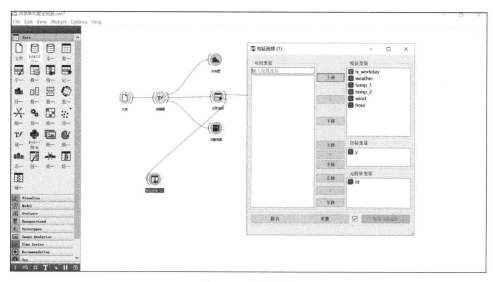

图 13-50　特征选择

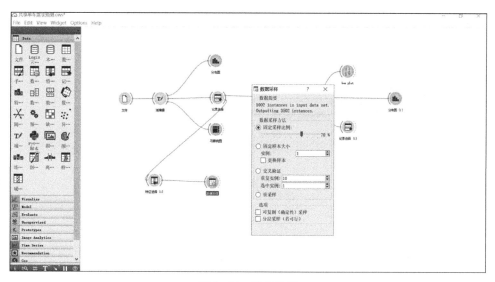

图 13-51　数据采样

为了评估训练模型的性能,从 Evaluate 区域中选择【模型评估】组件,将【数据采样】组件中的数据流引至【模型评估】组件,如图 13-52 所示。一般来讲,训练模型将采样的 70% 作为训练数据集,剩余的 30% 作为验证数据集。

从 Model 区域中选择【神经网络】组件,双击该组件打开【神经网络】对话框,进入配置项。

为了对比各个激活函数在该场景中训练模型性能上的差异,引入多个【神经网络】组件,配置不同的激活函数,Solver 同意设置为收敛性较好的 L-BFGS-B,其他参数采用默认配置,并与【模型评估】组件相连,等模型训练完毕,双击该组件打开【模型评估】对话框,训练模型的性能参数如图 13-53 所示。

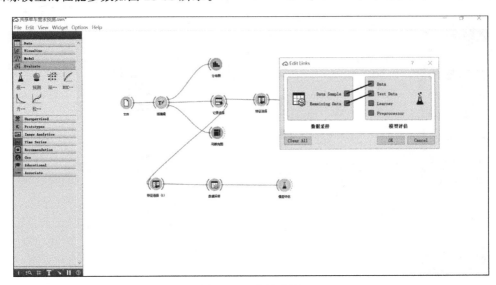

图 13-52 信号选择

图 13-53 训练模型的性能参数

统一采用评价方法为——RMSE,均方根误差亦称标准误差。若真实值为 $y=(y_1, y_2,\cdots,y_n)$,模型的预测值为 $\gamma=(\gamma_1,\gamma_2,\cdots,\gamma_n)$,那么该模型的 RMSE 的计算公式为:

$$\text{RMSE} = \sqrt{\frac{\sum_{i=1}^{n}(y_i-\gamma_i)^2}{n}}$$

从图 13-53 可以看出,激活函数为 tanh 下的 BP 神经网络模型,RMSE 值最小为 14.125,训练模型拟合度最佳,其次是激活函数 Logistic 下的 BP 神经网络模型,RMSE 值为 17.943,略逊前者,激活函数 Identity 下的 BP 神经网络模型性能最差,拟合度最糟糕。

打开【模型评估】组件，切换至【检验测试数据】单选按钮，待模型执行完毕，如图 13-54 所示。

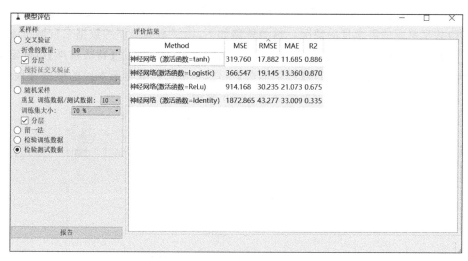

图 13-54 模型在测试集下的性能参数

从图 13-54 可以看出，模型在测试集下的性能参数可以进一步反映 BP 神经网络模型的泛化能力，精度最高的模型还是激活函数为 tanh 下的 BP 神经网络模型，其 RMSE 在测试集下达到 17.882，较训练集下的 14.125，略有上升，但幅度不大，拟合度 R2 为 0.886，较训练模型下的拟合度 R2 为 0.930 下降了 0.044，下降幅度很小，再次验证了该模型的强泛化性能。

用户可以进一步将训练好的预测模型保存至本地，将【特征选择】组件中的数据流引入激活函数为 tanh 的【神经网络】组件，从 Model 区域中选择【模型保存】组件，并与该【神经网络】组件相连，如图 13-55 所示。用户可自定义保存的路径与模型名称，如本案例中命名为 city=0。

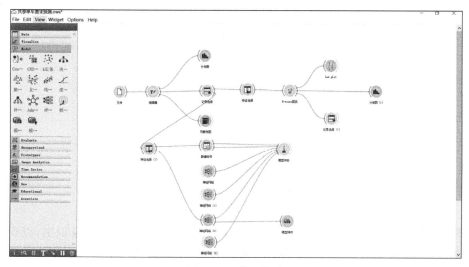

图 13-55 模型保存

6. 模型部署预测

用户在保存完训练模型之后希望在新的场景中使用模型来预测未来一段时间(不同时间点)共享单车的需求量的情况。预测思路如下,由于本案例训练数据来自城市 1 的数据集,因此需采用【记录选择】组件选择城市 1 的数据集,再次通过【特征选择】组件定义输入特征,过滤无关特征变量,通过【模型加载】组件,加载已经保存至本地的模型,【预测】组件用以观测和预测结果,完整工作流如图 13-56 所示。

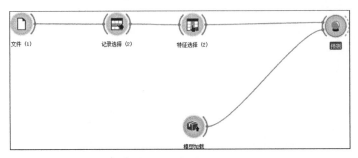

图 13-56 预测工作流

打开【预测】组件,预测结果如图 13-57 所示。当然也不排除有预测结果为负数的情况出现,这种情况一般采用归零化处理。

	神经网络 (激活函数=tanh)	id	is_workday	weather	temp_1	temp_2	wind	hour
1	11.615	10001.000	1	1.000	20.700	20.600	0.000	1.000
2	58.675	10005.000	1	2.000	24.800	26.900	2.000	10.000
3	85.096	10007.000	1	1.000	10.400	10.600	3.000	9.000
4	0.011	10009.000	1	1.000	6.500	5.500	0.000	3.000
5	185.862	10012.000	1	1.000	20.400	25.200	2.000	8.000
6	-1.473	10014.000	1	3.000	3.100	2.800	0.000	23.000
7	101.132	10017.000	0	2.000	13.900	14.300	3.000	14.000
8	19.860	10018.000	1	2.000	6.800	4.800	1.000	23.000
9	113.340	10019.000	1	1.000	19.100	19.800	2.000	16.000
10	124.710	10020.000	0	1.000	11.000	11.200	2.000	12.000
11	-7.848	10021.000	1	1.000	4.300	2.100	1.000	3.000
12	64.895	10022.000	0	1.000	8.000	4.000	2.000	10.000
13	64.778	10024.000	1	1.000	19.900	24.700	0.000	14.000
14	67.753	10025.000	1	2.000	3.900	-1.300	2.000	17.000
15	118.968	10026.000	0	2.000	24.600	25.700	1.000	16.000
16	57.289	10028.000	1	1.000	22.500	24.500	0.000	22.000
17	113.034	10029.000	1	2.000	22.500	22.400	4.000	7.000
18	116.974	10035.000	1	1.000	22.800	23.800	2.000	20.000
19	171.302	10037.000	1	2.000	15.400	15.900	0.000	8.000
20	31.065	10039.000	1	1.000	13.000	13.300	1.000	23.000
21	7.181	10040.000	1	1.000	14.700	15.100	2.000	1.000
22	-2.335	10041.000	1	1.000	15.800	16.300	0.000	2.000
23	1.417	10043.000	1	1.000	2.500	2.200	0.000	1.000
24	14.285	10044.000	0	3.000	15.700	16.200	3.000	21.000
25	10.778	10045.000	1	2.000	3.800	1.500	0.000	23.000
26	89.729	10047.000	0	3.000	35.300	43.100	2.000	15.000
27	63.353	10048.000	1	1.000	34.500	35.200	1.000	14.000
28	184.441	10050.000	1	1.000	17.500	18.100	4.000	17.000
29	84.067	10051.000	1	2.000	28.100	32.400	0.000	9.000
30	36.725	10052.000	0	1.000	4.400	-0.800	2.000	18.000
31	111.460	10054.000	1	2.000	23.200	24.200	0.000	7.000
32	8.214	10056.000	1	1.000	11.100	11.300	1.000	0.000
33	123.622	10057.000	0	1.000	12.000	12.300	2.000	13.000
34	86.615	10061.000	1	2.000	21.100	22.000	0.000	9.000
35	74.220	10062.000	1	1.000	4.500	2.300	1.000	7.000
36	17.319	10063.000	0	2.000	15.700	16.200	0.000	23.000
37	74.936	10067.000	0	1.000	23.200	25.200	3.000	20.000
38	114.758	10068.000	0	1.000	14.600	15.000	0.000	15.000
39	119.275	10069.000	0	1.000	29.000	33.300	0.000	18.000
40	81.648	10076.000	1	1.000	25.200	27.300	1.000	9.000

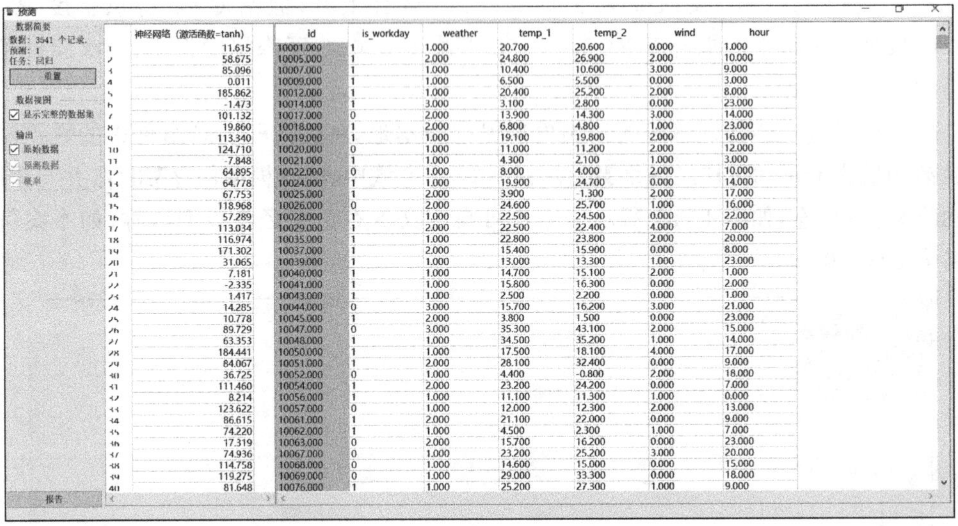

图 13-57 城市 1 的共享单车需求预测结果

13.5 图像识别分类综合实验

图像识别技术是人工智能的一个重要领域。它是指对图像进行对象识别,以识别各种不同模式的目标和对象的技术。在商务智能领域,图像识别技术对广告图片的筛选及分类起到了突破的作用,使用图片识别技术可以在短时间内自动对场景中的不同广告图片进行精准识别及自动分类。

深度学习是近十年来人工智能领域取得的重要突破。它在语音识别、自然语言处理、计算机视觉、图像与视频分析、多媒体等诸多领域的应用取得了巨大的成功。现有的深度学习模型属于神经网络。神经网络的起源可追溯到 20 世纪 40 年代,曾经在 20 世纪八九十年代流行。神经网络试图通过模拟大脑认知的机理解决各种机器学习问题。深度学习在图像识别领域最具影响力的突破发生在 2012 年,Hinton(加拿大多伦多大学)的研究小组采用深度学习赢得了 ImageNet 图像分类比赛的冠军,排名第 2 位到第 4 位的小组采用的都是传统的图像识别方法,手工设计的特征,他们之间准确率的差别不超过 1%。Hinton 研究小组的准确率超出第二名 10% 以上,这个结果在计算机视觉领域产生了极大的影响,引发了深度学习的热潮。

深度学习与传统模式识别方法的最大不同在于它所采用的特征是从大数据中自动学习得到,而非采用手工设计的。好的特征可以提高模式识别系统的性能。过去几十年,在模式识别的各种应用中,手工设计的特征一直处于统治地位。手工设计主要依靠设计者的先验知识,很难利用大数据的优势。由于依赖手工调参数,因此特征的设计中所允许出现的参数数量十分有限。深度学习可以从大数据中自动学习特征的表示,可以包含成千上万的参数。

一个图像识别系统包括特征提取和分类器两部分。在传统方法中,特征提取和分类器的优化是分开的。而在神经网络的框架下,特征提取和分类器是联合优化的,可以最大限度地发挥二者联合协作的性能。

本案例将重点介绍深度学习领域中的卷积神经网络(Convolutional Neural Networks,CNN)在图像特征提取中的应用,以及 BP 神经网络在有监督场景下的分类任务。

1. 目标

构建一个简单的图像识别及分类模型。该模型能自动地对场景中的不同图像(图片)进行精准识别,从而实现不同物体的自动归类。

2. 数据

不同物体的图像数据。数据体量:63 张图片(格式为.jpg),图片类目数量为 9。本案例中数据为本地数据,为了克服保存在同一文件下图片名称不能相同的问题,同一类目下的图片采用名称+编号的形式展现,如:汽车 1、汽车 2 等。

3. 流程设计

使用 Logis PMT 新建一个工程,如图 13-58 所示。

4. 数据载入

通过 Image Analytics 区域中的【图片加载】组件载入本地图片数据(注:该组件加载图片数据的基本单元是文件夹),如图 13-59 所示。

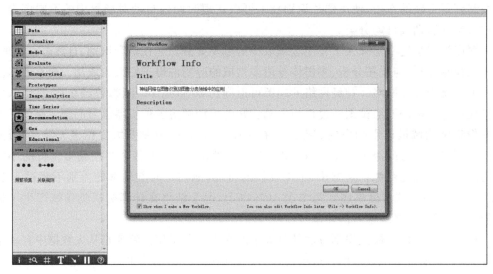

图 13-58　新建工程

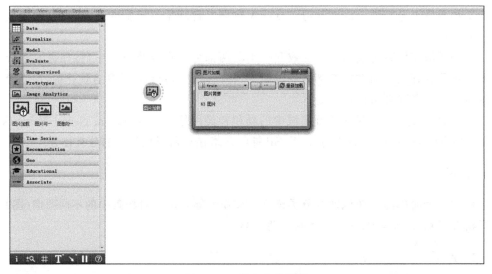

图 13-59　载入本地数据

在【图片加载】对话框的【数据简要】区域,用户可以简单观测到载入的图片数量,如图 13-58 所示。为了进一步观测原始图片数据,引入 Image Analytics 区域中的【图片可视化】组件,并与【图片加载】组件相连,双击【图片可视化】组件打开【图片可视化】对话框,如图 13-60 所示。

如图 13-60 所示,在【图片可视化】对话框中,在【图片文件名属性】下拉列表框中选择本地图片地址字段(本案例为 image),用户可以自由切换【标题属性】下拉列表框中的选项以便实现不同的观测目标,如每种图片的名称、种类、原始尺寸等信息。用户可以滑动【图片尺寸】的进度条以调节展示图片的尺寸大小。单击最下方的【保存图片】按钮可实现将当前的图片展现方式保存至本地,保存的格式为:".png"".svg"".pdf"等。

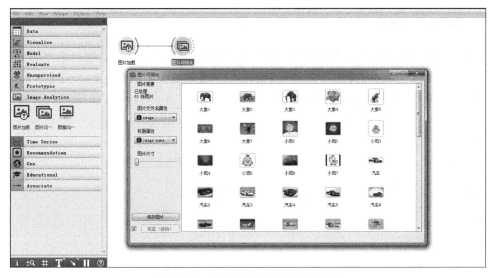

图 13-60　原始图片数据可视化观测

5. 图片标签设定

为了给同一类目下的图片设定相同的标签,如汽车 1、汽车 2 统一标签为汽车,引入【创建类组】件,该组件位于 Data 区域,并与【图片加载】组件相连,双击【创建类】组件打开【创建类】对话框,在【从列(特征)】下拉列表中选择 image name,新建的名称与子链具体配置情况如图 13-61 所示。

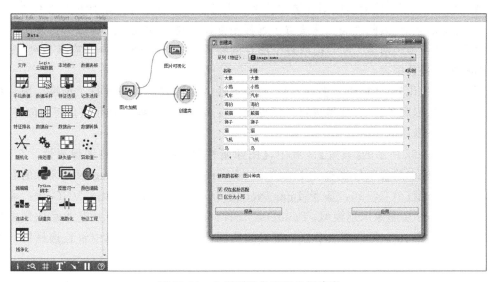

图 13-61　为不同种类的图片创建类

如图 13-61 所示,用户在【名称】栏中输入创建新类的名称,在【子链】中输入相应的子链名称,算法根据该子链关键词来自动匹配对应的图片,创建完之后单击【应用】按钮完成设置。

6. 图像特征提取

为了将非结构化的图片数据转换为计算机能够处理的结构化二维列表数据，引入 Image Analytics 区域中的【图片向量化】组件，并与【创建类】组件相连，双击【图片向量化】组件打开【图片向量化】对话框，如图 13-62 所示。

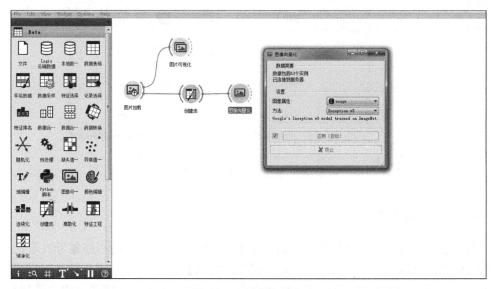

图 13-62　图片向量化

【图像向量化】组件会读取图片数据并将其上传到远程服务器（由于考虑到不同用户计算机性能的差异，因此将相关算法置于远程服务器中统一管理），远程服务器使用深度学习模型（卷积神经网络 CNN）提取每个图片的特征向量，并返回一个带有其他列（图片描述符）的增强数据表。

【图像向量化】组件提供了多种方法，每种方法针对特定的任务进行了训练。图片数据被发送到远程服务器，在那里进行特征提取。发送的图片数据不会存储在任何位置，用户需要在网络畅通的环境下使用该组件。

在如图 13-62 所示的【设置】区域中，【图像属性】包含要向量化的图像属性。在【方法】下拉列表框中的各项分别有如下含义——Inception v3：基于 ImageNet 训练的谷歌初始化 v3 模型；VGG-16：基于 ImageNet 的 16 层图像识别模型；VGG-19：基于 ImageNet 的 19 层图像识别模型；Painters：一种训练好的模型，用于从艺术品图像中预测画家；DeepLoc：一种训练用于分析酵母细胞图像的模型。本案例中暂且选择第一种方法。

7. 特征选择

本案例的图像分类实验是有监督下的学习模型，因此需要在图片特征提取完毕之后进一步定义好目标特征。在 Data 区域中引入【特征选择】组件，并与【图像向量化】组件相连，双击【特征选择】组件打开【特征选择】对话框，以【图片种类】作为【目标变量】，而图片名称及其尺寸等信息在建模中无含义,因此将其置于【元特征变量】区域,如图13-63所示。

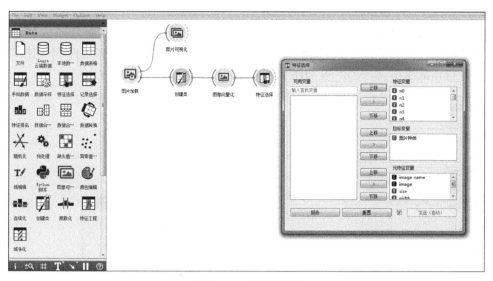

图 13-63　特征选择

8. 模型构建

本案例中将引入BP神经网络算法作为图片分类预测的基础,并以逻辑回归算法训练模型作为对比。将原始图片数据集划分为70%的训练集和30%的验证集,为了克服由于随机采样造成的训练集和测试集在图片数量上的较大差异,勾选分层采样(若可行),引入Data区域中的【数据采样】组件与【特征选择】组件相连后配置好参数,如图13-64所示。

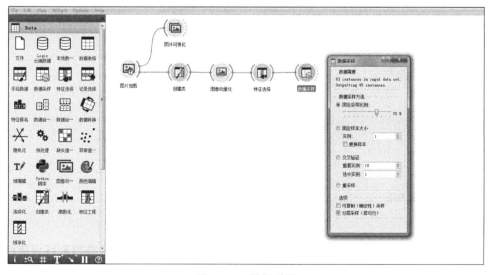

图 13-64　数据采样

在 Evaluate 区域中选择【模型评估】组件，并与【数据采样】组件相连，并修改数据传输信号，如图 13-64 所示。

在 model 区域中选择【神经网络】组件与【逻辑回归】组件，并与【模型评估】组件相连，为了对比神经网络算法在不同激活函数下模型性能的差异，采用多组件（不同激活函数）下并行训练模型，如图 13-65 和图 13-66 所示。

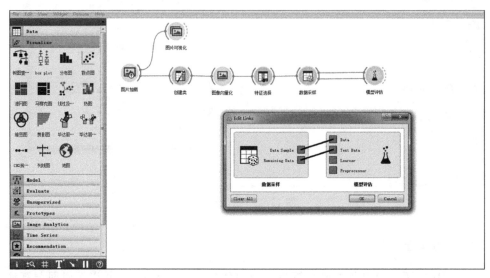

图 13-65　修改数据传输信号

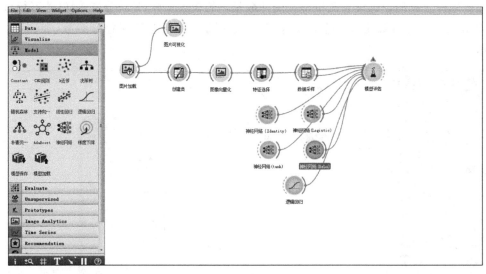

图 13-66　模型训练

双击【模型评估】组件打开【模型评估】对话框，分别选择【检验训练数据】和【训练测试数据】单选按钮，获取各训练模型的验证集性能如图 13-67 所示。

从图 13-67 中可以清晰地观察，在验证集下，各模型的 AUC 值皆达到最高值 1，具有很强的泛化性能,除了激活函数为 Identity 的神经网络模型,其他模型在验证集上都展现出很高的预测准确性,其中准确率(CA)达到了 0.944。

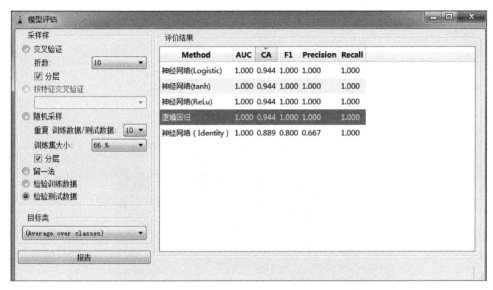

图 13-67　模型评估

为了进一步观测模型预测错误的图片数据,从 Evaluate 区域中引入【混淆矩阵】组件,并与【模型评估】组件相连,双击【混淆矩阵】组件打开【混淆组件】对话框,如图 13-68 所示。

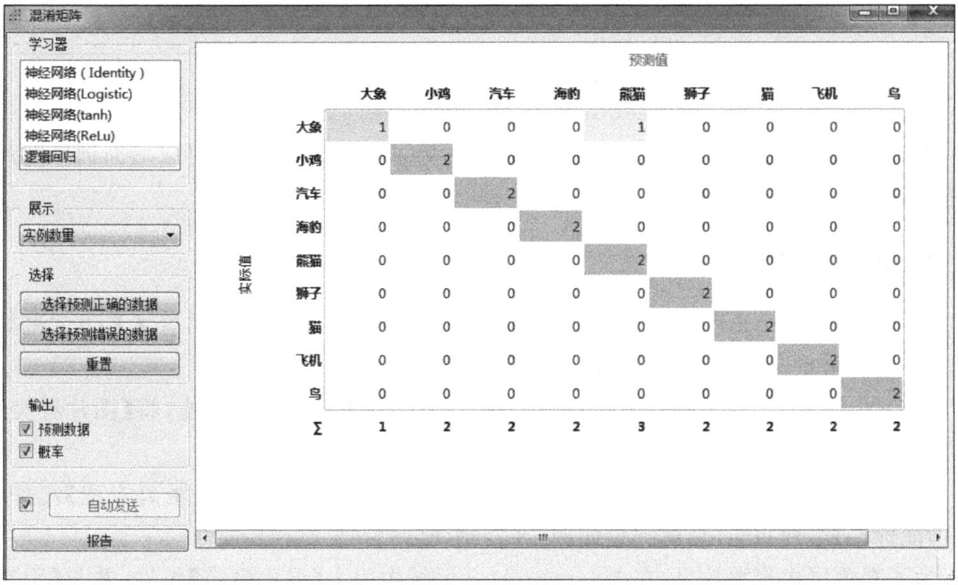

图 13-68　混淆矩阵

从图 13-68 所示的【混淆矩阵】对话框中可以发现,各训练模型在预测错误的图片数据上都有一个共同点:将其中的一张大象图片误判为熊猫。为了进一步观测出现异常的情况,引入【图片可视化】组件,并与【混淆矩阵】组件相连,双击【图片可视化】组件打开【图片可视化】对话框,如图 13-69 所示。

图 13-69　模型误判图片

由于训练集过少造成的少量误差实属正常,为了降低误差,用户可以增加训练图片的数量与种类。

9. 图像聚类分析

为了从另外一个角度来观察经过特征提取以后的图像数据在无监督场景下的聚类效果,本节内容重点介绍层次聚类在图像聚类中的应用。

在 Data 区域中引入【特征选择】组件,并与【图像向量化】组件相连,将【图片种类】字段置于【元特征变量】区域,如图 13-70 所示。

为了计算各记录之间的欧式距离,在 Unsupervised 区域中引入【距离方程】组件,并与【特征选择】组件相连,具体配置如图 13-71 所示。

为了观测层次聚类效果,在 Unsupervised 区域中引入【层次聚类】组件,并与【距离方程】组件相连,双击【层次聚类】组件打开【层次聚类】对话框,在【联动方式】下拉列表中选择 Average,【注释方式】下拉列表中选择【图片种类】,【修建编辑】区域选择【无】单选按钮,【选项】区域的【高度比率】设置为 71.5%,当然,用户可自定义调节层次聚类图的大小,如图 13-72 所示。

第13章　商务智能开发工具——Logis PMT大数据挖掘平台

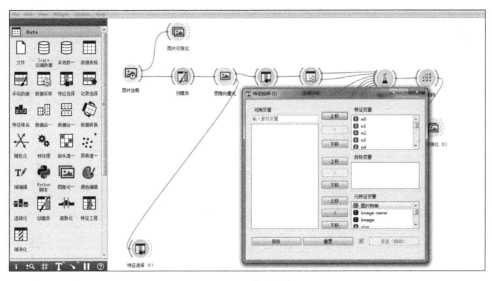

图 13-70　特征选择

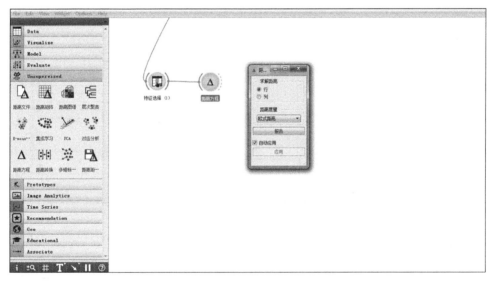

图 13-71　计算各记录之间的欧式距离

【层次聚类】组件根据距离矩阵计算任意类型对象的分层聚类，并显示相应的树图，并支持如下四种测量群集之间距离的联动方式。

（1）Single：计算两个集群中最近元素之间的距离；

（2）Average：计算两个集群元素之间的平均距离；

（3）Weighted：使用加权配对算术平均法（WPGMA）；

（4）Complete：计算丛集最远端元素之间的距离。

通过选择树图的最大深度，可以在修剪箱中修剪大树图。这只会影响显示，而不会影响实际群集。

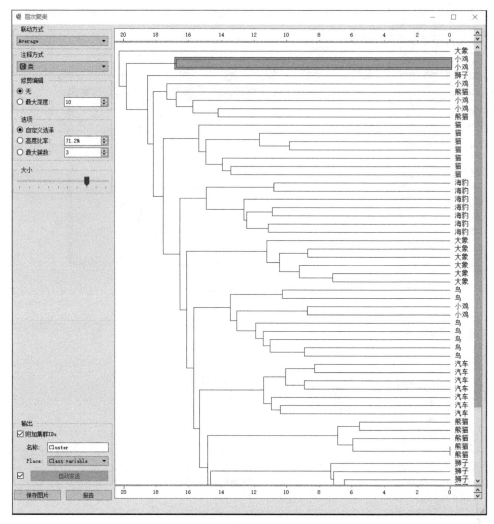

图 13-72　层次聚类图

【层次聚类】组件提供如下三种不同的选择展示方法。

（1）自定义选择：单击树图内部将选择一个群集，按住 Ctrl＋Enter 键可选择多个群集。每个选定的群集以不同的颜色显示，并在输出中作为单独的群集处理；

（2）高度比率：单击树状图的底部或顶部标尺可在图形中放置截断线，将选择行右侧的项目；

（3）最大簇数：选择顶部节点的数量。

从图 13-72 中可以发现，该聚类模型在汽车、猫、海豹、大象、狮子、熊猫、鸟等种类的图片都有非常不错的区分度，区分比例基本能到达 90％以上，但小鸡种类的图片两次被误判为鸟类，两类图片在很多形状上都有很大的相似度，为了降低误判预测率，用户可以进一步增加训练集的数量。

当然用户也可以进一步通过【图片可视化】组件来观察聚类图片的分布情况，如图 13-73 所示。

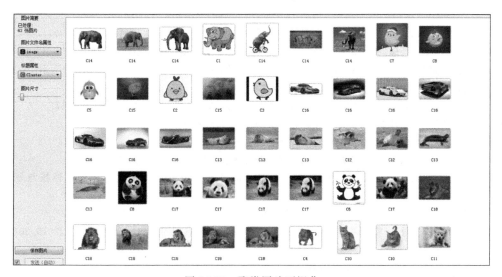

图 13-73　聚类图片可视化

参 考 文 献

[1] Tan P N, Steinbach M, Kumar V. 数据挖掘导论[M]. 2版. 北京：人民邮电出版社,2011.
[2] 陈国青,卫强,张瑾. 商务智能原理与方法[M]. 2版. 北京：电子工业出版社,2014.
[3] 赵卫东. 商务智能[M]. 4版. 北京：清华大学出版社,2016.
[4] 周志华. 机器学习[M]. 北京：清华大学出版社,2016.
[5] Larose D T, Larose C D. 数据挖掘与预测分析[M]. 2版. 北京：清华大学出版社,2017.
[6] 薛云,郭彦丽,谢桂袖. 商务智能[M]. 北京：人民邮电出版社,2019.
[7] 李航. 统计学习方法[M]. 2版. 北京：清华大学出版社,2019.
[8] 丛川奇. 基于电子商务智能技术的风险评估与检测[J]. 祖国,2018(22)：168-169.
[9] 童启,刘强,许赛华,等. 基于相关物品的电子商务智能推荐系统研究[J]. 企业科技与发展,2019(12)：79-80.
[10] 刘斌. 大数据时代下如何打造个性化的商务智能实践[J]. 中国商论,2019(22)：21-22.
[11] 黄朝毅,曾桢. 商务智能在国内中小企业管理领域发展及展望[J]. 农村经济与科技,2019,30(9)：167-169.
[12] 刘星. 商务智能基于大数据的有效决策[J]. 中国商论,2019(3)：39-40.
[13] 王家海,郝保伟. 基于深度学习的工业领域数据挖掘方法及应用[J]. 数字技术与应用,2019,37(11)：52-53.
[14] 梁艺琼. 基于数据挖掘技术的舆情分析系统的设计[J]. 计算机知识与技术：学术版,2020,16(3)：1-2.
[15] 杨品军. 数据挖掘技术在软件工程中的应用[J]. 电子技术与软件工程,2020(1)：129-130.
[16] 周秀丽. 大数据背景下的企业商务智能应用分析[J]. 全国流通经济,2019(30)：53-54.
[17] 杨秋鸿,潘晓衡,赵铁柱,等. 基于分布式存储架构的大数据商务智能分析与应用[J]. 东莞理工学院学报,2019,26(5)：56-61.
[18] 陈娜. 零售连锁企业全面预算管理商务智能应用[J]. 全国流通经济,2019(33)：61-62.
[19] 陈国青,毛基业,曾大军. 信息管理、电子商务与商务智能[J]. 科学观察,2019,14(2)：38-41.
[20] 夏明慧,张莉莉. 企业商务智能应用的问题与对策分析[J]. 中国商论,2020(5)：31-32.
[21] 董欣欣,陆文婷. 商务智能研究综述[J]. 现代营销：学苑版,2020(1)：10-11.

图书资源支持

感谢您一直以来对清华版图书的支持和爱护。为了配合本书的使用,本书提供配套的资源,有需求的读者请扫描下方的"书圈"微信公众号二维码,在图书专区下载,也可以拨打电话或发送电子邮件咨询。

如果您在使用本书的过程中遇到了什么问题,或者有相关图书出版计划,也请您发邮件告诉我们,以便我们更好地为您服务。

我们的联系方式:

地　　址:北京市海淀区双清路学研大厦 A 座 714

邮　　编:100084

电　　话:010-83470236　010-83470237

客服邮箱:2301891038@qq.com

QQ:2301891038(请写明您的单位和姓名)

资源下载:关注公众号"书圈"下载配套资源。

书圈

获取最新书目

观看课程直播